大连理工大学管理论丛

东北老工业基地创新驱动发展研究

刘凤朝　马荣康　等　著

国家发展和改革委员会重大项目"东北老工业基地创新驱动振兴研究"
国家自然科学基金委应急项目"东北创新驱动发展的新机制与策略研究"（71541024）　资助
国家自然科学基金委面上项目"企业研发努力的驱动机制：市场环境与政府规则"（71473026）

科学出版社
北　京

内 容 简 介

本书从创新资源条件、企业主体地位、产业组织运行等视角分析东北老工业基地创新驱动发展现状；运用社会网络分析、文本挖掘等方法，梳理东北老工业基地创新驱动发展政策的演变；通过实地调研和问卷调查征询东北老工业基地创新驱动发展的政策需求；阐述东北老工业基地创新驱动发展面临的挑战；在此基础上，提出东北老工业基地创新驱动发展的政策建议。

本书兼顾理论性、实践性和操作性，适合政府工作人员、企业管理人员和大专院校师生阅读，也可作为经济、管理专业研究生的教学参考书。

图书在版编目(CIP)数据

东北老工业基地创新驱动发展研究 /刘凤朝等著. —北京：科学出版社，2016

（大连理工大学管理论丛）

ISBN 978-7-03-047782-8

Ⅰ.①东⋯ Ⅱ.①刘⋯ Ⅲ.①老工业基地—区域经济发展—研究—东北地区 Ⅳ.①F127.3

中国版本图书馆 CIP 数据核字（2016）第 054354 号

责任编辑：马　跃 / 责任校对：张海燕
责任印制：霍　兵 / 封面设计：无极书装

科 学 出 版 社 出版
北京东黄城根北街 16 号
邮政编码：100717
http://www.sciencep.com

三河市骏杰印刷有限公司 印刷
科学出版社发行　各地新华书店经销

*

2016 年 3 月第 一 版　开本：720×1000 1/16
2016 年 3 月第一次印刷　印张：14 3/4
字数：297 000

定价：86.00 元

（如有印装质量问题，我社负责调换）

丛书编委会

编委会名誉主任　王众托
编委会主任　苏敬勤
编委会副主任　李延喜　李文立
编委会委员　（按姓氏笔画排序）

王尔大	王延章	王国红	朱方伟	仲秋艳
任曙明	刘凤朝	刘晓冰	安　辉	苏敬勤
李文立	李延喜	迟国泰	陈艳莹	胡祥培
秦学志	原毅军	党延忠	郭崇慧	逯宇铎
董大海	戴大双			

总　序

　　编写一批能够反映大连理工大学管理学科科学研究成果的专著，是几年前的事情了。这是因为大连理工大学作为国内最早开展现代管理教育的高校，早在1980年就在国内率先开展了引进西方现代管理教育的工作，被学界誉为"中国现代管理教育的先驱，中国MBA教育的发祥地，中国管理案例教学法的先锋"。大连理工大学管理教育不仅在人才培养方面取得了丰硕的成果，在科学研究方面同样取得了令同行瞩目的成绩。例如，2010年时的管理学院，获得的科研经费达到2000万元的水平，获得的国家级项目达到20多项，发表在国家自然科学基金委管理科学部的论文达到200篇以上，还有两位数的国际SCI、SSCI论文发表，在国内高校中处于领先地位。在第二轮教育部学科评估中，大连理工大学的管理科学与工程一级学科获得全国第三名的成绩；在第三轮教育部学科评估中，大连理工大学的工商管理一级学科获得全国第八名的成绩。但是，一个非常奇怪的现象是，2000年之前的管理学院公开出版的专著很少，几年下来往往只有屈指可数的几部，不仅与兄弟院校距离明显，而且与自身的实力明显不符。

　　是什么原因导致这一现象的发生呢？在更多的管理学家看来，论文才是科学研究成果最直接、最有显示度的工作，而且论文时效性更强、含金量也更高，因此出现了不重视专著也不重视获奖的现象。无疑，论文是重要的科学研究成果的载体，甚至是最主要的载体，但是，管理作为自然科学与社会科学的交叉成果，其成果的载体存在方式一定会呈现出多元化的特点，其自然科学部分更多的会以论文等成果形态出现，而社会科学部分则既可以以论文的形态呈现，也可以以专著、获奖、咨政建议等形态出现，并且同样会呈现出生机和活力。

　　2010年，大连理工大学决定组建管理与经济学部，将原管理学院、经济系合并。重组后的管理与经济学部以学科群的方式组建下属单位，设立了管理科学与工程学院、工商管理学院、经济学院以及MBA/EMBA教育中心。重组后的管理与经济学部的自然科学与社会科学交叉的属性更加明显，全面体现学部研究成果的重要载体形式——专著的出版变得必要和紧迫了。本套论丛就是在这个背景下产生的。

　　本套论丛的出版主要考虑了以下几个因素：第一是先进性。要将学部教师的最新科学研究成果反映在专著中，目的是更好地传播教师最新的科学研究成果，为推进管理与经济学科的学术繁荣做贡献。第二是广泛性。管理与经济学部下设的实体科研机构有12个，分布在与国际主流接轨的各个领域，所以专著的选题具有广泛性。第三是纳入学术成果考评之中。我们认为，既然学术专著是科研成果的展示，本身就具有很强的学术性，属于科学研究成果，有必要将其纳入科学研究成果的考评之中，而这本身也必然会调动广大教师的积极性。第四是选题的自由探索性。我们认为，管理与经济学科在中国得到了迅速的发展，各种具有中国情境的理论与现实问题众多，可以研究和解决的现实问题也非常多，在这个方面，重要的是发动科学家按照自由探索的精神，自己寻找选题，自己开展科学研究并进而形成科学研究的成果，这样的一种机制一定会使得广大教师遵循科学探索精神，撰写出一批对于推动中国经济社会发展起到积极促进作用的专著。

  本套论丛的出版得到了科学出版社的大力支持和帮助。马跃社长作为论丛的负责人，在选题的确定和出版发行等方面给予了自始至终的关心，帮助学部解决出版过程中的困难和问题。特别感谢学部的同行在论丛出版过程中表现出的极大热情，没有大家的支持，这套论丛的出版不可能如此顺利。

大连理工大学管理与经济学部
2014 年 3 月

前　言

　　自 2003 年国家实施振兴东北地区等老工业基地战略以来，东北老工业基地振兴虽然取得了令人瞩目的成就，但也面临体制机制改革滞后、结构升级缓慢、创新驱动乏力等诸多深层次矛盾。为此，中共中央《关于全面振兴东北地区等老工业基地的若干意见》明确指出，到 2020 年，东北地区要在重要领域和关键环节改革上取得重大成果，在转变经济发展方式和结构性改革方面取得重大进展，保持经济中高速增长，同步实现全面建成小康社会目标。本书以创新驱动发展为主线，以体制机制改革为着力点，以制造业为主要分析对象，研究东北老工业基地创新驱动发展的对策问题。本书结构如下。

　　第一，依据区域经济理论、产业竞争力理论和技术创新理论，建立区域产业创新竞争力评价指标体系，通过区域自身成长和区域间比较，全面分析自 2003 年以来东北老工业基地产业创新竞争力的演变，阐明东北老工业基地创新竞争优势和劣势产业的所有制特征和市场化特征。

　　第二，从创新资源条件、企业主体地位、区域发展环境等视角分析东北老工业基地创新驱动发展现状。从不同创新组织在创新价值链各环节的功能及其实现的角度分析东北老工业基地企业技术创新主体地位的现状及面临的主要问题。

　　第三，通过大型数据库、政府网站搜集和实地调研，收集自 2003 年以来中央政府和东北三省地方政府出台的创新驱动发展政策，运用社会网络分析、文本挖掘等方法，梳理东北老工业基地创新驱动发展政策的演变。

　　第四，以创新型企业、研究型大学、中直研究机构和相关政府部门为对象，开展实地调研和问卷调查，征询东北老工业基地创新驱动发展的政策需求；通过对政策需求的梳理，建立东北老工业基地创新驱动发展政策需求数据库。

　　第五，依据大量的调研资料和统计分析结果，结合东北老工业基地创新驱动发展的迫切需求，从体制机制、结构性矛盾、人才队伍、区域文化等方面，阐述东北老工业基地创新驱动转型发展面临的主要障碍和挑战。

　　第六，根据国家全面振兴东北老工业基地的总体要求，基于东北科技和经济发展的现实，从政府简政放权让利、市场放开公平搞活、调整振兴战略路径、升级技术创新体系、完善人才体制机制、培育区域创新文化等方面，提出东北老工业基地创新驱动发展的政策建议。

　　本书得到国家发展和改革委员会重大项目"东北老工业基地创新驱动振兴研究"、国家自然科学基金委应急项目"东北创新驱动发展的新机制与策略研究"

（71541024）和国家自然科学基金委面上项目"企业研发努力的驱动机制：市场环境与政府规制"（71473026）资助。

在开题、中期、调研和成文过程中，国家发展和改革委员会东北振兴司姜四清副司长、翟东升处长、赵文广处长、吴家禄主任，科技部吴向司长，国家自然科学基金委杨列勋处长，辽宁省发展和改革委员会于非副主任、于清华处长，吉林省发展和改革委员会振兴处郑本能副处长，黑龙江省发展和改革委员会振兴处王刚处长，大连市科技局姜斯进副局长，工业和信息化部赛迪研究院陈新总监，中国社会科学院工业经济研究所贺俊研究员，中国科学院科技促进发展局秦玉虎副处长，清华科技园启迪孵化器沈全洪总经理，北京市发展和改革委员会产业处张莉副处长，中国科学院地理所张文忠研究员，中关村国际孵化园赵宏伟主任，科技部发展计划司郑玉琪处长，辽宁省委政研室李万军主任，辽宁师范大学韩增林校长，大连理工大学姜德学常务副书记，大连理工大学管理与经济学部苏敬勤部长，中国科学院地理所金凤君教授等给予多方指导和帮助，在此一并表示感谢！

本书由刘凤朝、马荣康、孙玉涛提出总体框架，第1章由刘凤朝、孙玉涛、马荣康完成；第2章由默佳鑫、马荣康完成；第3章由姚相如、马荣康完成；第4章由马荣康完成；第5章由马荣康、孙玉涛完成；第6章由刘凤朝、孙玉涛完成；第7章由刘凤朝、孙玉涛完成；全书由刘凤朝、马荣康统稿。

目 录

第 1 章 导论 ··· 1
  1.1 研究背景 ·· 1
  1.2 研究目标 ·· 1
  1.3 研究框架 ·· 2
第 2 章 东北老工业基地产业创新竞争力演变分析 ····················· 4
  2.1 东北老工业基地产业创新竞争力评价样本与数据 ············ 5
  2.2 东北老工业基地产业创新竞争力评价分析 ······················ 8
  2.3 东北老工业基地装备制造业典型产业发展分析 ··············· 50
第 3 章 东北老工业基地创新驱动发展的现状分析 ···················· 69
  3.1 东北老工业基地创新驱动发展的资源条件梳理 ··············· 69
  3.2 东北老工业基地创新驱动振兴主体条件分析 ·················· 91
  3.3 东北老工业基地创新驱动发展区域环境分析 ················· 107
  3.4 东北老工业基地创新驱动发展的现状总结 ····················· 124
第 4 章 东北老工业基地创新驱动发展政策演变分析 ················ 128
  4.1 东北老工业基地创新驱动发展政策演变分析框架 ··········· 128
  4.2 东北老工业基地创新驱动发展政策力度演变分析 ··········· 132
  4.3 东北老工业基地创新驱动发展政策对象演变分析 ··········· 145
  4.4 东北老工业基地创新驱动发展政策工具演变分析 ··········· 158
第 5 章 东北老工业基地创新驱动发展政策需求调研 ················ 171
  5.1 东北老工业基地创新驱动发展调研方案设计 ················· 171
  5.2 东北老工业基地创新驱动发展面临的主要问题 ·············· 172
  5.3 东北老工业基地创新驱动发展的典型模式 ····················· 183
  5.4 东北老工业基地创新驱动发展对政策的需求 ················· 196
第 6 章 东北老工业基地创新驱动发展面临的主要挑战 ············· 203
  6.1 政府主导区域经济运行,创新发展的体制机制尚不完善 ··· 203
  6.2 计划经济体制刚性严重,企业创新主体地位难以确立 ······ 204
  6.3 传统产业固化,高新产业滞后,产业结构性矛盾日益突出 ·· 206
  6.4 人才观念和管理模式落后,人才悖论难破解,人才流失严重 ·· 208
  6.5 东北区域文化转型缓慢,创新创业文化氛围不浓 ··········· 210

第 7 章　东北老工业基地创新驱动发展的政策建议 ·············· 212
7.1　总体思路 ·············· 212
7.2　基本原则 ·············· 212
7.3　政策建议 ·············· 214
参考文献 ·············· 221
附录：调研提纲 ·············· 223

第 1 章　导论

1.1　研究背景

2003 年国家实施振兴东北老工业基地战略以来,中央政府和东北地区各级政府出台了一系列促进老工业振兴的政策措施,在一定程度上加快了东北地区的经济和社会发展。然而,在经济总量快速增长的同时,东北老工业基地以投资先导、要素驱动为主的发展模式并没有得到根本改变,产业结构升级进展缓慢,企业创新动力不足,创新能力没有明显提升。继 2013 年经济增长明显减速后,2014 年东北三省的经济增速位列全国后五位,滑出经济合理区间;2015 年第一季度东北地区多项经济指标继续走低,经济下行颓势有增无减。按照第六次全国人口普查数据,东北地区每年净流出的人口约为 200 万人,越来越多的年轻人选择离开东北;出生率约为 1%,远低于全国 1.5%的平均水平,人口结构老龄化不断加快。严峻的事实说明传统的发展模式已难以为继。通过创新驱动实现经济转型发展已成为东北老工业基地全面振兴的当务之急。为此,需要在国家深化经济体制改革和实施创新发展战略的背景下,对东北老工业基地创新驱动全面振兴的体制机制和政策进行系统研究,破解全面振兴的体制性、机制性障碍,提出具体对策和实施建议,以便为东北老工业基地全面振兴政策设计提供参考。

1.2　研究目标

（1）全面收集东北老工业基地科技经济发展数据和典型企业的成功经验,运用统计分析和案例研究方法,对东北老工业基地产业创新竞争力进行评价,分析东北老工业基地创新驱动产业转型升级取得的成就和存在的问题;从企业主体条件和区域环境两个层面,阐明制约东北老工业基地创新驱动发展的体制机制障碍。

（2）系统收集自 2003 年以来中央政府和地方政府促进东北老工业基地振兴的政策文件,运用文本挖掘和社会网络分析方法,对东北老工业基地振兴政策进行梳理,阐明东北老工业基地振兴政策的演化路径,分析其创新驱动内涵,总结政策制定和落实的经验教训,为下一个十年的东北老工业基地振兴促进政策的制定提供依据。

（3）以提出面向未来十年东北老工业基地通过创新驱动实现全面振兴的系统解决方案为目标，开展实地考察和集体座谈等方式，对东北老工业基地主要城市的政府、企业、高校及研究机构进行调研，征询东北老工业基地创新驱动转型发展的政策需求，提出创新驱动东北老工业基地发展的政策建议。

1.3 研究框架

1.3.1 技术路线

本书以揭示东北老工业基地创新驱动发展的体制机制障碍，提出东北老工业基地创新驱动发展促进政策的具体建议为目标，全部研究着重于阐明东北老工业基地创新驱动发展的现状、存在的主要问题及未来的政策需求。

本书的技术路线如图 1.1 所示。

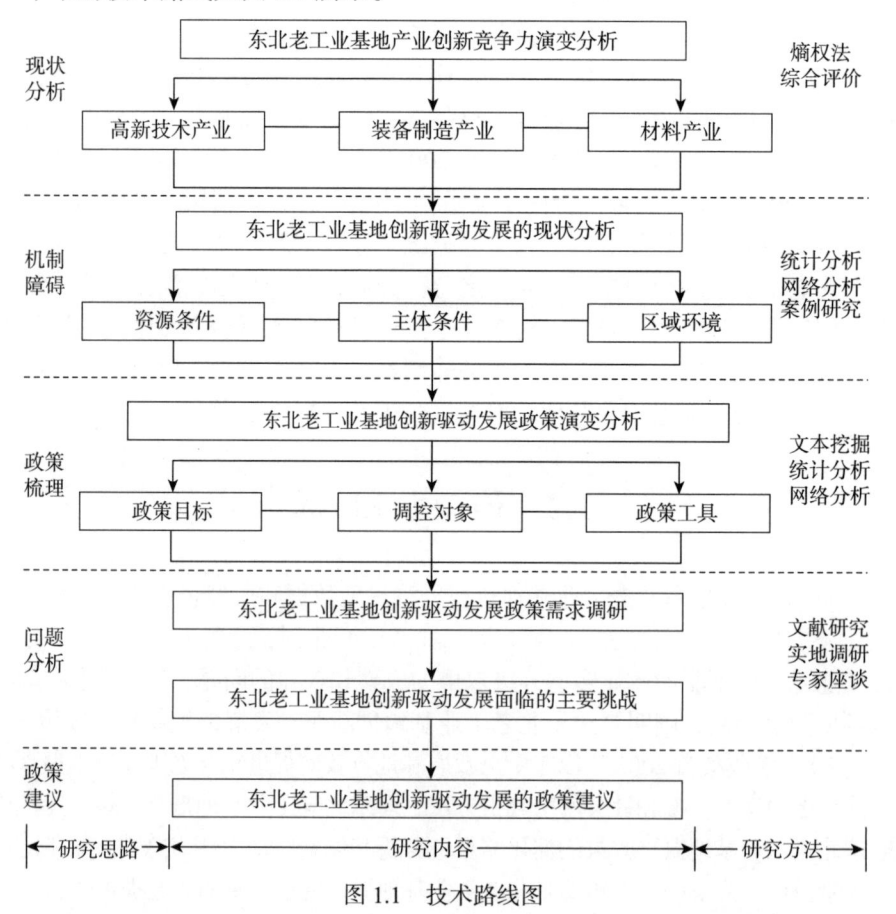

图 1.1 技术路线图

一是东北老工业基地产业创新竞争力演变分析，以高新技术产业、装备制造产业及材料产业为样本，对东北老工业基地产业创新竞争力的演变进行分析，并考察东北三省典型细分产业的发展现状。

二是东北老工业基地创新驱动发展的现状分析，通过对东北地区创新驱动发展的资源条件、主体条件及区域环境等进行分析，剖析东北老工业基地创新驱动发展的制约因素和机制障碍。

三是东北老工业基地创新驱动发展政策演变分析，主要对东北地区创新驱动发展政策进行梳理和分析，从政策目标、调控对象及政策工具等方面阐明东北老工业基地振兴政策的演化路径。

四是东北老工业基地创新驱动发展政策需求调研。通过文献研究实地调研和专家座谈等方式，探讨东北老工业基地创新驱动发展存在的问题及未来发展的政策需求，以为东北老工业基地创新驱动发展政策设计提供参考。

五是凝练出东北老工业基地创新驱动发展面临的主要挑战，并提出东北老工业基地创新驱动发展的政策建议。

1.3.2 研究对象界定

2007年发布的《东北地区振兴规划》的规划范围为辽宁、吉林、黑龙江和内蒙古呼伦贝尔市、兴安盟、通辽市、赤峰市和锡林郭勒盟（蒙东地区）。考虑到统计数据使用的系统性和完整性，本书对东北老工业基地的定量分析主要采用东北三省（辽宁、吉林、黑龙江）的数据，在讨论中不对东北地区和东北老工业基地进行严格区分。

第 2 章　东北老工业基地产业创新竞争力演变分析

东北老工业基地创新驱动发展是一个复杂系统，也是一个动态过程，系统中的各构成要素通过线性和非线性作用形成复杂关系网络，进而推动系统从低级向高级演化。因此，要全面把握东北老工业基地创新驱动发展现状，必须深刻解析东北老工业基地创新驱动发展系统运行状况，以便为结构性矛盾和体制机制障碍分析提供突破口。

从微观层面看，企业是创新驱动发展的主体，企业对新技术、新工艺的强大需求是拉动创新驱动发展的市场力量，企业对新技术、新工艺、新产品的开发能力又是创新驱动发展的能力基础（赵宏志等，2015）。因此，需要立足微观层面，从需求和供给两个视角分析企业创新动力的来源和创新能力的成长。

从宏观层面看，创新驱动发展是市场竞争和政策调控共同作用的结果，政府通过宏观调控和政策引导，构建良好的区域环境，使创新成为企业发展的第一需求，培育创新驱动发展的微观主体，进而实现宏观调控的政策目标，因此需要梳理东北老工业基地创新驱动发展政策。

东北老工业基地创新驱动发展系统运行关系如图 2.1 所示。产业是创新驱动发展的物质基础和组织载体，也是创新驱动发展的实现形式。创新驱动发展的成效通过产业竞争力提升得到实现；同时，产业结构升级和竞争力提升又为城市转型、民生改善、生态环境和基础设施建设提供物质基础和技术手段（郑文范和赵宇，2006）。因此，分析东北老工业基地产业竞争力演变是创新驱动振兴现状分析的重要组成部分。本部分从产业层面入手，分析东北老工业基地创新驱动发展现状，为微观层面的企业分析和宏观层面的政策分析提供切入点。

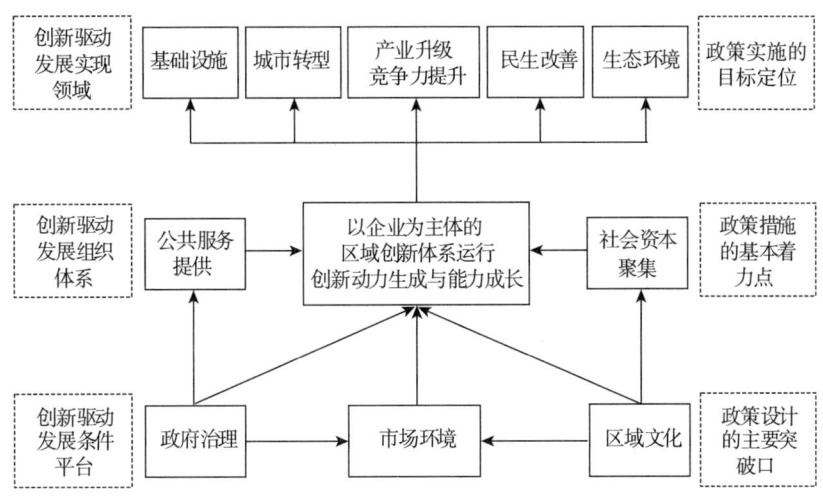

图 2.1　东北老工业基地创新驱动发展系统运行关系

2.1　东北老工业基地产业创新竞争力评价样本与数据

产业竞争力是指一国（或地区）的某一产业能够比其他国家（或地区）的同类产业更有效地向市场提供产品或服务的综合素质。产业创新竞争力则是指一国（或地区）的某一产业比其他国家（或地区）的同类产业更能通过技术创新实现产业升级和转型的能力。

2.1.1　样本产业选择

《东北地区振兴规划》提出，要将东北地区建设成我国重要的装备制造业基地和原材料基地；同时，将高新技术产业作为区域经济发展的引领和主导产业予以规划发展，因此选择装备制造业、原材料产业和高新技术产业作为样本产业（宁连举和郑文苑，2005；李静，2007；韩冰，2009；李姝和姜春海，2010）。首先对产业整体进行评价；其次选择重点产业进行分产业评价。

三个样本产业包括的子产业如下。

（1）高新技术产业，包括医药制造业、航空航天器制造业、电子及通信设备制造业、电子计算机及办公设备制造业、医疗设备及仪器仪表制造业。

（2）装备制造业，包括金属制品业、通用设备制造业、专用设备制造业、交通运输设备制造业、电气机械和器材制造业。

（3）材料产业，包括石油加工、炼焦及核燃料加工业，化学原料和化学制品制造业，化学纤维制造业，黑色金属冶炼和压延加工业，有色金属冶炼和压延加工业。

2.1.2 比较样本区域选择

为了对东北地区产业的创新竞争力做出客观评价,课题组选择东北地区(辽宁、吉林、黑龙江)、东部沿海地区(上海、江苏、浙江)、南部沿海经济区(广东、广西、福建)、北部沿海经济区(北京、天津、河北)作为样本地区,通过不同经济区的横向比较和东北地区内部各省的比较,阐明东北地区产业创新竞争力的演变状况。

2.1.3 数据来源

课题组在对区域整体产业竞争力进行评价时,选择 2003 年和 2012 年作为考察区间。2003 年东北老工业基地振兴战略起步实施,通过对比 2003 年和 2012 年的产业竞争力状况,可以考察东北老工业基地振兴战略实施前后产业创新竞争力的变化及发展趋势。受数据收集方面的限制,在对区域重点产业竞争力进行评价时,高技术产业选择 2003 年和 2012 年作为考察区间,装备制造业和材料产业选择 2000 年和 2009 年作为考察区间。

区域整体产业竞争力评价的基础数据主要来源于《中国统计年鉴》(2004 年、2013 年)、《中国科技统计年鉴》(2004 年、2013 年)、《中国高技术产业统计年鉴》(2004 年、2013 年)、《中国工业经济统计年鉴》(2004 年、2013 年)及《中国市场化指数》(2009 年)。在对区域重点产业竞争力评价时,高技术产业竞争力评价的基础数据主要来源于《中国高技术产业统计年鉴》(2004 年、2013 年);装备制造业和材料产业评价的基础数据主要来源于《全国 R&D 资源清查资料汇编》(2000 年、2009 年)和《中国工业经济统计年鉴》(2001 年、2010 年)。

2.1.4 评价指标赋权方法

目前科技和经济评价方法主要可分为两类:一类是客观赋权法,源信息来自统计数据本身,即根据各指标之间的相关关系或指标值之间的差异来确定权重向量;另一类是主观赋权法,源信息来自专家咨询,即根据综合咨询评分的方法来确定权重向量。客观赋权法与主观赋权法相比,主观赋权法易于操作、方法简便,但由于权数的确定依赖于评判人员的经验因素,其应用有一定的局限性;客观赋权法根据被评价对象数据提供的信息,运用一定的方式赋予指标权数,较少受到人为因素的影响,但运算过程往往比较复杂(刘凤朝,2009,2011)。事实上,没有一种方法在任何时候,对于各种评价目的都是最优的或适合的。

本书利用客观赋权法的熵权法对各指标进行组合赋权,从而考察客观因素评价区域的产业创新竞争力。

全局熵权法权重的确定如下。

在信息论中,信息熵被定义为

$$H(x) = -\sum p(x_i) \ln p(x_i) \tag{2.1}$$

其中,$p(x_i)$表示出现第i个状态值的概率,$p(x_i) \in [0,1]$,$\sum p(x_i) = 1$。信息熵可用于反映指标的变异程度,并用于进行综合测度,设有m个测度对象,n项测度指标,形成原始指标数据矩阵,$\boldsymbol{X} = (x_{ij})_{m \times n}$对于某项指标$X_i$,指标值$X_{ij}$的差距越大,该指标提供的信息量越大,其在综合测度中所起的作用越大,相应的信息熵越小,权重越大;反之,该指标的权重也越小;如果该项指标的指标值全部相等,则该指标在综合测度中不起作用。因此,可以根据各项指标的指标值差异程度,利用信息熵这个工具计算出各指标的权重,为多指标综合评价提供依据。

但是熵权法仅能对某年份的截面数据进行静态分析。对每年份的截面数据进行计算和分析,不仅计算繁杂,且各年份的指标权重不同,使分析的结果难以对比,而全局熵权法则能有效地解决这个问题。全局熵权法是根据熵权法的原理,将各个年份的时间序列立体数据,按相同指标合并后变换到统一的全局平面上,利用熵权法计算出各指标的熵值,使各年份的同一指标都具有相同的权重,再将计算出的评价值根据时间顺序进行排列,就可以反映出分析对象的动态特性。

全局熵值法的步骤如下。

(1)建立全局评价矩阵。

$$\boldsymbol{X} = (x_{ij}^t)_{mT*n} = \begin{bmatrix} x_{11}^1 & x_{12}^1 & \cdots & x_{1n}^1 \\ x_{21}^1 & x_{22}^1 & \cdots & x_{2n}^1 \\ \vdots & \vdots & & \vdots \\ x_{m1}^1 & x_{m2}^1 & \cdots & x_{mn}^1 \\ \vdots & \vdots & & \vdots \\ x_{11}^T & x_{12}^T & \cdots & x_{1n}^T \\ x_{21}^T & x_{22}^T & \cdots & x_{2n}^T \\ \vdots & \vdots & & \vdots \\ x_{m1}^T & x_{m2}^T & \cdots & x_{mn}^T \end{bmatrix} \tag{2.2}$$

其中,x_{ij}^t表示第i个评价对象在第j个指标上第t年的取值。$I=1, 2, \cdots, m$;$j=1, 2, \cdots, n$;$t=1, 2, \cdots, T$。

（2）将原始数据标准化处理。

对于正指标，有

$$x_{ij} = \frac{x_{ij} - \min x_j}{\max x_j - \min x_j} \times 99 + 1, i=1,2,\cdots,m; j=1,2,\cdots,n \quad (2.3)$$

对于负指标，有

$$x_{ij} = \frac{\max x_j - x_{ij}}{\max x_j - \min x_j} \times 99 + 1, i=1,2,\cdots,m; j=1,2,\cdots,n \quad (2.4)$$

（3）将 x_{ij} 转化为比重形式的 p_{ij}。

$$p_{ij} = \frac{x_{ij}^t}{\sum_{t=1}^{T}\sum x_{ij}^t}, i=1,2,\cdots,m; j=1,2,\cdots,n; t=1,2,\cdots,T \quad (2.5)$$

（4）定义第 j 个指标的熵

$$H_j = -k\sum_{t=1}^{T}\sum_{i=1}^{m} p_{ij}^t \ln p_{ij}^t, i=1,2,\cdots,m; j=1,2,\cdots,n; t=1,2,\cdots,T \quad (2.6)$$

其中，$k = 1/\ln mT$，式（2.6）中加一项常数 k 是为了保证第 j 个指标的各比重 p_{ij}^t 都相等（$p_{ij}^t = 1/mT$）时，满足 $H_j = 1$，这时该项指标不能提供任何信息，对综合测度不起任何作用。式（2.6）中还假定，当 $p_{ij}^t = 0$ 时，$p_{ij}^t \ln p_{ij}^t = 0$，从而保证 $H_j \in [0,1]$。

（5）定义第 j 个指标的熵权 $w_{\sigma j}$。

$$W_j^s = \frac{1-H_j}{\sum_{j=1}^{n} 1-H_j} = \frac{1-H_j}{n-\sum_{j=1}^{n} H_j}, i=1,2,\cdots,m; j=1,2,\cdots,n \quad (2.7)$$

其中，$w_{\sigma j} \in [0,1]$，且 $\sum_{j=1}^{n} w_{\sigma j} = 1$。

2.2 东北老工业基地产业创新竞争力评价分析

2.2.1 东北地区整体产业创新竞争力分析

根据全局熵权法得到区域整体产业创新竞争力评价指标客观权重，如表 2.1

所示。

表 2.1　区域整体产业创新竞争力评价指标客观权重

准则层	准则层权重	指标层	指标层权重
创新投入	0.27	研发经费内部支出	0.21
		研发经费内部支出/GDP	0.20
		大中型工业企业每万人研发人员数	0.12
		大中型工业企业研发投入额	0.34
		大中型工业企业研发投入额/主营业务收入	0.13
创新产出	0.28	大中型工业企业每万人发明专利申请数	0.13
		技术市场成交合同金额	0.38
		高技术产业新产品销售收入/高技术产业主营业务收入	0.15
		新产品销售收入	0.26
		新产品销售收入/主营业务收入	0.08
经济效益	0.17	大中型工业企业总利润	0.25
		大中型工业企业总利润/主营业务收入	0.15
		高技术产业主营业务收入/全国高技术产业主营业务收入	0.39
		工业产值/全国工业产值	0.21
国际竞争力	0.21	区域出口额	0.38
		区域出口额/GDP	0.20
		高技术产业出口交货值/高技术产业主营业务收入	0.42
创新环境	0.07	教育经费/财政支出	0.27
		人均地区生产总值	0.43
		市场化指数	0.30

从表 2.1 客观权重结果可以看出，创新投入和创新产出是影响区域产业创新竞争力的最主要因素，说明样本区域的创新投入和创新产出之间差异较大。其次是国际竞争力，可以看出，各区域的国际竞争力是衡量产业创新竞争力的重要指标。再次是经济效益，高技术产业所占比重和大中型工业企业盈利能力是制约产业创新竞争力的重要因素。创新环境的权重相对较低，对区域产业创新竞争力的总体影响较小。

各地区整体产业创新竞争力总得分及增幅如图 2.2 所示。在考察期内，各地区整体产业创新竞争力总得分增幅最大的为东部沿海的江苏和浙江，增幅分别为 163.2%和 96.4%。东北三省中，吉林整体产业创新竞争力总得分增幅相对较高，为 64.8%；辽宁增幅较低，仅为 21.1%；黑龙江整体产业创新竞争力总得分甚至

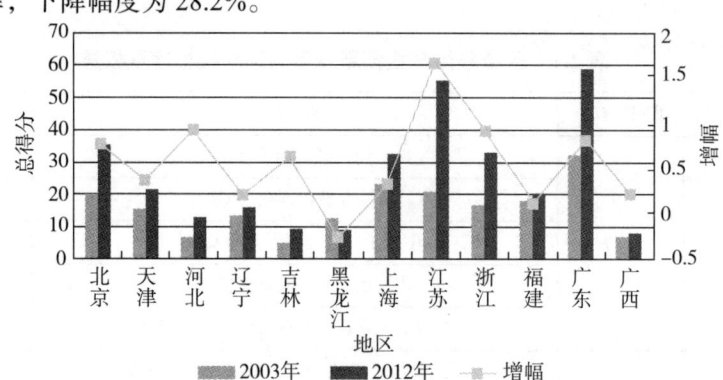

出现了下降，下降幅度为28.2%。

图2.2　各地区整体产业创新竞争力总得分及增幅

表2.2为区域整体产业创新竞争力客观赋权的评价结果。东北三省排名整体上变化不大。其中，辽宁2012年的排序与2003年相比保持第八名不变，吉林由第十二名升至第十一名，黑龙江由第九名降至第十名。相比之下，北部沿海经济区的产业创新竞争力总得分的排序则出现小幅上升；东部沿海各地区中，上海由第二名降至第五名，江苏和浙江排序则均有所上升；南部沿海各地区中，广东保持第一名位置不变，福建和广西排序则有小幅下降。结果显示，从2003年到2012年，东北地区产业创新竞争力提升速度相对缓慢。辽宁在东北老工业基地中位于前列，产业创新竞争力高于黑龙江和吉林，但与发展更快的北京、天津、江苏、浙江、广东等沿海地区相比，优势地位逐渐丧失。

表2.2　区域整体产业创新竞争力评价客观赋权评价结果

指标	创新投入		创新产出		经济效益		国际竞争力		创新环境		创新竞争力	
2003年	得分	排序	得分	排序	得分	排序	得分	排序	得分	排序	得分	排序
北京	37.9	1	27.5	2	16.6	6	12.0	6	31.2	7	25.5	3
天津	8.0	9	26.1	4	14.6	9	13.8	4	31.4	6	17.1	7
河北	5.4	12	5.4	12	14.0	10	2.5	9	25.9	8	7.8	11
辽宁	14.6	5	24.1	5	16.3	7	6.6	8	15.5	10	16.0	8
吉林	5.8	11	8.8	11	8.4	11	2.0	10	6.7	12	6.4	12
黑龙江	17.3	4	20.3	7	22.7	5	1.9	11	10.5	11	15.4	9
上海	17.7	3	27.4	3	34.1	3	22.7	2	42.8	3	26.0	2
江苏	18.3	2	15.7	9	43.0	2	19.0	3	35.2	5	23.2	4

第 2 章 东北老工业基地产业创新竞争力演变分析

续表

指标	创新投入		创新产出		经济效益		国际竞争力		创新环境		创新竞争力	
2003 年	得分	排序	得分	排序	得分	排序	得分	排序	得分	排序	得分	排序
浙江	8.1	8	19.2	8	23.9	4	13.5	5	44.9	1	17.7	6
福建	6.3	10	33.8	1	14.7	8	10.9	7	43.8	2	19.0	5
广东	13.9	6	23.6	6	67.7	1	44.4	1	35.4	4	33.7	1
广西	13.4	7	11.9	10	1.0	12	1.6	12	19.4	9	8.8	10
指标	创新投入		创新产出		经济效益		国际竞争力		创新环境		创新竞争力	
2012 年	得分	排序	得分	排序	得分	排序	得分	排序	得分	排序	得分	排序
北京	56.5	3	67.4	1	12.5	9	14.5	6	53.3	8	43.1	3
天津	38.0	6	26.9	6	18.1	8	14.3	7	51.7	9	27.5	6
河北	15.9	10	7.6	9	20.0	5	5.5	9	69.2	6	16.0	9
辽宁	23.9	8	13.2	8	19.7	6	10.8	8	56.6	7	19.8	8
吉林	7.2	12	7.5	10	10.4	11	3.0	12	49.1	10	10.0	11
黑龙江	17.5	9	5.4	11	12.0	10	3.3	11	38.0	12	11.7	10
上海	44.6	5	31.0	5	22.0	4	39.7	3	79.6	3	38.4	5
江苏	72.8	2	44.2	2	71.0	1	68.0	2	83.2	2	64.2	2
浙江	49.2	4	32.7	4	27.1	3	30.5	4	86.9	1	39.6	4
福建	24.4	7	17.9	7	18.3	7	18.8	5	71.3	5	23.7	7
广东	73.4	1	43.5	3	68.8	2	93.5	1	74.1	4	68.4	1
广西	8.6	11	5.0	12	8.9	12	4.0	10	41.3	11	9.0	12

从各分项指标看，在创新投入方面，2003~2012 年东北地区排名整体下降且处于相对落后位置。辽宁由第五名降至第八名；吉林由第十一名降至第十二名；黑龙江由第四名降至第九名。相比之下，北部沿海的天津、河北，东部沿海的浙江，南部沿海的福建、广东的排序则有不同幅度的提升。可以看出，东北老工业基地在振兴过程中，相对于沿海地区，创新投入增长速度较慢。在创新产出指标中，东北三省只有吉林排序有小幅上升，辽宁和黑龙江排序则有所下降。北部沿海中，北京超过福建占据领先地位；东部沿海中，江苏和浙江排序均有大幅提升，其中江苏由第九名升至第二名，浙江由第八名升至第四名；南部沿海中，广东由第六名升至第三名，福建和广西排名则有所下降，特别是福建，排序由第一名跌至第七名。说明与创新产出飞速提升的东部沿海相比，东北地区创新产出提升速度缓慢，与创新产出处在领先位置的北京、江苏、广东相比，东北地区仍存在一定差距。

在经济效益指标中，从 2012 年的排序总体来看，东部沿海排序位于前列，北部沿海处于中间位置，东北地区相对靠后，南部沿海各省份差别较大。与 2003

年的排序相比，多数地区变化不大。其中排序变化较为明显的是黑龙江和河北，黑龙江由第五名降至第十名，河北则由第十名升至第五名。

在国际竞争力指标中，总体来看，各地区排名没有明显变化。南部沿海的广东始终处于领先位置，东部沿海的上海、江苏紧随其后，相比之下，东北地区国际竞争力仍需进一步增强，这在一定程度上阻碍了区域产业创新竞争力的提升。

在创新环境指标中，东北三省辽宁排序由第十名升至第七名，吉林由第十二名升至第十名，但整体上与始终处于领先地位的东部沿海相比，仍有待进一步提升。

2.2.2 东北地区高新技术产业创新竞争力分析

1. 医药制造业

表 2.3 为医药制造业运行知识产权内涵指标客观权重。从客观权重结果可以看出，创新产出是影响医药制造业创新竞争力的最主要因素，其次是创新投入，最后是国际竞争力和经济效益。

表 2.3 医药制造业运行知识产权内涵指标客观权重

准则层	准则层权重	指标层	指标层权重
创新投入	0.25	每万人研发人员数	0.25
		研发投入额	0.53
		研发投入额/主营业务收入	0.22
创新产出	0.32	大中型工业企业每万人发明专利申请数	0.43
		新产品销售收入	0.39
		新产品销售收入/主营业务收入	0.18
经济效益	0.21	总利润/主营业务收入	0.49
		总利润	0.20
		产值/全国总产值	0.31
国际竞争力	0.22	出口交货值	0.66
		出口交货值/产值	0.34

各地区医药制造业创新竞争力得分及增幅如图 2.3 所示。在考察期内，各地区医药制造业创新竞争力得分增幅最大的为北部沿海的天津、南部沿海的广东和东部沿海的江苏，增幅均在 200% 以上，分别为 344.1%、224.7% 和 203.7%。东北地区医药制造业创新竞争力得分增幅普遍相对较低，增幅最大的黑龙江也仅为105%；吉林增幅为 58.8%；而辽宁增幅低至 5.3%。

第 2 章 东北老工业基地产业创新竞争力演变分析

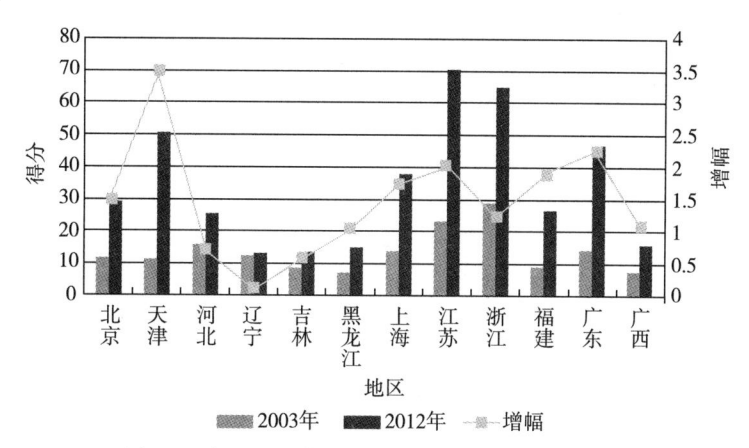

图 2.3 各地区医药制造业创新竞争力得分及增幅

表 2.4 为医药制造业创新竞争力客观赋权评价结果。从产业创新竞争力总得分看，部分区域排名变化较大。东北地区中，辽宁由第六名降至第十二名，吉林由第十名降至第十一名，黑龙江由第十二名升至第十名。北部沿海地区中，天津由第八名升至第三名，河北则由第三名降至第八名。东部沿海的江苏和浙江始终占据前两名的领先地位。南部沿海地区中，广东产业创新竞争力发展优于福建和广西，始终排在第四名，但福建和广西的产业创新竞争力均有小幅提升。

表 2.4 医药制造业创新竞争力客观赋权评价结果

指标	创新投入		创新产出		经济效益		国际竞争力		创新竞争力	
2003 年	得分	排序	得分	排序	得分	排序	得分	排序	得分	排序
北京	4.9	12	13.9	3	26.5	3	3.0	12	11.8	7
天津	9.4	6	8.6	6	14.7	8	14.8	7	11.4	8
河北	14.9	4	4.1	10	25.6	5	23.5	4	15.6	3
辽宁	8.8	7	5.3	8	3.3	12	34.6	2	12.3	6
吉林	7.0	10	3.3	11	21.6	6	5.4	9	8.5	10
黑龙江	7.0	11	9.3	4	8.8	11	3.3	11	7.2	12
上海	14.7	5	8.4	7	18.4	7	16.1	6	13.8	5
江苏	15.5	3	18.3	1	36.6	1	26.3	3	23.2	2
浙江	16.4	2	17.4	2	32.8	2	55.1	1	28.8	1
福建	8.2	8	1.3	12	10.2	9	19.7	5	9.0	9
广东	23.1	1	5.0	9	26.0	4	7.5	8	14.5	4
广西	7.2	9	8.9	5	10.1	10	3.9	10	7.6	11
指标	创新投入		创新产出		经济效益		国际竞争力		创新竞争力	
2012 年	得分	排序	得分	排序	得分	排序	得分	排序	得分	排序
北京	38.3	7	32.1	6	42.2	4	3.9	11	29.4	6

续表

指标	创新投入		创新产出		经济效益		国际竞争力		创新竞争力	
2012年	得分	排序	得分	排序	得分	排序	得分	排序	得分	排序
天津	64.1	4	74.8	1	31.6	6	19.5	6	50.8	3
河北	32.4	8	20.9	8	19.2	11	30.9	3	25.7	8
辽宁	12.7	11	9.2	11	24.5	8	8.0	8	13.0	12
吉林	8.9	12	13.5	10	31.0	7	2.2	12	13.5	11
黑龙江	27.4	9	9.1	12	20.3	10	4.0	10	14.9	10
上海	52.1	5	41.9	4	32.1	5	21.8	5	37.9	5
江苏	82.0	1	56.4	2	89.1	1	59.9	2	70.4	1
浙江	69.0	2	52.3	3	44.2	3	96.8	1	64.8	2
福建	46.1	6	25.5	7	16.4	12	16.1	7	26.7	7
广东	66.5	3	40.8	5	53.9	2	27.1	4	46.9	4
广西	18.1	10	16.7	9	24.5	9	4.5	9	15.9	9

从各分项指标看，东北三省中，辽宁尽管在经济效益方面有较为明显的提升，但由于创新投入、创新产出和国际竞争力的大幅下降，产业创新竞争力总得分排名大幅降低；吉林仅在创新产出方面有小幅提升，其他方面均下降；黑龙江在创新投入、经济效益、国际竞争力和创新竞争力方面均有小幅提升，但在创新产出方面下降明显，由第四名降至第十二名，导致产业创新竞争力总得分排名提升并不明显。

北部沿海中，天津在各个方面均有提升，特别是在创新产出方面，由第六名升至第一名，实现了产业创新竞争力的跨越式发展；河北则在创新投入和经济效益方面大幅下降，导致产业创新竞争力总得分排名由第三名降至第八名。东部沿海地区中，江苏和浙江在各个方面均占有优势，上海虽不及江苏和浙江，但在创新产出、经济效益和国际竞争力方面也均有提升。南部沿海地区中，广东在创新产出方面由第九名升至第五名，经济效益方面由第四名升至第二名，国际竞争力方面由第八名升至第四名，创新投入方面虽有小幅下降，但仍在前三名之列，产业创新竞争力总得分排名也保持不错的水平。因此，对于东北地区而言，应结合自身具体情况充分借鉴江苏、浙江和天津的成功经验，从而实现医药制造业创新竞争综合实力的提高。

2. 航空航天制造业

从表2.5客观权重结果可以看出，创新产出和创新投入是影响航空航天制造业创新竞争力的最主要因素，表明航空航天制造业是典型的技术密集型产业。其次是国际竞争力，最后是经济效益。

第 2 章　东北老工业基地产业创新竞争力演变分析　　15

表 2.5　航空航天器制造业创新竞争力评价指标客观权重

准则层	准则层权重	指标层	指标层权重
创新投入	0.30	每万人研发人员数	0.18
		研发投入额	0.48
		研发投入额/主营业务收入	0.34
创新产出	0.33	大中型工业企业每万人发明专利申请数	0.27
		新产品销售收入	0.42
		新产品销售收入/主营业务收入	0.31
经济效益	0.16	总利润/主营业务收入	0.45
		总利润	0.13
		产值/全国总产值	0.42
国际竞争力	0.21	出口交货值	0.57
		出口交货值/产值	0.43

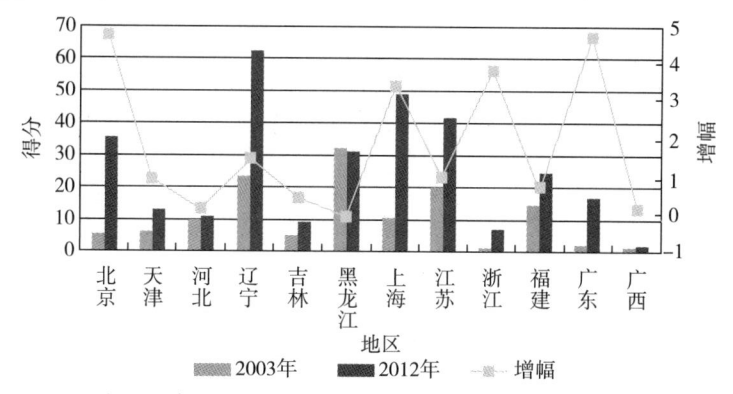

各地区航空航天制造业创新竞争力得分及增幅如图 2.4 所示。在考察期内，各地区航空航天制造业创新竞争力得分增幅最大的为北部沿海的北京、南部沿海的广东和东部沿海的浙江，增幅均在 350%以上，分别为 471.8%、468.4%和 374.1%。东北地区航空航天制造业创新竞争力得分增幅普遍相对较低，增幅最大的辽宁也仅为 149.3%；吉林增幅仅为 36.6%；而黑龙江更是出现了小幅下降，下降幅度为 2.3%。

图 2.4　各地区航空航天制造业创新竞争力得分及增幅

表 2.6 为航空航天制造业创新竞争力客观赋权评价结果。2003 年，黑龙江和辽宁航空航天制造业的创新竞争力分列第一、二位，2012 年辽宁超过黑龙江排名第一，黑龙江则由第一名降至第五名。沈阳飞机工业（集团）公司和哈尔滨飞机工业集团有限责任公司作为国家重要的航空骨干企业，为辽宁和黑龙江航空航天制造业的发展提供了强有力的支撑。2012 年上海因其较为明显的区位优势排名由 2003 年的第五名升至第二名，江苏始终位于第三名，由于其具有毗邻上海的区位

优势，并抓住了国家发展大飞机制造的良好机遇，已经成功打造出具有不同特色和优势的航空产业集群，成为航空航天制造业发展的重要载体。其余样本区域中，除北京和福建分列第四名、第六名外，其他样本区域的航空航天制造业基础薄弱，产业创新竞争力相对较低，如广东、天津、河北、浙江、吉林、广西。

表 2.6 航空航天器制造业创新竞争力客观赋权评价结果

指标	创新投入		创新产出		经济效益		国际竞争力		创新竞争力	
2003 年	得分	排序	得分	排序	得分	排序	得分	排序	得分	排序
北京	5.7	7	2.0	6	21.5	3	1.3	8	6.1	8
天津	12.8	6	1.0	7	16.1	4	1.0	10	6.9	7
河北	26.7	1	1.0	7	7.2	8	1.1	9	9.6	6
辽宁	14.7	4	46.6	2	28.1	2	4.4	6	25.2	2
吉林	5.3	8	2.0	5	5.4	10	6.0	5	4.4	9
黑龙江	24.7	2	50.8	1	49.4	1	2.0	7	32.4	1
上海	15.5	3	5.3	4	7.9	7	14.4	3	10.7	5
江苏	13.9	5	22.4	3	15.3	5	30.5	2	20.5	3
浙江	1.0	10	1.0	7	4.5	11	1.0	10	1.6	12
福建	4.1	9	1.0	7	15.0	6	47.8	1	14.1	4
广东	1.0	10	1.0	7	3.3	12	9.1	4	3.1	10
广西	1.0	10	1.0	7	5.4	9	1.0	10	1.7	11
指标	创新投入		创新产出		经济效益		国际竞争力		创新竞争力	
2012 年	得分	排序	得分	排序	得分	排序	得分	排序	得分	排序
北京	59.4	3	27.0	5	36.9	4	10.4	6	34.6	4
天津	1.8	9	1.4	10	73.6	2	4.8	9	13.7	8
河北	19.1	5	12.5	6	8.4	9	1.0	11	11.3	9
辽宁	77.5	2	85.9	1	45.2	3	19.5	5	62.8	1
吉林	1.0	10	11.8	7	6.9	11	3.1	10	5.9	11
黑龙江	49.4	4	39.1	3	16.9	6	6.6	7	31.7	5
上海	83.4	1	35.6	4	16.2	7	38.4	3	47.3	2
江苏	10.0	7	47.7	2	48.3	2	71.3	2	41.6	3
浙江	5.1	8	11.6	8	6.0	12	4.9	8	7.4	10
福建	1.0	10	1.0	11	13.9	8	100.0	1	24.2	6
广东	16.2	6	7.1	9	19.1	5	34.8	4	17.6	7
广西	1.0	10	1.0	11	7.1	10	1.0	11	2.0	12

从各分项指标看，在创新投入指标中，东北地区的辽宁由第四名升至第二名，黑龙江则由第二名降至第四名，相比之下，上海则由第三名升至第一名，北京由第七名升至第三名，广东由第十名升至第六名。在创新产出指标中，辽宁超过黑

龙江升至第一名，黑龙江由第一名降至第三名，江苏由第三名升至第二名，上海保持第四位不变。在经济效益指标中，辽宁由第二名降至第三名，黑龙江则由第一名降至第六名，相比之下，天津超过北京、辽宁、黑龙江升至第一位，江苏由第五名升至第二名，广东由第十二名升至第五名。在国际竞争力指标中，福建、江苏、上海始终处在前三位，辽宁由第六名升至第五名，黑龙江始终处在第七位，东北地区整体上处于中间位置。因此，尽管东北地区辽宁和黑龙江航空航天制造业的创新竞争力整体上处于相对领先地位，但上海和江苏发展迅猛，已经实现对黑龙江的赶超。上海在创新投入方面占有明显优势，江苏创新产出、经济效益排名均有所提升，国际竞争力也保持相对领先地位。综上可知，目前东北地区主要依靠辽宁创新投入和创新产出的提升维持航空航天制造业的领先地位，但经济效益有下降趋势，国际竞争力方面相对薄弱。在航空航天制造业发展过程中，辽宁应在继续加大创新投入和创新产出的基础上，进一步关注经济效益和国际竞争力，从而带动整个东北地区航空航天业的发展。

3. 电子及通信设备制造业

表2.7为电子及通信设备制造业创新竞争力评价指标客观权重。从客观权重结果可以看出，创新产出是影响电子及通信设备制造业创新竞争力的最主要因素，其次是经济效益和创新投入，最后是国际竞争力。

表 2.7　电子及通信设备制造业创新竞争力评价指标客观权重

准则层	准则层权重	指标层	指标层权重
创新投入	0.25	每万人研发人员数	0.11
		研发投入额	0.78
		研发投入额/主营业务收入	0.11
创新产出	0.28	大中型工业企业每万人发明专利申请数	0.34
		新产品销售收入	0.53
		新产品销售收入/主营业务收入	0.13
经济效益	0.26	总利润/主营业务收入	0.51
		总利润	0.03
		产值/全国总产值	0.46
国际竞争力	0.21	出口交货值	0.82
		出口交货值/产值	0.18

各地区电子及通信设备制造业创新竞争力得分及增幅如图2.5所示。在考察期内，各地区电子及通信设备制造业创新竞争力得分增幅最大的为南部沿海的广西、广东和东部沿海的江苏，增幅均在150%以上，分别为233%、159.4%和184.4%。东北地区电子及通信设备制造业创新竞争力得分只有吉林有小幅提升，增幅为

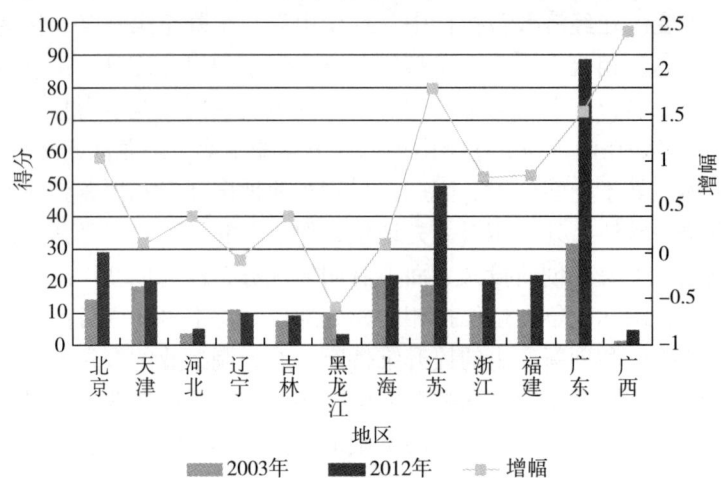

40.1%,吉林和黑龙江则均有所下降,降幅分别为 11.5%和 53.2%。

图 2.5　各地区电子及通信设备制造业创新竞争力得分及增幅

表 2.8 为电子及通信设备制造业创新竞争力客观赋权评价结果。从产业创新竞争力总得分可知,从 2003 年至 2012 年,辽宁由第七名降至第八名,吉林由第十名升至第九名,黑龙江由第九名降至第十二名。可以看出,在东北老工业基地振兴期间,辽宁、黑龙江和吉林的电子及通信设备制造业并未实现明显的突破,甚至还有所下降。相比而言,广东始终排在第一位,江苏由第三名升至第二名,北京也有较为明显的提升,由第五名升至第三名。

表 2.8　电子及通信设备制造业创新竞争力客观赋权评价结果

指标	创新投入		创新产出		经济效益		国际竞争力		创新竞争力	
2003 年	得分	排序	得分	排序	得分	排序	得分	排序	得分	排序
北京	17.8	3	11.3	5	16.0	4	11.7	7	14.2	5
天津	8.8	10	23.3	1	15.1	5	19.6	2	16.8	4
河北	4.7	11	3.6	11	4.4	9	4.0	9	4.2	11
辽宁	15.7	5	9.5	7	7.1	8	15.8	5	11.7	7
吉林	15.0	6	5.5	10	1.2	12	3.5	11	6.3	10
黑龙江	22.5	2	8.6	9	3.7	11	4.0	10	9.8	9
上海	17.3	4	23.3	2	20.7	3	18.4	4	20.1	2
江苏	11.6	7	11.0	6	27.9	2	19.3	3	17.3	3
浙江	10.7	8	8.6	8	14.7	6	7.3	8	10.5	8
福建	10.1	9	12.6	4	11.4	7	14.3	6	12.0	6
广东	23.8	1	18.0	3	61.9	1	31.2	1	33.7	1

续表

指标	创新投入		创新产出		经济效益		国际竞争力		创新竞争力	
2003年	得分	排序	得分	排序	得分	排序	得分	排序	得分	排序
广西	1.0	12	1.0	12	3.7	10	1.0	12	1.7	12

指标	创新投入		创新产出		经济效益		国际竞争力		创新竞争力	
2012年	得分	排序	得分	排序	得分	排序	得分	排序	得分	排序
北京	25.7	4	49.8	2	12.0	7	23.6	6	28.5	3
天津	11.0	8	22.9	2	18.1	3	28.0	5	19.8	6
河北	6.5	11	5.4	10	5.1	10	7.2	9	6.0	10
辽宁	10.9	9	9.8	9	8.9	8	12.3	8	10.4	8
吉林	13.2	7	13.8	8	4.3	11	2.4	11	8.8	9
黑龙江	8.0	10	3.8	11	4.3	12	1.9	12	4.6	12
上海	21.1	6	28.2	3	14.0	6	30.6	3	23.3	4
江苏	32.4	2	28.0	4	65.7	2	77.6	2	49.3	2
浙江	27.6	3	19.9	6	14.3	5	16.8	7	19.7	7
福建	23.1	5	24.9	5	16.4	4	29.3	4	23.1	5
广东	97.2	1	74.1	1	84.0	1	98.2	1	87.4	1
广西	5.4	12	3.6	12	7.4	9	7.1	10	5.7	11

从各分项指标看，东北地区各省份中，辽宁在除经济效益之外的其他方面排序均有所下降，其中创新投入由第五名降至第九名，创新产出由第七名降至第九名，国际竞争力由第五名降至第八名；吉林在创新产出和经济效益方面排序有小幅提升，黑龙江各个方面排序均下降。可以看出，东北老工业基地的电子及通信设备制造业创新竞争力在各个方面均未显现优势。相比而言，广东在各个指标方面均处于领先地位；江苏在经济效益方面保持第二名领先地位不变，其他方面也均有提升；浙江在各个方面也有所提升，福建在除创新产出以外的各方面均有提升。因此，电子及通信设备制造业是东北老工业基地进一步提高产业创新竞争力应该重点关注的产业。

4. 电子计算机及办公设备制造业

表 2.9 为电子计算机及办公设备制造业创新竞争力评价指标客观权重。从客观权重结果可以看出，创新产出是影响电子计算机及办公设备制造业创新竞争力的最主要因素，其次是创新投入和经济效益，最后是国际竞争力。

表 2.9　电子计算机及办公设备制造业创新竞争力评价指标客观权重

准则层	准则层权重	指标层	指标层权重
创新投入	0.27	每万人研发人员数	0.23
		研发投入额	0.41
		研发投入额/主营业务收入	0.36
创新产出	0.35	大中型工业企业每万人发明专利申请数	0.42
		新产品销售收入	0.41
		新产品销售收入/主营业务收入	0.17
经济效益	0.23	总利润/主营业务收入	0.43
		总利润	0.18
		产值/全国总产值	0.39
国际竞争力	0.15	出口交货值	0.80
		出口交货值/产值	0.20

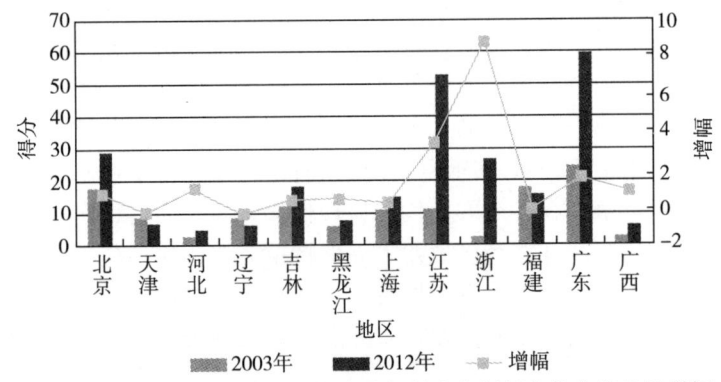

各地区电子计算机及办公设备制造业创新竞争力得分及增幅如图 2.6 所示。在考察期内，各地区电子计算机及办公设备制造业创新竞争力得分增幅较为突出的是东部沿海的浙江和江苏，增幅分别为 880%和 360.3%，其他地区除天津、辽宁和福建出现下降以外，各地区增幅相差不大。东北三省中吉林和黑龙江电子计算机及办公设备制造业创新竞争力得分有小幅提升，增幅分别为 40.4%和 47.1%，辽宁则下降 32.8%。

图 2.6　各地区电子计算机及办公设备制造业创新竞争力得分及增幅

表 2.10 为电子计算机及办公设备制造业创新竞争力客观赋权评价结果。从产业创新竞争力总得分可知，从 2003 年至 2012 年，辽宁由第八名降至第十一名，吉林由第四名降至第五名，黑龙江由第九名升至第八名。相比之下，广东始终排在第一名，江苏由第五名升至第二名，浙江由第十一名升至第四名。由此可见，与东部沿海和南部沿海地区相比，东北地区电子计算机及办公设备制造业创新竞争力提升速度相对缓慢，甚至有下降的趋势。

表 2.10 电子计算机及办公设备制造业创新竞争力客观赋权评价结果

指标	创新投入		创新产出		经济效益		国际竞争力		创新竞争力	
2003年	得分	排序	得分	排序	得分	排序	得分	排序	得分	排序
北京	30.1	1	19.8	2	9.9	6	2.0	10	17.5	2
天津	2.1	9	14.4	3	6.4	8	14.9	6	9.4	7
河北	1.0	12	1.0	11	7.4	7	1.0	11	2.5	12
辽宁	1.2	11	9.9	4	3.8	11	22.1	4	8.1	8
吉林	25.5	2	7.2	5	14.6	5	1.0	11	12.8	4
黑龙江	4.6	6	1.8	8	5.2	9	12.8	7	5.0	9
上海	6.5	4	1.7	9	21.2	3	25.5	3	11.2	6
江苏	3.8	8	3.2	7	23.6	2	25.7	2	11.6	5
浙江	1.3	10	1.0	11	2.8	12	8.9	8	2.7	11
福建	6.6	3	24.8	1	17.9	4	18.4	5	17.4	3
广东	6.2	5	5.4	6	56.3	1	48.3	1	24.0	1
广西	4.5	7	1.1	10	5.1	10	5.7	9	3.6	10
指标	创新投入		创新产出		经济效益		国际竞争力		创新竞争力	
2012年	得分	排序	得分	排序	得分	排序	得分	排序	得分	排序
北京	23.3	4	57.5	1	7.6	10	3.6	10	28.6	3
天津	6.1	9	4.0	8	7.7	9	13.3	7	6.8	9
河北	6.7	8	1.5	12	6.9	11	6.9	9	4.9	12
辽宁	3.6	10	2.2	9	5.8	12	15.5	5	5.4	11
吉林	47.4	1	4.3	7	16.2	6	1.0	12	18.0	5
黑龙江	7.4	7	9.1	6	8.4	8	2.0	11	7.4	8
上海	3.2	11	1.8	11	20.8	4	62.2	3	15.8	7
江苏	20.5	6	51.6	2	68.6	1	90.0	2	53.2	2
浙江	39.0	3	17.3	4	34.4	3	13.8	6	26.5	4
福建	23.1	5	13.4	5	12.2	7	17.8	4	16.4	6
广东	46.8	2	46.5	3	66.2	2	98.2	1	59.1	1
广西	1.7	12	1.9	10	17.3	5	10.8	8	6.8	10

从各分项指标看，东北地区各省份中，辽宁在除创新投入之外的其他方面排序均下降，其中以创新产出下降最为明显，由第四名降至第九名；吉林在创新投入方面始终占有优势，从2003年至2012年由第二名升至第一名，然而其余各方面均有不同幅度的下降，导致产业创新竞争力总排名下降；黑龙江在创新产出和经济效益方面排序有小幅提升。相比之下，广东在各个指标方面均处于领先地位；江苏和浙江在各方面均有所提升。2012年江苏在创新产出、经济效益和国际竞争力方面、浙江在创新投入和经济效益方面，均显现出较为明显的优势。因此，东北三省电子计算机及办公设备制造业创新竞争力的提升主要依靠吉林在创新投入上的明显优势，吉林应在加大创新投入的同时，进一步对创新产出、经济效益和国际竞争力予以关注，特别是国际竞争力方面的有效提升。

5. 医疗设备及仪器仪表制造业

表 2.11 为医疗设备及仪器仪表制造业创新竞争力指标客观权重。从客观权重结果可以看出，创新产出是影响医疗设备及仪器仪表制造业创新竞争力的最主要因素，其次是经济效益和创新投入，最后是国际竞争力。

表 2.11　医疗设备及仪器仪表制造业创新竞争力评价指标客观权重

准则层	准则层权重	指标层	指标层权重
创新投入	0.25	每万人研发人员数	0.10
		研发投入额	0.69
		研发投入额/主营业务收入	0.21
创新产出	0.29	大中型工业企业每万人发明专利申请数	0.23
		新产品销售收入	0.61
		新产品销售收入/主营业务收入	0.16
经济效益	0.27	总利润/主营业务收入	0.55
		总利润	0.08
		产值/全国总产值	0.37
国际竞争力	0.19	出口交货值	0.75
		出口交货值/产值	0.25

各地区医疗设备及仪器仪表制造业创新竞争力得分及增幅如图 2.7 所示。在考察期内，各地区医疗设备及仪器仪表制造业创新竞争力得分增幅最大的为东部沿海的江苏、北部沿海的天津和南部沿海的广东，增幅均在 300%以上，分别为 507.7%、430.5%和 313.4%。东北地区医疗设备及仪器仪表制造业创新竞争力得分增幅普遍较低，辽宁和黑龙江增幅分别为 102.7%和 86.6%，吉林增幅仅为 24.8%。

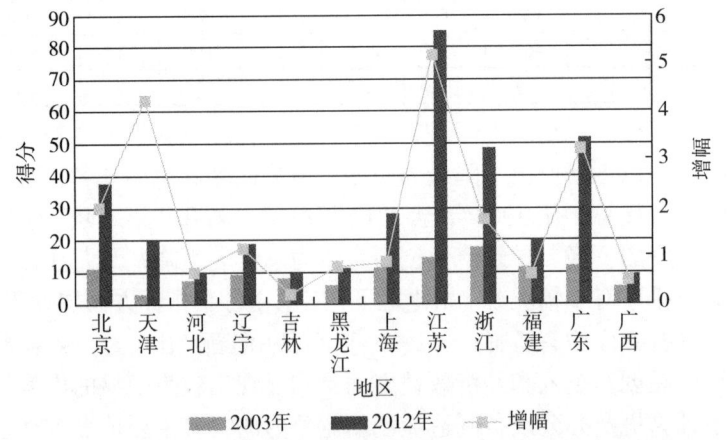

图 2.7　各地区医疗设备及仪器仪表制造业创新竞争力得分及增幅

表 2.12 为医疗设备及仪器仪表制造业创新竞争力客观赋权评价结果。从产业

创新竞争力总得分可知，辽宁由第七名降至第八名，而吉林由第八名下降到第十一名，黑龙江由第十一名升至第九名，可以看出，东北三省的医疗设备及仪器仪表制造业创新竞争力排名相对偏后。相比而言，东部和南部沿海地区仍处于相对优势地位，江苏由第二名升至第一名，浙江由第一名降至第三名，广东由第四名升至第二名。北部沿海的天津也有较大幅度提升，由第十二名升至第六名。

表 2.12 医疗设备及仪器仪表制造业创新竞争力客观赋权评价结果

指标	创新投入		创新产出		经济效益		国际竞争力		创新竞争力	
2003年	得分	排序	得分	排序	得分	排序	得分	排序	得分	排序
北京	13.3	2	6.6	7	19.0	2	8.9	9	12.1	5
天津	1.0	12	1.0	12	4.3	9	11.1	8	3.8	12
河北	6.7	8	7.3	6	9.5	7	1.9	11	6.8	9
辽宁	8.2	7	2.1	11	9.3	8	19.1	4	8.7	7
吉林	8.5	5	15.5	2	3.4	11	1.0	12	7.7	8
黑龙江	14.3	1	5.4	9	1.1	12	4.7	10	6.3	11
上海	8.3	6	12.1	4	17.6	4	16.7	6	13.5	3
江苏	10.5	4	10.0	5	18.2	3	19.2	3	14.0	2
浙江	11.2	3	19.0	1	20.4	1	18.5	5	17.3	1
福建	3.2	11	13.2	3	10.1	6	25.2	2	12.1	6
广东	6.1	9	2.3	10	14.7	5	35.3	1	12.7	4
广西	5.9	10	5.7	8	4.1	10	11.9	7	6.4	10
指标	创新投入		创新产出		经济效益		国际竞争力		创新竞争力	
2012年	得分	排序	得分	排序	得分	排序	得分	排序	得分	排序
北京	45.2	4	52.7	3	24.2	4	18.5	7	36.7	4
天津	31.4	5	26.9	5	8.1	8	11.4	8	20.0	6
河北	15.4	12	10.8	10	10.7	7	7.8	9	11.4	10
辽宁	15.5	11	18.6	8	13.7	6	25.3	5	17.7	8
吉林	17.8	9	9.0	12	7.7	10	2.6	11	9.7	11
黑龙江	23.9	8	16.3	9	3.1	12	1.0	12	11.8	9
上海	29.8	6	20.4	7	20.4	5	47.4	3	27.8	5
江苏	84.6	1	78.8	1	96.2	1	80.7	1	85.3	1
浙江	60.6	3	56.3	2	29.0	3	44.9	4	47.8	3
福建	27.9	7	23.1	6	7.9	9	21.5	6	19.8	7
广东	61.3	2	50.5	4	31.2	2	75.9	2	52.6	2
广西	16.8	10	9.1	11	6.0	11	3.7	10	9.2	12

从各分项指标看，东北地区各省份中，辽宁在创新产出和经济效益方面排序均有所提升，然而在创新投入方面有较大幅度下降，由第七名降至第十一名，国际竞争力方面也有小幅下降，导致总得分排名出现小幅下降；吉林在创新投入和创新产出方面均有较大幅度下降，尽管在经济效益和国际竞争力方面有小幅提升，但产业创新竞争力总得分排名仍由第八名降至第十一名；黑龙江在创新投入方面优势地位丧失，由第一名降至第八名，创新产出方面排名保持不变，经济效益和国际竞争力方面始终处于劣势地位，这严重制约了其医疗设备及仪器仪表制造业的进一步发展。相比而言，沿海各区域中，江苏在各个方面均有所提升并成功占据领先地位，其医疗设备及仪器仪表制造业的创新竞争力领先地位得以进一步巩固。

广东主要通过创新投入、创新产出及经济效益的有效提升，实现其医疗设备及仪器仪表制造业创新竞争力的进一步发展；天津也通过创新投入和创新产出的大幅提升成功摆脱落后地位。因此，东北地区应加大创新投入，与此同时进一步提升创新产出、经济效益和国际竞争力，突破落后现状，进而实现医疗设备及仪器仪表制造业创新竞争力的有效追赶。

2.2.3 东北地区装备制造业创新竞争力分析

1. 金属制品制造业

表 2.13 为金属制品制造业创新竞争力评价指标客观权重。从客观权重结果可以看出，创新投入和创新产出是影响金属制品制造业创新竞争力的最主要因素，其次是经济效益，最后是国际竞争力。

表 2.13　金属制品制造业创新竞争力评价指标客观权重

准则层	准则层权重	指标层	指标层权重
创新投入	0.28	每万人研发人员数	0.21
		研发投入额	0.40
		研发投入额/主营业务收入	0.39
创新产出	0.27	大中型工业企业每万人发明专利申请数	0.21
		新产品销售收入	0.57
		新产品销售收入/主营业务收入	0.22
经济效益	0.24	总利润/主营业务收入	0.56
		总利润	0.05
		产值/全国总产值	0.39
国际竞争力	0.21	出口交货值	0.58
		出口交货值/产值	0.42

第 2 章 东北老工业基地产业创新竞争力演变分析

各地区金属制品制造业创新竞争力得分及增幅如图 2.8 所示。在考察期内，各地区金属制品制造业创新竞争力得分增幅在 100% 以上的只有东部沿海的江苏和东北地区的吉林，增幅分别为 144.3% 和 121.9%。此外，北部沿海的北京和东部沿海的浙江增幅也在 90% 以上。东北地区除吉林增幅较高之外，辽宁增幅处于中间水平，为 72.3%，黑龙江则出现了小幅下降，降幅为 12.8%。

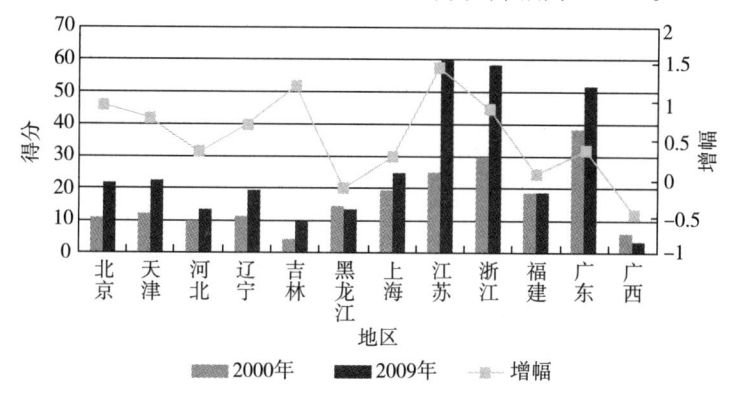

图 2.8 各地区金属制品制造业创新竞争力得分及增幅

表 2.14 为金属制品制造业创新竞争力客观赋权评价结果。从产业创新竞争力总得分可知，东北地区各省份中，辽宁的排名由第八名上升到第七名；吉林由第十二名升至第十一名；黑龙江由第六名降至第十名。沿海地区各省份中，广东、浙江和江苏始终排名前三位，占据绝对的优势地位；福建由第五名降为第八名；北京、天津和河北均有小幅上升。

表 2.14 金属制品制造业创新竞争力客观赋权评价结果

指标	创新投入		创新产出		经济效益		国际竞争力		创新竞争力	
2000 年	得分	排序	得分	排序	得分	排序	得分	排序	得分	排序
北京	15.7	5	11.9	5	6.5	9	9.5	9	11.1	9
天津	5.7	11	11.3	6	12.3	7	25.4	6	13.0	7
河北	10.2	7	4.3	12	13.0	5	13.9	8	10.1	10
辽宁	7.8	8	7.7	10	12.7	6	18.9	7	11.3	8
吉林	4.5	12	10.2	8	1.0	12	1.7	12	4.6	12
黑龙江	45.0	1	6.9	11	3.2	11	1.9	11	15.4	6
上海	6.9	10	13.6	4	26.5	3	34.0	5	19.2	4
江苏	16.0	4	15.4	2	31.3	2	39.6	3	24.6	3

续表

指标 2000年	创新投入 得分	排序	创新产出 得分	排序	经济效益 得分	排序	国际竞争力 得分	排序	创新竞争力 得分	排序
浙江	13.7	6	24.6	1	24.2	4	65.0	2	30.1	2
福建	19.2	2	10.6	7	8.6	8	39.1	4	18.5	5
广东	17.9	3	14.1	3	45.6	1	85.3	1	37.9	1
广西	7.4	9	9.3	9	3.9	10	4.3	10	6.4	11

指标 2009年	创新投入 得分	排序	创新产出 得分	排序	经济效益 得分	排序	国际竞争力 得分	排序	创新竞争力 得分	排序
北京	23.0	5	44.7	3	10.4	9	3.7	9	21.7	6
天津	20.2	6	43.7	4	15.8	8	9.4	7	23.2	5
河北	8.4	10	9.4	11	32.1	5	5.6	8	13.9	9
辽宁	10.8	8	20.1	9	35.1	4	12.0	6	19.5	7
吉林	4.0	11	24.9	8	8.7	10	1.0	12	10.1	11
黑龙江	26.6	3	16.8	10	5.6	11	1.2	11	13.4	10
上海	15.9	7	35.8	6	26.8	6	21.6	4	25.1	4
江苏	52.6	1	72.3	2	84.2	2	25.4	3	59.8	1
浙江	39.9	2	95.4	1	48.8	3	40.8	2	57.2	2
福建	10.2	9	32.3	7	16.1	7	15.4	5	18.7	8
广东	23.1	4	37.7	5	92.4	1	67.0	1	53.2	3
广西	2.2	12	2.4	12	5.2	12	3.6	10	3.3	12

从各分项指标看，东北地区各省份中，辽宁除在创新投入方面排名保持不变外，其余各方面排名均有小幅提升，从而实现了金属制品制造业创新竞争力的小幅提升；吉林在创新投入和经济效益方面有小幅提升，其他方面保持不变，产业创新竞争力总得分排名提升效果不明显；黑龙江虽在创新产出方面有小幅提升，但创新投入方面的优势地位有所下降，其余方面保持不变，导致产业创新竞争力总得分排名出现较大幅度下降。相比而言，沿海地区各省份中，江苏通过加大创新投入成功占据创新竞争力领先地位；浙江也通过加大创新投入使优势地位得以保持；广东因其在创新投入和创新产出方面的小幅下降而被江苏超越，由第一名降至第三名，但仍处于优势地位。因此，对于东北地区而言，提高研发投入并大力促进创新能力建设，是增强金属制品制造业创新竞争力的有效途径。

2. 通用设备制造业

表 2.15 为通用设备制造业创新竞争力评价指标客观权重。从客观权重结果可以看出，创新产出是影响通用设备制造业创新竞争力的最主要因素，其次是经济效益和创新投入，最后是国际竞争力。

表 2.15　通用设备制造业创新竞争力评价指标客观权重

准则层	准则层权重	指标层	指标层权重
创新投入	0.24	每万人研发人员数	0.21
		研发投入额	0.50
		研发投入额/主营业务收入	0.29
创新产出	0.30	大中型工业企业每万人发明专利申请数	0.33
		新产品销售收入	0.50
		新产品销售收入/主营业务收入	0.17
经济效益	0.25	总利润/主营业务收入	0.53
		总利润	0.06
		产值/全国总产值	0.41
国际竞争力	0.21	出口交货值	0.54
		出口交货值/产值	0.46

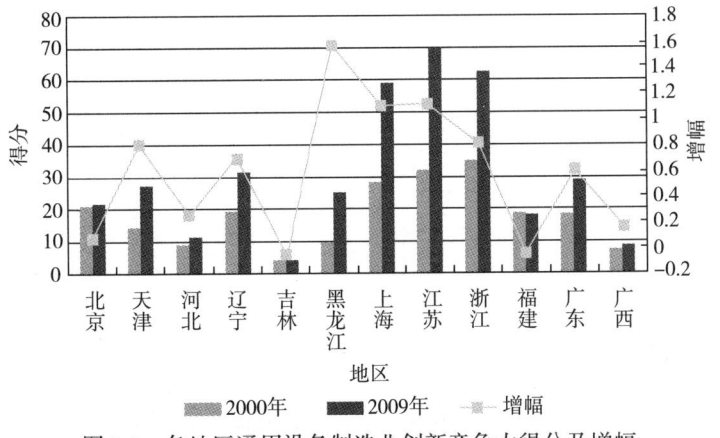

各地区通用设备制造业创新竞争力得分及增幅如图 2.9 所示。在考察期内，各地区通用设备制造业创新竞争力得分增幅最为突出的是东北地区的黑龙江，增幅为 158.5%。此外，东部沿海地区增幅整体相对较高，其中上海和江苏增幅均在 100% 以上。各地区只有吉林和福建出现了下降，降幅分别为 5.3% 和 4.2%。东北地区除黑龙江和吉林以外，辽宁增幅处于中间水平，为 68.6%。

图 2.9　各地区通用设备制造业创新竞争力得分及增幅

表 2.16 为通用设备制造业创新竞争力客观赋权评价结果。从产业创新竞争力总得分看，多数区域排名变化不大。总体来看，东北地区排名有小幅提升，辽宁由第五名升至第四名，吉林始终是第十二名，黑龙江由第九名升至第七名；相比之下，东部沿海地区的上海、江苏、浙江始终占据前三名的位置，优势地位明显。

表 2.16　通用设备制造业创新竞争力客观赋权评价结果

指标	创新投入		创新产出		经济效益		国际竞争力		创新竞争力	
2000 年	得分	排序	得分	排序	得分	排序	得分	排序	得分	排序
北京	39.4	1	6.5	7	6.7	9	37.8	6	21.0	4
天津	17.4	7	12.3	4	10.2	6	21.3	8	14.9	8
河北	6.8	12	4.7	12	10.0	7	16.0	9	9.0	10
辽宁	22.4	3	10.1	6	18.5	4	27.8	7	18.9	5
吉林	7.4	11	5.0	10	2.2	12	1.9	12	4.2	12
黑龙江	19.7	5	10.6	5	2.4	11	6.6	10	9.8	9
上海	22.0	4	13.8	3	27.9	3	53.1	2	27.7	3
江苏	23.4	2	18.1	1	50.3	1	42.2	5	32.7	2
浙江	13.9	9	15.0	2	33.1	2	87.5	1	34.8	1
福建	19.4	6	5.3	8	5.8	10	47.4	3	17.7	6
广东	10.7	10	4.9	11	17.2	5	43.6	4	17.7	7
广西	14.3	8	5.0	9	7.2	8	3.2	11	7.4	11
指标	创新投入		创新产出		经济效益		国际竞争力		创新竞争力	
2009 年	得分	排序	得分	排序	得分	排序	得分	排序	得分	排序
北京	29.1	5	36.8	6	13.9	8	7.3	9	22.9	8
天津	17.6	8	51.1	4	20.2	7	12.1	6	27.1	6
河北	7.7	11	6.4	11	21.8	6	8.9	8	11.1	10
辽宁	27.6	6	34.6	7	46.8	4	15.0	5	31.9	4
吉林	1.1	12	4.9	12	7.9	11	1.0	12	4.0	12
黑龙江	37.8	4	42.7	5	9.3	10	6.4	10	25.3	7
上海	42.4	3	88.9	1	47.0	3	47.1	2	58.4	3
江苏	62.5	1	76.7	2	89.3	1	43.8	3	69.6	1
浙江	56.4	2	75.8	3	52.8	2	62.1	1	62.5	2
福建	14.3	9	25.8	9	13.8	9	11.1	7	16.9	9
广东	25.7	7	29.2	8	29.5	5	31.1	4	28.9	5
广西	10.1	10	14.3	10	6.2	12	1.6	11	8.6	11

从各分项指标看，东北地区各省份中，辽宁创新投入排序由第三名降至第六

名,创新产出方面由第六名降至第七名,经济效益方面排序保持不变,国际竞争力方面由第七名升至第五名,说明辽宁通用设备制造业国际竞争力提升取得一定进展;吉林虽在经济效益方面排名有小幅提升,但其余方面发展缓慢,导致产业创新竞争力总得分排名仍处在落后位置;黑龙江通过提升创新投入和经济效益实现了产业创新竞争力的进步。东部沿海各省份中,江苏在创新投入、经济效益方面均始终处在领先地位,并通过在国际竞争力方面的提升超过浙江占据产业创新竞争力第一名的位置;浙江通过创新投入方面的大幅提升继续保持优势地位;上海在创新投入和创新产出方面也均有提升。

因此,东北地区各省份中,辽宁通用设备制造业创新竞争力发展优于黑龙江和吉林,辽宁应在注重开拓国际市场、提升国际竞争力的同时,进一步加大创新投入,提高创新产出,从而带动整个东北地区通用设备制造业创新竞争力的发展。

3. 专用设备制造业

表 2.17 为专用设备制造业创新竞争力评价指标客观权重。从客观权重结果可以看出,创新投入是影响通用设备制造业创新竞争力的最主要因素,其次是创新产出,最后是经济效益和国际竞争力。

表 2.17 专用设备制造业创新竞争力评价指标客观权重

准则层	准则层权重	指标层	指标层权重
创新投入	0.33	每万人研发人员数	0.61
		研发投入额	0.28
		研发投入额/主营业务收入	0.11
创新产出	0.25	大中型工业企业每万人发明专利申请数	0.42
		新产品销售收入	0.42
		新产品销售收入/主营业务收入	0.16
经济效益	0.21	总利润/主营业务收入	0.56
		总利润	0.07
		产值/全国总产值	0.37
国际竞争力	0.21	出口交货值	0.54
		出口交货值/产值	0.46

各地区专用设备制造业创新竞争力得分及增幅如图 2.10 所示。在考察期内,各地区专用设备制造业创新竞争力得分增幅最为突出的是南部沿海的广西和东北地区的辽宁,增幅均在 200%以上,分别为 236.5%和 234.2%。此外,黑龙江和江苏增幅也相对较高,分别为 147.7%和 134.8%。然而,东北地区的吉林在所有样

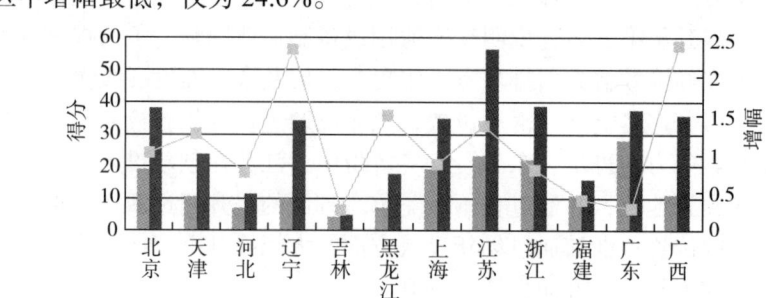

本地区中增幅最低,仅为 24.6%。

图 2.10 各地区专用设备制造业创新竞争力得分及增幅

表 2.18 为专用设备制造业创新竞争力客观赋权评价结果。从产业创新竞争力总得分看,各区域排名变化不大。东部沿海的江苏、浙江,北部沿海的北京排名均提升一位,占领前三甲,南部沿海的广东则由第一名降至第四名,福建由第六名降至第十名。相比而言,东北地区的辽宁和黑龙江排名有小幅提升,吉林则停滞不前。

表 2.18 专用设备制造业创新竞争力客观赋权评价结果

指标	创新投入		创新产出		经济效益		国际竞争力		创新竞争力	
2000年	得分	排序	得分	排序	得分	排序	得分	排序	得分	排序
北京	19.3	1	22.1	1	21.4	4	12.2	9	18.9	4
天津	8.0	9	11.0	8	10.9	8	13.3	6	10.5	8
河北	6.0	12	3.1	12	12.1	7	5.8	10	6.5	11
辽宁	6.2	11	5.2	10	14.8	6	17.8	5	10.2	9
吉林	7.4	10	3.1	11	1.0	12	2.1	12	3.9	12
黑龙江	10.6	7	6.5	9	4.6	10	5.7	11	7.3	10
上海	14.9	4	14.3	3	24.4	3	23.7	4	18.6	5
江苏	15.5	2	12.4	7	45.1	1	29.7	3	23.9	2
浙江	10.7	6	18.9	2	28.1	2	36.2	2	21.8	3
福建	9.8	8	12.5	6	8.9	9	12.6	8	10.9	6
广东	15.5	3	13.2	5	17.0	5	76.7	1	28.2	1
广西	10.8	5	14.2	4	3.9	11	13.2	7	10.7	7
指标	创新投入		创新产出		经济效益		国际竞争力		创新竞争力	
2009年	得分	排序	得分	排序	得分	排序	得分	排序	得分	排序
北京	31.4	3	74.9	1	29.9	6	11.3	7	37.9	3
天津	16.1	9	44.1	5	22.1	8	12.3	5	23.7	8
河北	5.1	11	13.9	11	24.4	7	6.0	9	11.5	11
辽宁	17.1	7	60.8	2	50.3	3	12.1	6	34.0	7
吉林	2.8	12	4.5	12	12.1	12	1.0	12	4.8	12
黑龙江	16.4	8	33.1	8	16.6	10	3.8	11	18.0	9
上海	25.4	4	42.6	6	38.8	5	33.6	4	34.3	6

续表

指标	创新投入		创新产出		经济效益		国际竞争力		创新竞争力	
2009年	得分	排序	得分	排序	得分	排序	得分	排序	得分	排序
江苏	32.9	2	54.1	4	95.5	1	55.5	2	56.1	1
浙江	22.7	5	57.5	3	42.2	4	36.6	3	38.5	2
福建	10.8	10	25.1	10	20.7	9	6.5	8	15.6	10
广东	19.7	6	25.8	9	51.1	2	61.3	1	36.7	4
广西	70.6	1	34.8	7	14.9	11	5.7	10	36.1	5

从各分项指标看，东北地区各省份中，辽宁在创新投入、创新产出和经济效益方面均有提升，特别是在创新产出方面，由第十位跃居第二位；黑龙江仅在创新产出方面有小幅提升，其余方面提升不明显，甚至有下降的趋势；吉林在各个方面均处在相对落后位置。沿海各地区中，江苏在创新投入、经济效益和国际竞争力方面均有一定优势，在创新产出方面也有所提升；浙江主要通过在创新产出和国际竞争力方面的优势继续保持产业创新竞争力的优势地位；北京的优势主要体现在创新投入和创新产出方面，经济效益和国际竞争力方面稍显不足；广东尽管在经济效益和国际竞争力方面占有优势，但创新投入和创新产出方面提升相对缓慢，导致产业创新竞争力领先地位丧失。因此，东北地区应该坚持目前专用设备制造业的发展方向，在加大创新投入的同时，大力促进创新产出和经济效益的提高，同时关注国际市场，在国际竞争力方面实现追赶。

4. 交通运输设备制造业

表2.19为交通运输设备制造业创新竞争力评价指标客观权重。从客观权重结果可以看出，经济效益是影响交通运输设备制造业创新竞争力的最主要因素，其次是创新产出，最后是国际竞争力和创新投入。

表2.19　交通运输设备制造业创新竞争力评价指标客观权重

准则层	准则层权重	指标层	指标层权重
创新投入	0.13	每万人研发人员数	0.17
		研发投入额	0.59
		研发投入额/主营业务收入	0.24
创新产出	0.21	大中型工业企业每万人发明专利申请数	0.35
		新产品销售收入	0.44
		新产品销售收入/主营业务收入	0.21
经济效益	0.52	总利润/主营业务收入	0.43
		总利润	0.49
		产值/全国总产值	0.08
国际竞争力	0.14	出口交货值	0.58
		出口交货值/产值	0.42

各地区交通运输设备制造业创新竞争力得分及增幅如图2.11所示。在考察期内，各地区交通运输设备制造业创新竞争力得分增幅最为突出的是东北地区的黑龙江，增幅高达948.4%。此外，北部沿海的北京和东北地区的吉林、辽宁增幅也相对较高，分别为315.7%、233.1%和142.1%。其余地区除福建有小幅下降外，各地区增幅相差不大。

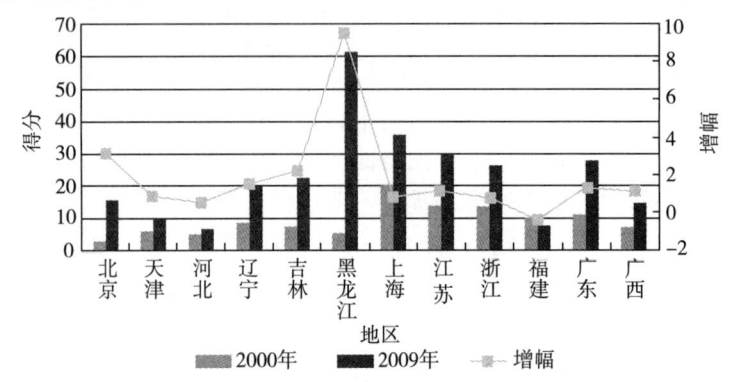

图2.11 各地区交通运输设备制造业创新竞争力得分及增幅

表2.20为交通运输设备制造业创新竞争力客观赋权评价结果。从产业创新竞争力总得分看，东北地区中，黑龙江产业创新竞争力提升最为明显，由第十名升至第一名，辽宁由第六名降至第七名，吉林由第八名升至第六名。沿海各地区中，北部沿海地区排名整体靠后，东部沿海地区排名整体靠前。个别地区排名变动较大，北京由第十二名升至第八名；浙江由第二名降至第五名；福建由第五名降至第十一名；其余地区排名变化不大。2009年，上海、江苏紧追黑龙江，分列第二、三名。

表2.20 交通运输设备制造业创新竞争力客观赋权评价结果

指标	创新投入		创新产出		经济效益		国际竞争力		创新竞争力	
2000年	得分	排序	得分	排序	得分	排序	得分	排序	得分	排序
北京	10.1	11	3.2	10	1.8	8	5.5	9	3.6	12
天津	7.4	12	2.9	11	2.3	7	22.8	6	5.9	9
河北	10.9	9	1.2	12	1.7	9	15.7	8	4.7	11
辽宁	23.9	4	5.9	7	3.5	6	16.0	7	8.3	6
吉林	10.4	10	5.6	8	7.5	2	2.9	12	6.8	8
黑龙江	25.3	3	6.0	6	1.7	10	3.6	10	5.9	10
上海	46.5	1	24.9	1	9.6	1	25.5	5	19.7	1
江苏	29.8	2	7.3	5	6.0	3	41.4	3	14.3	3
浙江	16.2	6	9.9	4	4.1	5	58.3	1	14.5	2

续表

指标	创新投入		创新产出		经济效益		国际竞争力		创新竞争力	
2000年	得分	排序	得分	排序	得分	排序	得分	排序	得分	排序
福建	13.5	8	13.4	3	1.7	11	35.9	4	10.5	5
广东	13.6	7	3.4	9	5.6	4	44.2	2	11.6	4
广西	19.6	5	15.0	2	1.6	12	2.9	11	6.9	7

指标	创新投入		创新产出		经济效益		国际竞争力		创新竞争力	
2009年	得分	排序	得分	排序	得分	排序	得分	排序	得分	排序
北京	38.3	7	35.7	7	3.1	9	7.8	8	15.1	8
天津	6.7	12	29.4	10	3.3	8	10.4	7	10.3	10
河北	13.2	11	14.1	11	2.1	12	6.6	9	6.7	12
辽宁	49.5	5	35.6	8	4.1	7	29.9	5	20.1	7
吉林	21.6	9	78.0	2	5.7	5	2.2	11	22.7	6
黑龙江	55.2	2	30.4	9	91.8	1	3.2	10	61.6	1
上海	75.7	1	80.6	1	7.4	4	34.4	3	35.4	2
江苏	52.8	4	42.2	6	8.7	2	67.4	1	29.7	3
浙江	41.4	6	50.2	4	4.9	6	51.3	2	25.7	5
福建	13.7	10	12.5	12	2.2	10	15.4	6	7.7	11
广东	54.8	3	51.0	3	7.9	3	33.8	4	26.6	4
广西	26.0	8	47.4	5	2.1	11	1.0	12	14.6	9

从各分项指标看，东北地区中，黑龙江的优势主要体现在经济效益方面，由第十名跃至第一名，此外创新投入也保持较高的水平，由第三名升至第二名；吉林虽在创新投入、创新产出和国际竞争力方面有所提升，特别是在创新产出方面，由第八名升至第二名，但在经济效益方面却由第二名降至第五名，产业创新竞争力总得分排名提升并不明显；辽宁在各方面均没有大幅变动，产业竞争力总得分排名也始终处在中间位置。北部沿海地区中，北京通过在创新投入和创新产出方面的较大幅度提升使产业创新竞争力总得分排名取得了较为明显的提升。东部沿海地区中，上海的优势主要体现在创新投入和创新产出方面，江苏的优势则主要体现在经济效益和国际竞争力方面，浙江虽在国际竞争力方面存在一定优势，但其余方面均未实现较大提升，导致产业竞争力总得分排名的下降。南部沿海地区中，广东在除国际竞争力之外的各方面均有提升，特别是在创新投入和创新产出方面，分别由第七名升至

第三名,由第九名升至第三名,但在国际竞争力方面排名则有所下降,由第二名降至第四名,产业创新竞争力总得分排名始终处在第四名;福建在创新产出方面下降明显,由第三名降至第十二名,导致产业创新竞争力总得分排名大幅下降。因此,东北地区应在黑龙江的带动下,在提高经济效益的同时进一步开拓国际市场,提升国际竞争力,进而实现交通运输设备制造业创新竞争力的快速发展。

5. 电气机械及器材制造业

表2.21为电气机械及器材制造业创新竞争力评价指标客观权重。从客观权重结果可以看出,创新产出和经济效益是影响电气机械及器材制造业创新竞争力的主要因素,其次是创新投入和国际竞争力。

表2.21 电气机械及器材制造业创新竞争力评价指标客观权重

准则层	准则层权重	指标层	指标层权重
创新投入	0.22	每万人研发人员数	0.23
		研发投入额	0.63
		研发投入额/主营业务收入	0.14
创新产出	0.28	大中型工业企业每万人发明专利申请数	0.38
		新产品销售收入	0.52
		新产品销售收入/主营业务收入	0.10
经济效益	0.28	总利润/主营业务收入	0.51
		总利润	0.10
		产值/全国总产值	0.39
国际竞争力	0.22	出口交货值	0.63
		出口交货值/产值	0.37

各地区电气机械及器材制造业创新竞争力得分及增幅如图2.12所示。在考察期内,各地区电气机械及器材制造业创新竞争力得分增幅最为突出的是东北地区的黑龙江和东部沿海的江苏,增幅均近200%。此外,北部沿海的北京和河北增幅也均在100%以上。东北地区除黑龙江以外,辽宁仅有小幅提升,增幅仅为8.6%,吉林甚至出现了下降,降幅为4.6%。

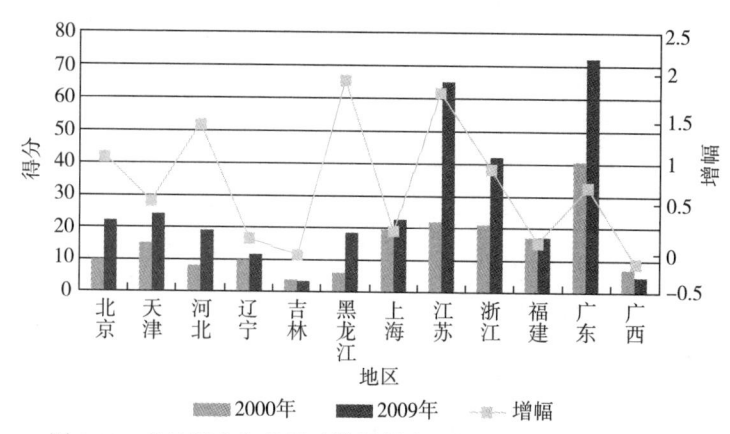

第 2 章 东北老工业基地产业创新竞争力演变分析

图 2.12 各地区电气机械及器材制造业创新竞争力得分及增幅

表 2.22 为电气机械及器材制造业创新竞争力客观赋权的评价结果。从产业创新竞争力总得分看，东北地区中，辽宁排名由第八名降至第十名，吉林始终排在第十二名，黑龙江则由第十一名升至第七名。沿海地区中，广东、江苏、浙江始终保持前三名的领先地位，北部沿海地区整体有小幅提升，其他地区的排名均有所下降，其中以福建下降最为明显，由第五名降至第九名。

表 2.22 电气机械及器材制造业创新竞争力客观赋权评价结果

指标	创新投入		创新产出		经济效益		国际竞争力		创新竞争力	
2000 年	得分	排序	得分	排序	得分	排序	得分	排序	得分	排序
北京	19.8	4	8.4	5	8.9	7	6.8	9	10.7	7
天津	18.1	6	7.9	7	8.2	8	33.5	4	15.9	6
河北	14.2	10	3.1	10	9.4	6	3.5	11	7.4	9
辽宁	12.0	12	5.3	8	8.0	9	18.1	7	10.4	8
吉林	15.5	7	2.1	11	2.0	11	1.0	12	4.8	12
黑龙江	14.8	8	4.5	9	2.4	10	4.5	10	6.2	11
上海	19.0	5	13.0	2	22.1	4	24.6	6	19.4	4
江苏	23.2	2	13.4	1	30.3	2	25.9	5	23.0	2
浙江	12.7	11	11.8	4	26.0	3	38.8	2	21.9	3
福建	14.6	9	7.9	6	12.3	5	36.3	3	16.9	5
广东	30.4	1	12.5	3	45.3	1	83.7	1	41.2	1
广西	20.0	3	2.0	12	1.5	12	8.6	8	7.3	10

续表

指标	创新投入		创新产出		经济效益		国际竞争力		创新竞争力	
2009年	得分	排序	得分	排序	得分	排序	得分	排序	得分	排序
北京	31.5	5	30.3	5	22.1	5	3.8	9	22.4	6
天津	18.8	9	50.5	3	11.8	10	11.6	6	24.3	4
河北	25.5	6	18.7	8	21.5	6	5.9	7	18.1	8
辽宁	7.8	10	11.5	10	18.6	7	5.3	8	11.2	10
吉林	4.6	12	5.7	12	6.2	12	1.1	12	4.6	12
黑龙江	33.8	4	24.0	7	12.1	9	2.6	11	18.2	7
上海	25.1	7	24.1	6	28.1	4	17.5	4	23.9	5
江苏	80.1	1	58.6	2	86.3	1	33.7	2	65.5	2
浙江	45.4	3	43.6	4	46.8	3	31.6	3	42.2	3
福建	24.7	8	13.6	9	17.3	8	14.6	5	17.3	9
广东	67.4	2	64.2	1	85.6	2	71.5	1	72.4	1
广西	6.9	11	7.5	11	7.1	11	3.0	10	6.2	11

从各分项指标看，东北三省中，辽宁在创新投入和经济效益方面有小幅提升，在创新产出和国际竞争力方面则有小幅下降，导致总得分排名出现小幅下降；黑龙江在除国际竞争力之外的各方面均有不同程度的提升，特别是在创新投入方面，由第八名升至第四名，电气机械及器材制造业创新竞争力提升较为明显；吉林在各个方面均有待于进一步提升。相比而言，广东、江苏和浙江在各方面均衡发展，且在各方面均保持优势地位；福建虽在创新投入方面有小幅提升，但在其余方面发展相对缓慢，导致产业创新竞争力总得分排序出现较大幅度下降。综上，东北地区应充分借鉴东部和南部沿海地区的成功经验，实现东北地区电气机械及器材制造业创新竞争力的进一步提升。

2.2.4 东北地区材料产业创新竞争力分析

1. 石油加工、炼焦及核燃料加工业

表2.23为石油加工、炼焦及核燃料加工业创新竞争力评价指标客观权重。从客观权重结果可以看出，国际竞争力是影响石油加工、炼焦及核燃料加工业创新竞争力的最主要因素，其次是创新产出，再次是创新投入，最后是经济效益。

第 2 章　东北老工业基地产业创新竞争力演变分析

表 2.23　石油加工、炼焦及核燃料加工业创新竞争力评价指标客观权重

准则层	准则层权重	指标层	指标层权重
创新投入	0.20	每万人研发人员数	0.19
		研发投入额	0.32
		研发投入额/主营业务收入	0.49
创新产出	0.28	大中型工业企业每万人发明专利申请数	0.32
		新产品销售收入	0.32
		新产品销售收入/主营业务收入	0.36
经济效益	0.13	总利润/主营业务收入	0.47
		总利润	0.18
		产值/全国总产值	0.35
国际竞争力	0.39	出口交货值	0.56
		出口交货值/产值	0.44

各地区石油加工、炼焦及核燃料加工业创新竞争力得分及增幅如图 2.13 所示。在考察期内，各地区石油加工、炼焦及核燃料加工业创新竞争力得分增幅最为突出的是南部沿海的广西和东部沿海的上海，增幅分别为 160.6%和 123.4%。其他样本地区中，只有福建有 4.3%的增幅，其余地区均未提升，甚至有所下降。东北地区整体有所下降，辽宁和黑龙江降幅分别为 38.3%和 20.5%。

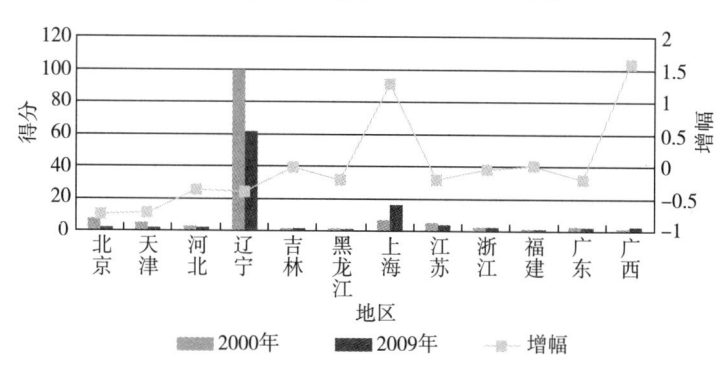

图 2.13　各地区石油加工、炼焦及核燃料加工业创新竞争力得分及增幅

表 2.24 为石油加工、炼焦及核燃料加工业创新竞争力客观赋权评价结果。从产业创新竞争力总得分看，各地区排名整体变化不大。东北三省中，辽宁始终排在第一名，吉林由第十二名升至第十一名，黑龙江由第八名升至第七名；沿海各地区中，北部沿海地区整体有所下降，其中北京由第二名降至第五名，东部和南部沿海各地区中，上海和广东排名均提升一位，成功跻身前三甲，江苏由第六名升至第四名，其余地区排名未提升。

表 2.24 石油加工、炼焦及核燃料加工业创新竞争力客观赋权评价结果

指标	创新投入		创新产出		经济效益		国际竞争力		创新竞争力	
2000年	得分	排序	得分	排序	得分	排序	得分	排序	得分	排序
北京	86.3	2	96.5	1	24.3	5	6.2	3	50.4	2
天津	23.8	6	4.3	8	11.0	12	4.0	5	9.0	7
河北	7.6	10	1.7	10	13.8	11	2.2	7	4.6	10
辽宁	28.0	5	18.4	4	51.9	1	100.0	1	56.0	1
吉林	4.3	12	1.0	11	15.5	9	1.0	10	3.5	12
黑龙江	21.4	7	2.4	9	18.8	7	1.7	9	8.1	8
上海	90.7	1	58.9	2	20.9	6	7.1	2	40.5	3
江苏	46.3	3	8.1	6	24.4	4	5.4	4	16.9	6
浙江	10.4	9	36.6	3	28.8	2	2.1	8	17.0	5
福建	12.0	8	6.2	7	17.0	8	1.0	10	6.8	9
广东	33.6	4	18.3	5	35.9	2	3.0	6	17.8	4
广西	5.5	11	1.0	12	14.4	10	1.0	10	3.6	11
指标	创新投入		创新产出		经济效益		国际竞争力		创新竞争力	
2009年	得分	排序	得分	排序	得分	排序	得分	排序	得分	排序
北京	26.1	3	40.9	2	46.0	7	1.4	8	23.4	5
天津	36.0	1	11.5	9	14.6	10	1.0	11	12.8	8
河北	2.8	10	1.8	12	53.6	5	1.4	7	8.5	10
辽宁	19.5	7	31.6	5	67.3	2	61.7	1	45.3	1
吉林	1.0	12	15.8	6	13.8	11	1.0	12	6.8	11
黑龙江	19.8	6	7.1	10	54.0	4	1.3	9	13.5	7
上海	22.2	5	53.5	1	42.6	8	15.8	2	31.3	2
江苏	22.9	4	40.8	3	47.1	6	4.2	3	23.9	4
浙江	9.1	9	14.3	8	55.8	3	2.0	6	13.9	6
福建	16.3	8	15.4	7	16.8	9	1.0	10	10.2	9
广东	29.7	2	36.3	4	83.9	1	2.4	5	28.1	3
广西	2.5	11	5.2	11	12.7	12	2.6	4	4.6	12

从各分项指标看,东北三省中,辽宁的优势主要体现在经济效益和国际竞争力方面,黑龙江在创新投入和经济效益方面均有提升,特别是在经济效益方面,由第七名升至第四名,吉林则仅在创新产出方面有所提升,由第十一名升至第六名,但其余方面发展相对缓慢。沿海各地区中,上海在创新产出和国际竞争力方面占有优势,广东在创新投入和经济效益方面占有优势,江苏也在创新产出和国际竞争力方面有所提升。综上,东北地区石油加工、炼焦及核燃料加工业主要依靠辽宁带动,辽宁应在保持经济效益和国际竞争力优势的同时,进一步促进创新

投入和创新产出的提升,从而确保在石油加工、炼焦及核燃料加工业的优势地位,更好地带动整个东北地区石油加工、炼焦及核燃料加工业创新竞争力的提升。

2. 化学原料和化学制品制造业

表 2.25 为化学原料和化学制品制造业创新竞争力评价指标客观权重。从客观权重结果可以看出,创新产出是影响化学原料和化学制品制造业创新竞争力的最主要因素,其次是经济效益和创新投入,最后是国际竞争力。

表 2.25　化学原料和化学制品制造业创新竞争力评价指标客观权重

准则层	准则层权重	指标层	指标层权重
创新投入	0.25	每万人研发人员数	0.31
		研发投入额	0.48
		研发投入额/主营业务收入	0.21
创新产出	0.29	大中型工业企业每万人发明专利申请数	0.33
		新产品销售收入	0.54
		新产品销售收入/主营业务收入	0.13
经济效益	0.26	总利润/主营业务收入	0.60
		总利润	0.07
		产值/全国总产值	0.33
国际竞争力	0.20	出口交货值	0.59
		出口交货值/产值	0.41

各地区化学原料和化学制品制造业创新竞争力得分及增幅如图 2.14 所示。在考察期内,各地区化学原料和化学制品制造业创新竞争力得分增幅最为突出的是东部沿海的江苏和北部沿海的天津,增幅分别为 143.2%和 99.5%。此外,东部沿海的浙江、上海和南部沿海的广东增幅也相对较高,增幅均在 50%以上。东北地区只有辽宁增幅相对较高,为 51.6%,吉林和黑龙江则均有下降,降幅分别为 9.9%和 7.7%。

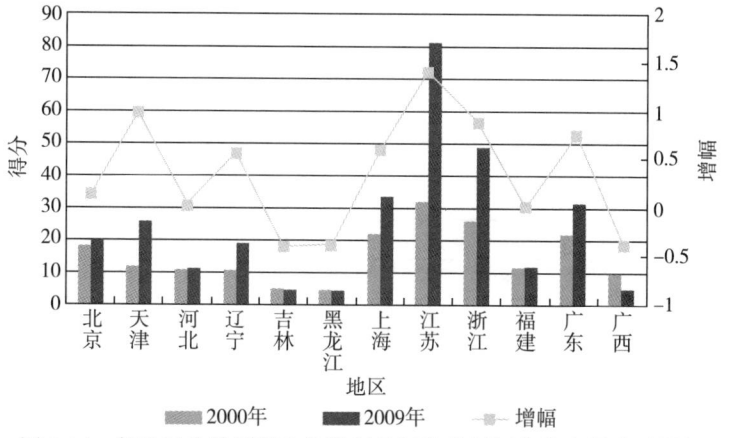

图 2.14　各地区化学原料和化学制品制造业创新竞争力得分及增幅

表 2.26 为化学原料和化学制品制造业创新竞争力客观赋权评价结果。从产业创新竞争力总得分看，各地区排名变化不大。东北三省中，只有辽宁排名提升一位，由第八名升至第七名，吉林和黑龙江始终处在第十一名和第十二名。沿海各地区中，总体来看，东部沿海地区排名处于优势地位，江苏、浙江、上海始终分列第一、二、四名；北部沿海整体处于中间位置；南部沿海各省份发展差距较大，其中处于优势地位的是广东，始终排在第三名，福建和广西排名相对靠后。

表 2.26 化学原料和化学制品制造业创新竞争力客观赋权评价结果

指标	创新投入		创新产出		经济效益		国际竞争力		创新竞争力	
2003 年	得分	排序	得分	排序	得分	排序	得分	排序	得分	排序
北京	38.6	1	12.7	3	9.5	9	7.2	10	17.4	5
天津	16.8	4	7.3	8	10.5	7	20.0	8	13.0	7
河北	8.7	10	7.8	6	13.5	5	20.6	7	12.0	9
辽宁	10.7	8	11.4	5	13.2	6	13.6	9	12.1	8
吉林	2.8	12	6.3	11	9.7	8	4.6	11	5.9	11
黑龙江	8.9	9	7.1	9	3.4	11	1.0	12	5.4	12
上海	15.5	5	22.7	1	20.6	3	34.9	5	22.6	4
江苏	28.7	2	12.0	4	40.3	1	63.8	1	33.7	1
浙江	17.7	3	16.9	2	20.1	4	58.8	2	26.2	2
福建	13.1	7	3.8	12	3.3	12	41.2	4	13.4	6
广东	14.8	6	7.3	7	27.0	2	54.5	3	23.6	3
广西	5.4	11	6.8	10	6.1	10	25.1	6	9.9	10
指标	创新投入		创新产出		经济效益		国际竞争力		创新竞争力	
2012 年	得分	排序	得分	排序	得分	排序	得分	排序	得分	排序
北京	26.6	6	37.3	5	4.3	12	5.5	10	19.8	6
天津	36.5	3	41.5	4	10.7	8	9.4	8	26.0	5
河北	14.0	8	9.5	9	16.5	5	9.4	7	12.4	9
辽宁	21.4	7	28.7	7	12.6	6	6.8	9	18.4	7
吉林	3.0	11	7.9	10	7.9	9	1.2	11	5.4	11
黑龙江	8.8	10	3.7	12	5.7	11	1.0	12	5.0	12
上海	35.4	5	52.5	3	25.3	4	20.2	4	34.8	4
江苏	82.0	1	78.2	1	98.2	1	66.5	1	82.0	1
浙江	48.6	2	61.8	2	44.0	3	33.3	2	48.2	2
福建	11.6	9	17.6	8	12.5	7	11.6	5	13.6	8
广东	35.7	4	35.1	6	65.1	2	31.7	3	42.3	3
广西	1.8	12	5.6	11	6.7	10	10.0	6	5.8	10

从各分项指标看，东北三省中，辽宁仅在创新投入方面有小幅提升，其他方

面则未提升,吉林尽管在创新投入和创新产出方面均小幅提升,但仍处在相对落后位置,经济效益和国际竞争力方面停滞不前甚至有下降的趋势,导致创新竞争力总得分排名始终相对靠后,黑龙江在各个方面均需进一步提升。相比而言,东部沿海各地区中,江苏在各个方面均占据领先地位,浙江也在各个方面有明显优势,上海丧失了在创新产出方面的领先地位,创新产出由第一名降至第三名,但在国际竞争力方面有小幅提升;南部沿海地区中,广东在保持经济效益和国际竞争力方面的优势地位的同时,在创新投入和创新产出方面也均有提升,使产业创新竞争力优势地位得以保持。北部沿海地区中,北京在各个方面都未有提升,在创新投入方面更是由第一名降至第六名,天津在创新投入方面由第四名升至第三名,在创新产出方面由第八名升至第四名,实现了产业创新竞争力的提升,河北虽在创新投入方面有小幅提升,但创新产出方面则由第六名降至第九名,导致产业创新竞争力总得分排名未有提升。因此,对于东北地区而言,除了要加大创新投入、提高创新产出外,还要致力于经济效益和国际竞争力的逐步提升,这样才能实现化学原料和化学制品制造业创新竞争力的新发展。

3. 化学纤维制造业

表2.27为化学纤维制造业创新竞争力评价指标客观权重。从客观权重结果可以看出,创新产出是影响化学纤维制造业创新竞争力的最主要因素,其次是创新投入,最后是国际竞争力和经济效益。

表2.27 化学纤维制造业创新竞争力评价指标客观权重

准则层	准则层权重	指标层	指标层权重
创新投入	0.24	每万人研发人员数	0.28
		研发投入额	0.47
		研发投入额/主营业务收入	0.25
创新产出	0.33	大中型工业企业每万人发明专利申请数	0.30
		新产品销售收入	0.52
		新产品销售收入/主营业务收入	0.18
经济效益	0.21	总利润/主营业务收入	0.34
		总利润	0.07
		产值/全国总产值	0.59
国际竞争力	0.22	出口交货值	0.67
		出口交货值/产值	0.33

各地区化学纤维制造业创新竞争力得分及增幅如图 2.15 所示。在考察期内，各地区化学纤维制造业创新竞争力得分增幅最为突出的是北部沿海的北京，增幅为 474.8%。此外，东部沿海的浙江和江苏增幅也相对较高，增幅均在 100%以上。东北地区只有吉林有 40.9%的提升，辽宁和黑龙江则均有下降，降幅分别为 9.3%和 70.7%。

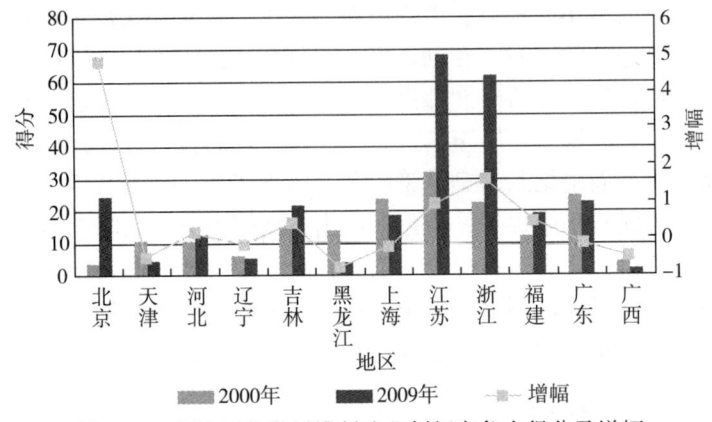

图 2.15 各地区化学纤维制造业创新竞争力得分及增幅

表 2.28 为化学纤维制造业创新竞争力客观赋权评价结果。从产业创新竞争力总得分看，部分地区排名发生较大变化。吉林在整个东北地区化学纤维制造业创新竞争力发展中处于领先地位，始终处在第五位，辽宁排名提升一位，由第十名升至第九名，黑龙江由第六名降至第十一名。东部沿海地区中，江苏始终保持第一名的领先地位，浙江超过广东和上海由第四名升至第二名，上海则由第三名降至第七名。南部沿海的广东由第二名降至第四名，北部沿海的北京由第十二名升至第三名，其余地区排名变化不大。

表 2.28 化学纤维制造业创新竞争力客观赋权评价结果

指标	创新投入		创新产出		经济效益		国际竞争力		创新竞争力	
2000 年	得分	排序	得分	排序	得分	排序	得分	排序	得分	排序
北京	1.9	12	1.5	12	4.7	12	11.0	6	4.4	12
天津	3.7	11	20.8	3	12.5	6	2.5	9	10.8	8
河北	13.7	7	4.6	8	8.2	10	18.9	4	10.7	9
辽宁	11.1	8	3.7	9	8.8	9	4.0	8	6.6	10
吉林	23.5	1	23.0	2	11.5	7	1.2	10	15.9	5
黑龙江	23.2	2	18.0	4	10.0	8	1.0	11	13.8	6
上海	19.2	5	24.5	1	45.2	1	8.8	7	24.0	3

续表

指标	创新投入		创新产出		经济效益		国际竞争力		创新竞争力	
2000年	得分	排序	得分	排序	得分	排序	得分	排序	得分	排序
江苏	19.3	4	16.3	5	54.6	1	53.0	1	33.1	1
浙江	6.7	10	15.8	6	33.1	3	42.5	3	23.1	4
福建	17.2	6	2.6	10	20.1	5	18.5	5	13.3	7
广东	21.7	3	15.3	7	20.9	4	50.4	2	25.8	2
广西	8.5	9	2.6	11	6.4	11	1.0	11	4.5	11

指标	创新投入		创新产出		经济效益		国际竞争力		创新竞争力	
2009年	得分	排序	得分	排序	得分	排序	得分	排序	得分	排序
北京	39.9	3	22.5	6	7.7	9	29.0	3	25.2	3
天津	10.8	8	1.7	11	7.9	8	2.6	10	5.4	10
河北	23.3	5	13.0	8	10.4	5	7.5	8	13.8	8
辽宁	8.7	9	5.6	9	6.4	11	3.3	9	6.0	9
吉林	51.3	2	23.1	5	10.3	6	1.0	11	22.4	5
黑龙江	2.0	11	2.1	10	3.4	12	9.8	7	4.1	11
上海	3.0	10	30.9	3	9.9	7	25.5	5	18.5	7
江苏	55.8	1	55.2	2	92.7	1	76.1	1	67.7	1
浙江	35.5	4	71.0	1	92.3	2	50.0	2	62.0	2
福建	20.2	6	20.6	7	23.8	3	11.3	6	19.1	6
广东	18.5	7	27.0	4	15.6	4	27.4	4	22.7	4
广西	1.0	12	1.0	12	6.5	10	1.0	11	2.1	12

从各分项指标看，东北地区中，吉林的优势主要体现在创新投入方面，经济效益方面也有小幅提升，在创新产出和国际竞争力方面则出现下降，分别由第二名降至第五名，第十名降至第十一名；辽宁在各个方面均未有提升，甚至有下降的趋势；黑龙江仅在国际竞争力方面由第十一名升至第七名，其他方面均出现较大幅度下降，导致产业创新竞争力总得分排序出现较大幅度下降。东部沿海地区中，江苏在各个方面均占有优势，浙江在创新投入方面有大幅提升，由第十名升至第四名，其他方面也有较为明显的优势，上海主要在创新投入和经济效益方面有大幅下降，导致产业创新竞争力总得分排名大幅度下降。北部沿海地区中，北京在各个方面均有大幅度提升，创新投入方面由第十二名升至第三名，创新产出由第十二名升至第六名，经济效益由第十二名升至第九名，

国际竞争力由第六名升至第三名,从而实现了化学纤维制造业创新竞争力的跨越式发展。南部沿海地区中,广东虽在创新产出方面由第七名升至第四名,但在创新投入和国际竞争力方面均有所下降,导致产业竞争力总得分排名由第二名降至第四名。因此,对于东北地区而言,吉林化学纤维制造业创新竞争力发展优于辽宁和黑龙江,但国际竞争力不足是制约吉林化学纤维制造业创新竞争力发展的主要因素,吉林应在加大创新投入,进一步提升创新产出和经济效益的同时,对国际市场的开拓予以重点关注,从而充分发挥对整个东北地区化学纤维制造业创新竞争力提升的带动作用。

4. 黑色金属冶炼及压延加工业

表 2.29 为黑色金属冶炼及压延加工业创新竞争力评价指标客观权重。从客观权重结果可以看出,创新产出是影响黑色金属冶炼及压延加工业创新竞争力的最主要因素,其次是经济效益和创新投入,最后是国际竞争力。

表 2.29　黑色金属冶炼和压延加工业创新竞争力评价指标客观权重

准则层	准则层权重	指标层	指标层权重
创新投入	0.22	每万人研发人员数	0.27
		研发投入额	0.55
		研发投入额/主营业务收入	0.18
创新产出	0.36	大中型工业企业每万人发明专利申请数	0.50
		新产品销售收入	0.33
		新产品销售收入/主营业务收入	0.17
经济效益	0.26	总利润/主营业务收入	0.53
		总利润	0.19
		产值/全国总产值	0.28
国际竞争力	0.16	出口交货值	0.52
		出口交货值/产值	0.48

各地区黑色金属冶炼及压延加工业创新竞争力得分及增幅如图 2.16 所示。在考察期内,各地区黑色金属冶炼及压延加工业创新竞争力得分增幅最为突出的是北部沿海的天津和河北,分别为 198%和 185.8%。此外,东部沿海的江苏增幅也相对较高,增幅为 143.7%。东北地区中辽宁增幅相对较高,为 53.5%,吉林为 24.2%,黑龙江增幅最低,仅为 0.9%。

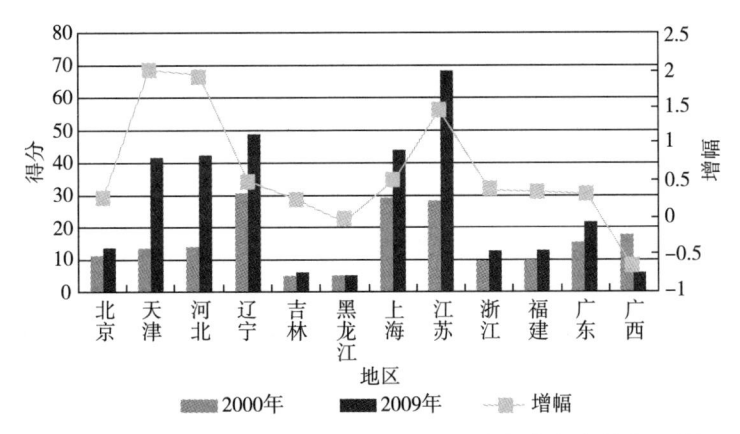

图 2.16 各地区黑色金属冶炼及压延加工业创新竞争力得分及增幅

表 2.30 为黑色金属冶炼及压延加工业创新竞争力客观赋权评价结果。从产业创新竞争力总得分看，多数地区排名变动不大。东北三省中，辽宁由第一名降至第二名，吉林由第十二名升至第十名，黑龙江保持第十一名不变。北部沿海地区整体排名有小幅提升。东部沿海的江苏成功赶超辽宁和上海，由第三名升至第一名，上海排名则下降一位，由第二名降至第三名。南部沿海的广西出现大幅下降，由第四名降至第十二名。

表 2.30 黑色金属冶炼和压延加工业创新竞争力客观赋权评价结果

指标	创新投入		创新产出		经济效益		国际竞争力		创新竞争力	
2000年	得分	排序	得分	排序	得分	排序	得分	排序	得分	排序
北京	15.7	6	5.6	6	9.2	8	21.1	8	11.2	8
天津	15.1	7	7.2	4	12.5	5	31.4	7	14.2	7
河北	11.0	9	4.7	7	29.2	2	20.9	9	15.1	6
辽宁	26.2	2	6.4	5	21.8	3	109.4	1	31.3	1
吉林	5.5	11	1.6	11	5.0	10	14.8	11	5.4	12
黑龙江	10.7	10	2.8	10	1.8	12	13.7	12	6.0	11
上海	30.4	1	11.1	3	31.3	1	64.2	3	29.1	2
江苏	24.5	3	11.2	2	21.5	4	80.1	2	27.8	3
浙江	2.5	12	3.0	8	10.5	6	33.3	6	9.7	10
福建	19.9	4	3.0	9	6.5	9	18.5	10	10.1	9
广东	17.1	5	1.2	12	10.1	7	57.5	4	16.0	5
广西	12.1	8	19.2	1	4.2	11	37.5	5	16.7	4

续表

指标	创新投入		创新产出		经济效益		国际竞争力		创新竞争力	
2009年	得分	排序	得分	排序	得分	排序	得分	排序	得分	排序
北京	24.5	8	20.8	6	3.4	11	3.4	9	14.3	7
天津	80.9	2	42.4	3	25.9	4	16.6	6	42.3	5
河北	42.1	4	25.4	5	84.1	1	17.4	5	43.0	4
辽宁	70.3	3	41.9	4	44.6	3	37.5	2	48.1	2
吉林	11.3	10	10.3	9	1.7	12	1.0	12	6.8	10
黑龙江	17.0	9	2.9	12	4.0	10	1.8	11	6.1	11
上海	39.1	6	70.5	1	20.2	5	30.6	3	44.2	3
江苏	86.6	1	52.5	2	72.5	2	69.1	1	67.8	1
浙江	10.6	11	13.8	7	15.7	7	14.6	7	13.7	9
福建	31.8	7	8.3	10	12.1	8	4.5	8	13.8	8
广东	40.4	5	11.3	8	17.3	6	26.0	4	21.5	6
广西	2.0	12	7.6	11	8.0	9	3.2	10	5.8	12

从各分项指标看，东北三省中，辽宁在各方面均处在相对优势地位，但只在创新产出方面有小幅提升，在创新投入和国际竞争力方面均有所下降；吉林和黑龙江各方面指标变动不大，整体水平偏低，黑色金属冶炼及压延加工业创新竞争力有待于进一步提升。北部沿海地区中，天津在各个方面均有提升，特别是在创新投入方面，由第七名升至第二名，表现出良好的成长性；河北的优势主要体现在经济效益方面，其他方面也均有提升，其中创新投入方面由第九名升至第四名，国际竞争力由第九名升至第五名。东部沿海地区中，江苏在各个方面均占有优势，上海的优势则主要体现在创新产出和国际竞争力方面，在创新投入和经济效益方面则出现较大幅度下降，分别由第一名降至第六名，由第一名降至第五名。南部沿海地区中，广西除在经济效益方面有小幅提升外，其他方面均有较大幅度下降，导致产业竞争力总得分排序由第四名降至第十二名。综上，东北三省中，只有辽宁的黑色金属冶炼及压延加工业创新竞争力具有一定的优势，但在创新产出方面仍有较大的发展空间，吉林和黑龙江的黑色金属冶炼及压延加工业创新竞争力则有待于进一步发展。

5. 有色金属冶炼及压延加工业

表2.31为有色金属冶炼及压延加工业创新竞争力评价指标客观权重。从客观

权重结果可以看出，创新产出和创新投入是影响有色金属冶炼及压延加工业创新竞争力的最主要因素，其次是经济效益，最后是国际竞争力。

表 2.31 有色金属冶炼和压延加工业创新竞争力评价指标客观权重

准则层	准则层权重	指标层	指标层权重
创新投入	0.29	每万人研发人员数	0.17
		研发投入额	0.27
		研发投入额/主营业务收入	0.56
创新产出	0.31	大中型工业企业每万人发明专利申请数	0.40
		新产品销售收入	0.41
		新产品销售收入/主营业务收入	0.19
经济效益	0.24	总利润/主营业务收入	0.54
		总利润	0.18
		产值/全国总产值	0.28
国际竞争力	0.16	出口交货值	0.55
		出口交货值/产值	0.45

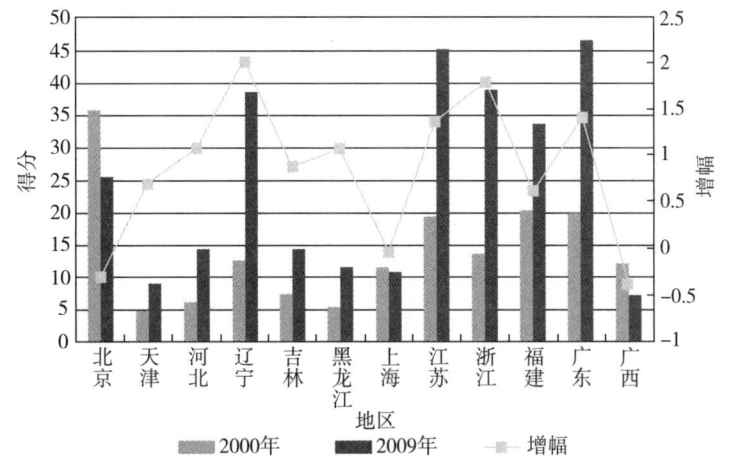

各地区有色金属冶炼及压延加工业创新竞争力得分及增幅如图 2.17 所示。在考察期内，各地区有色金属冶炼及压延加工业创新竞争力得分增幅最为突出的是东北地区的辽宁、东部沿海的浙江和南部沿海的广东，增幅分别为 199.8%、182.6% 和 138.6%。东北地区除辽宁以外，吉林和黑龙江增幅处于中间水平，分别为 90.3% 和 107.4%。

图 2.17 各地区有色金属冶炼及压延加工业创新竞争力得分及增幅

表 2.32 为有色金属冶炼及压延加工业创新竞争力客观赋权评价结果。从产业创新竞争力总得分看，多数地区排名没有大幅度变动。东北地区中，创新竞争力排名整体有小幅提升，辽宁有色金属冶炼及压延加工业创新竞争力发展优于吉林和黑龙江。从 2000 年至 2009 年，辽宁由第六名升至第四名，吉林由第九名升至第七名，黑龙江由第十一名升至第九名。北部沿海地区中，北京由第一名降至第六名。东部沿海地区中，江苏由第四名升至第二名，浙江由第五名升至第三名。南部沿海地区中，广东超过福建和北京由第三名升至第一名，福建则由第二名降至第五名，广西由第七名降至第十二名。

表 2.32 有色金属冶炼和压延加工业创新竞争力客观赋权评价结果

指标	创新投入		创新产出		经济效益		国际竞争力		创新竞争力	
2000 年	得分	排序	得分	排序	得分	排序	得分	排序	得分	排序
北京	75.2	1	26.9	1	13.9	7	15.6	7	36.1	1
天津	1.0	12	1.7	11	12.7	8	7.6	11	5.1	12
河北	3.6	11	6.7	5	7.1	10	12.2	10	6.7	10
辽宁	8.0	7	13.1	2	17.6	5	13.5	9	12.8	6
吉林	5.7	10	6.0	7	6.8	11	14.9	8	7.5	9
黑龙江	9.7	4	2.6	9	3.4	12	7.1	12	5.6	11
上海	6.8	8	7.0	4	12.1	9	31.4	4	12.0	8
江苏	11.0	3	8.5	3	32.8	1	35.0	3	19.2	4
浙江	6.7	9	5.0	8	24.2	4	27.4	5	13.6	5
福建	20.8	2	6.3	6	15.7	6	56.2	2	20.6	2
广东	8.2	5	1.3	12	26.0	3	68.2	1	19.7	3
广西	8.1	6	2.4	10	26.0	2	20.8	6	12.6	7
指标	创新投入		创新产出		经济效益		国际竞争力		创新竞争力	
2009 年	得分	排序	得分	排序	得分	排序	得分	排序	得分	排序
北京	17.6	6	57.9	1	5.2	11	9.3	7	25.9	6
天津	5.6	12	14.7	9	8.2	10	3.2	9	8.6	11
河北	9.9	9	13.7	10	27.6	6	1.7	11	14.0	8
辽宁	12.4	8	48.9	3	64.8	3	25.1	3	38.3	4
吉林	20.6	5	14.9	8	13.7	7	2.4	10	14.3	7
黑龙江	16.2	7	17.8	7	4.7	12	1.3	12	11.6	9
上海	7.4	11	12.0	11	12.4	8	17.2	5	11.5	10
江苏	33.2	1	37.8	4	79.3	2	32.2	2	45.5	2
浙江	25.5	3	54.7	2	42.3	5	24.6	4	38.5	3
福建	29.2	2	30.8	6	51.8	4	17.1	6	33.2	5
广东	22.4	4	36.8	5	82.1	1	60.0	1	47.1	1
广西	9.6	10	3.8	12	10.5	9	8.4	8	7.8	12

从各分项指标看，东北三省中，辽宁在除创新投入之外的各方面均占有一定优势，吉林在创新投入和经济效益方面均有较大幅度提升，尽管在创新产出和国际竞争力方面有小幅下降，但仍实现了产业创新竞争力的小幅提升；黑龙江除在创新产出方面有所提升之外，其余方面均未提升，创新投入由第四名降至第七名，在经济效益和国际竞争力方面均处在落后位置。北部沿海地区中，北京尽管在创新产出方面占据领先地位，但在创新投入和经济效益方面均出现较大幅度下降，分别由第一名降至第六名，第七名降至第十一名，导致产业创新竞争力总得分排名大幅度下降。东部沿海地区中，江苏尽管在创新产出和经济效益方面有小幅下降，但在各个方面均有一定优势；浙江在创新投入和创新产出方面均有大幅提升，创新投入方面由第九名升至第三名，创新产出方面由第八名升至第二名，从而成功跻身产业创新竞争力前三甲之列。南部沿海地区中，广东的优势主要体现在经济效益和创新竞争力方面，创新投入和创新产出方面也有所提升，特别是在创新产出方面，由第十二名升至第五名。福建虽在创新投入方面有一定优势，但在国际竞争力方面有较大幅度下降，由第二名降至第六名，导致产业创新竞争力排名下降三位。广西在各个方面均有所下降，特别是在经济效益和创新投入方面，分别由第二名降至第九名，第六名降至第十名，从而造成产业创新竞争力排名大幅下降。综上，东北地区中，辽宁的有色金属冶炼及压延加工业创新竞争力发展优于吉林和黑龙江，但在创新投入方面仍有较大的提升空间，因此辽宁应进一步加大创新投入，从而更好地带动整个东北地区有色金属冶炼及压延加工业创新竞争力的进一步发展。

2.2.5 东北老工业基地产业创新竞争力评价结果讨论

（1）从全部样本产业（装备制造业、原材料产业和高新技术产业）的加总综合排名变化看，在考察期内，东北三省的排名呈无反弹下滑趋势。就子产业的排名情况看，在全部样本省份中东北地区唯一具有明显优势的子产业——航空航天产业的加总综合排名亦呈现一定的下滑趋势。其他产业或子产业的加总综合排名均处于 6~12 名，高新技术产业中的电子信息产业下滑幅度最大。

（2）装备制造业的加总综合排名虽然小幅上升，但排位仍处于中等偏后。作为东北老工业基地振兴战略重点扶持的首选产业，十年振兴，创新竞争力的排名没有明显提升，没有任何一个装备制造业的子产业进入前三名，排名最好的是通用设备制造业，仅位列第四名，其他子产业均处于 7~12 名。

（3）材料产业的加总综合排名小幅提升，除石油加工、黑色金属冶炼外，其他子产业均处于 6~12 名。材料产业亦是老工业基地振兴战略重点扶持的产业，东北三省又有较好的资源基础，然而，十年振兴产业创新竞争力在全国的位次却没有明显提升。

（4）从产业整体创新竞争力的分项指标看，创新投入和创新产出两项指标下滑最为明显，由于创新投入和创新产出是产业转化的前端，是未来产业竞争力形成的基础，从这个角度看，在未来 3~5 年，东北老工业基地产业创新竞争力下滑趋势不会有明显改变。

（5）高新技术产业创新竞争力排名下滑的速度高于传统产业，电子信息产业的排名下滑幅度最大。电子信息产业是高新技术产业的主导产业，又是高新技术产业改造传统产业的引领产业，近年来兴起的移动互联网、大数据乃至机器人等产业形态都在一定程度上依托于电子信息产业的发展。因此，电子信息产业发展的滞后成为东北地区产业技术升级的主要瓶颈。

（6）辽宁在部分国企垄断型或国企垄断+资源加工型产业保持一定优势，其在航空航天（国企垄断型）、石油加工（垄断+资源）和黑色金属冶炼加工（垄断+资源）进入前三名。然而，从产业运行机制来看，一是这些产业以大型国企作为支撑，民营企业成长缓慢；二是政府扶持对产业发展具有重要的作用，市场竞争未必充分。

（7）市场化程度高、竞争充分的产业排名相对靠后，如电子信息产业、医药产业、化学原料与化学制品制造业等；市场化程度低、竞争不充分的产业排名相对靠前，如石油加工、航空航天产业；技术含量低的资源加工型产业排名靠前，如黑色金属冶炼加工，而技术含量高的产业排名靠后，如电子信息、医药产业、专用设备制造业等。

2.3 东北老工业基地装备制造业典型产业发展分析

本部分在对高新技术产业、装备制造业以及材料产业创新竞争力演变分析的基础上，对东北老工业基地传统优势产业装备制造业中的典型细分产业进行分析，从而更全面地把握东北三省不同产业的发展态势。本部分资料和数据主要来源于《中国火炬统计年鉴》（2013 年）、《中国汽车工业年鉴》（2012 年）、《中国机械工业年鉴》（2014 年）、《中国船舶工业年鉴》（2011 年）及相关政府和企业官方网站等。

2.3.1 辽宁装备制造业发展现状及趋势分析

1. 辽宁装备制造业基本运行情况

2013年，辽宁装备制造业9个小行业中除铁路、船舶、航空航天和其他运输设备制造业外均保持正增长，其中金属制品、机械和设备修理业增长较快，同比增长22.9%。有6个行业主营业务收入超过1 000亿元，其中通用设备制造业主营业务收入达到4 359.7亿元。汽车制造业、金属制品业继续保持两位数快速增长，同比分别增长15.6%和13.4%。分别拉动行业增长2.5百分点和1.5百分点。按机械行业分类，除文化办公设备行业外12个小行业均保持正增长，其中农业机械行业、电工电器行业、机械基础件行业、食品和包装机械行业、汽车行业和其他民用机械行业均保持两位数增长。

1）机床行业

2013年，辽宁金属切削机床产量为10.4万台，同比下降12.4%。其中，数控机床产量为4.6万台，同比下降0.8%。机床产量数控化率达到44%，比上年提高8.1百分点。实现主营业务收入490亿元，同比下降3.9%，占全省装备制造业的3%；利润为18.3亿元，同比下降3.3%；利税为30.7亿元，同比下降1.2%。全省机床行业主营业务收入继续保持全国首位，金属切削机床产量居全国第三位，数控机床产量居全国第一位。沈阳机床集团和大连机床集团继续领先全国机床行业，2013年主营业务收入分别为150.5亿元和165.9亿元。

受投资性增长减缓和需求结构性变化等因素影响，机床产量持续下降。其中低端机床降幅明显，出口也未扭转下滑局面。高端机床需求增加，数控机床产量降幅低于普通金属切削机床，主营业务收入、利润降幅明显低于产量下降速度。全省机床产业调整升级步伐加快。

2013年，沈阳机床集团推出搭载自主研发的i5数控系统的车床、立式加工中心及立式钻攻中心等多款机床产品，市场接受度较好。大连机床集团多次为国家重点行业、重点领域提供关键核心设备，为核工业提供铀分离机加工设备，为国内汽车制造行业提供高档缸体、缸盖加工生产线，自主开发数控车床自动装配生产线，构建"三平一云" iTECHNISCH 信息智能化服务平台。

2）汽车行业

2013年，辽宁汽车制造业继续保持较快增长，对全省装备制造业的支撑作用进一步增强。全年汽车产量为108万辆，同比增长23.8%，增幅高于全国平均水平5.4百分点。轿车产量为58万辆，同比增长11.5%。其中，宝马乘用车产量为21.5万辆，同比增长43.3%；中华乘用车产量为15.2万辆，同比增长28.2%；上海通用乘用车产量为23.8万辆，同比增长0.9%。全省汽车行业实现主营业务收入2 778亿元，同比增长15.6%；利润为197.2亿元，同比增长12.8%；利税为376.6亿元，同比增长12.3%。三项指标占装备制造业比重分别为17.1%、26.3%和21.7%。

2013年是汽车行业发展具有里程碑意义的一年：一是产量跨入百万辆阵营，是2010年的1.53倍，全国排位由第11名上升至第9名。其中，华晨集团汽车产量是2010年的1.13倍。二是高档轿车比重不断增加。宝马系列乘用车产量为21.5万辆，是2010年的3.8倍，占轿车产量的63%，比2010年的比重提高50百分点。三是出口势头较好。全年累计出口汽车7.2万辆，同比增长56%。出口主力企业华晨汽车集团全年累计出口汽车7万辆，同比增长58%。出口车型主要是金杯货车、金杯海狮、骏捷FSV等，分别出口2.9万辆、1.4万辆和2 296辆。

3）船舶行业

2013年，国际船运市场增长持续乏力，船舶行业形势继续低迷，产能过剩严重，船舶企业陷入接单难、交船难、融资难、赢利难的困局。辽宁船舶行业实现主营业务收入541.9亿元，同比下降24.6%，占全省装备制造的3.3%；实现利润24亿元，同比下降6.3%；利税为29.8亿元，同比下降25.2%。全年造船完工量为869.2万载重吨，同比下降31.8%；在手订单为1 598万载重吨，同比下降17.4%；新承接订单为628万载重吨，同比增长17%。

4）石化通用机械行业

辽宁石化通用机械行业面对复杂多变的宏观经济形势，在钢铁行业、火电等传统市场低迷的情况下，努力提升产品研制水平，大力开拓LNG、煤制天然气、煤制甲醇、清洁能源发电等新兴市场，使企业经营状况逐步好转，价格下降趋势减弱，投资结构有所优化，行业总体态势平稳向好。2013年，石化通用机械行业规模以上企业906家，实现主营业务收入2 138.1亿元，同比增长11.5%，占全省装备制造业的13.1%；实现利税183.4亿元，同比增长11.6%；利润为125.6亿元，同比增长8%。气体压缩机、气体分离及液化设备、泵等主要产品增幅均保持快速增长，增幅分别为14.4%、26.2%和11.4%，比全国平均水平分别高出2.6百分点、30.2百分点和11.8百分点。

5）输变电行业

2013年，辽宁省输变电行业市场受电网公司投资项目减少、中低端产品产能过剩、"低价中标"促使产品价格逐年下降等因素影响，竞争变得尤为激烈。部分重点企业通过加快科技创新、调整营销策略、加大市场开拓等措施，实现了平稳增长。全年实现主营业务收入达2 512.9亿元，同比增长12%，占全省装备制造业的15.4%；利润为114.2亿元，同比增长14.4%；利税为166.1亿元，同比增长

14.3%。主要产品变压器产量为 1.4 亿千伏安，同比增长 3.6%，占全国同类产品产量的 9.1%，增速低于全国平均水平 3 百分点；电力电缆产量为 90.1 万千米，同比增长 7.2%，占全国同类产品的比重为 2.1%。

全省输变电行业处于产业深度调整期，产品在智能化、高端化、绿色化方面有所突破。特变电工沈阳变压器集团有限公司为新疆与西北主联网 750 千伏第二通道工程项目生产的 750 千伏可控并联电抗器组试验合格，这是中国首台自主研发的用于 750 千伏输电系统实现自动连续调节的磁控式可控并联电抗器，也是世界上电压等级最高、容量最大的磁控式可控并联电抗器。

6）重型机械行业

2013 年，重型机械行业市场形势严峻，重点服务领域水泥、矿山、钢铁、电力、煤炭等市场持续走低，尤其是水泥、钢铁产能过剩严重，对重机产品需求大幅减少。辽宁重型机械行业全年实现主营业务收入 1 032.6 亿元，同比增长 0.6%，占全省装备工业的 6.3%；实现利润 48.3 亿元，同比增长 12.8%；利税为 75.6 亿元，同比增长 6.1%。

2. 辽宁船舶产业发展现状分析

中国造船产业主要集中在环渤海、长三角和珠三角地区，这是中国三个大型现代化造船基地。在国家打造三大总装造船基地之一的环渤海基地中，辽宁拥有发展船舶工业良好的自然条件和雄厚的工业技术基础，形成了以大连船舶重工集团和渤海船舶重工集团等国有控股公司为主体，以营口、盘锦等地方船厂为两翼的环渤海造船工业带。

"十一五"期间，辽宁作为环渤海造船基地的龙头，船舶工业取得了快速发展，国内和国际影响力逐年增加，综合竞争力显著提高，已成为中国造船业与国际造船强国竞争的主力军之一，是实现中国船舶工业中长期总体发展目标的重要基地。2010 年，辽宁省船舶工业实现工业总产值首次突破 700 亿元大关，达到 765.67 亿元，同比增长 22.25%，增速比 2009 年降低 2.15 百分点。主营业务收入为 704.96 亿元，同比增长 20.79%；实现利润总额 40.07 亿元，同比增长 44.8%。骨干船企完工船舶 99 艘、完工量为 904.65 万载重吨，按吨位算同比增长 67.45%。新接订单 792 万载重吨，同比增长 252%；在手订单 2 500 万载重吨，同比下降 23.85%。

辽宁主要船舶企业分布于造船、修船及船舶配套等诸多相关环节，主要的船舶企业如表 2.33 所示。其中，造船企业主要有 9 家，以大连船舶重工集团有限公司和渤海船舶重工集团有限责任公司为核心；修船企业主要有 4 家，以大连中远船务工程有限公司为主；船舶配套企业主要有 15 家，以大连船舶重工集团有限公司和大连船用柴油机厂等企业为主。

表 2.33　2010 年辽宁省主要船舶企业

企业类型	企业名称	造船产值/万元	完工量/万载重吨
造船企业	大连船舶重工集团有限公司	1 785 001	587.2
	渤海船舶重工集团有限责任公司	705 483	152.0
	大连中远船务工程有限公司（修造船）	463 035	94.9
	辽宁宏冠船业有限公司	176 000	6.4
	大连辽南船厂	52 789	5.9
	大连松辽船厂	40 335	
	辽河石油勘探局建设工程一公司船厂	25 681	1.2
	辽宁船舶工业园有限责任公司	16 455	5.7
	大连旅顺滨海船舶修造有限公司	12 303	1.7
修船企业	大连中远船务工程有限公司（修造船）	147 293	
	大连旅顺滨海船舶修造有限公司	9 212	
	辽宁省大连渔业集团公司船厂	7 989	
	旅顺船舶修造厂	3 177	
船舶配套企业	大连船舶重工集团有限公司	493 684	
	大连船用柴油机厂	326 826	
	大连船用推进器厂	59 903	
	大连船用阀门厂	55 225	
	葫芦岛渤船重工工贸总公司	38 443	
	葫芦岛渤船机械工程有限公司	34 222	
	大连船用锅炉工程公司	20 020	
	锦州航海仪器有限公司	15 418	
	葫芦岛万融船舶钢结构有限公司	6 771	
	大连船舶配件厂	5 917	
	大连金州船机有限公司	5 544	
	大连北方船舶辅机有限公司	4 762	
	大连鑫船船舶装配厂	3 951	
	大连市船用电器有限公司	3 003	
	大连旅顺船舶电器厂	2 515	

"十一五"期间，辽宁省船舶工业取得的主要成效包括以下几个方面。

1）造船基础设施规模迅速扩大

已建成投产的 5 万吨级以上船台 10 座、30 万吨级船坞 5 座、15 万吨和 30 万吨级浮船坞各 1 座，已经形成的造船能力达 800 万载重吨；在建造船基础设施：5 万吨级船台 1 座、10 万吨级修船坞 2 座、30 万吨级船坞 1 座。按照 2010 年已建成造船基础设施加上当时在建造船基础设施项目测算,辽宁省规划造船能力达 1 000 万载重吨。

2)辽宁沿海经济带集群式布局

截至 2010 年,辽宁拥有规模以上船舶企业 188 个,其中,船舶制造企业 24 个,船舶修理及改装企业 25 个,船舶配套企业 139 个。企业主要分布在大连、葫芦岛、盘锦、营口、丹东沿海六市。随着辽宁船舶产业的不断扩大,产业集聚水平进一步提高,现有大连湾、大连旅顺、大连长兴岛、葫芦岛等五大造船集聚区和十个专业化船舶配套园区。在辽宁沿海经济带,形成了集造船、修船、海洋工程、游艇制造、配套于一体的强势发展的船舶产业集群。

3)船舶工业自主创新能力增强

辽宁民用船舶建造和设计水平不断提高,形成了一批具有自主知识产权的名牌产品。30 万吨 VLCC 和 11 万吨成品油轮获得中国名牌产品称号,400 英尺(1 英尺=0.304 8 米)自升式钻井平台和 76 000 吨 PANAMAX 成/原油轮获国家级新产品称号。辽宁船舶工业由"辽宁制造"向"辽宁创造"转变。

4)船舶工业产品结构优化升级

大型化、批量化、专业化产品占主导地位,已形成了大型原油船、大型成品油船、大型集装箱船三大主力船型。截至 2010 年已累计承接 VLCC60 艘,11 万吨成品油船 37 艘,7.6 万吨成品油船 27 艘,4 250 箱集装箱船 49 艘。1 800 箱集装箱船 16 艘,18 万吨散货船 41 艘,VLOC17 艘,大型海洋工程产品 20 艘。

5)骨干企业造船效率明显提高

随着现代造船模式工作深入推进,大量船舶提前交付,完工船舶平均比合同期提前 3 个月。散货船、油船、集装箱船三大主流船型建造周期不断缩短。部分船型创造了国内同类型船水下建造周期的最短纪录,已达到甚至超过日、韩水平。标志着辽宁正由传统造船模式向现代造船模式跨越。

6)对拉动区域经济增长作用显著

辽宁船舶工业对拉动区域经济增长起到积极作用。一是对地方社会就业和稳定贡献巨大,全行业现有从业人数已超过 15 万人;二是造船业的快速发展带动了上下游产业快速发展;三是造船行业对社会经济贡献不断增加,船舶项目投资拉动内需增长;四是企业经济效益水平大幅提升,盈利能力不断增强。

2.3.2 吉林装备制造业发展现状及趋势分析

1. 吉林装备制造业基本运行情况

2011 年,吉林省装备制造业深入落实《吉林省人民政府关于落实国家装备制造业调整和振兴规划的实施意见》和《吉林省装备工业"十二五"发展规划》,抢抓机遇,加快发展,全力推动吉林装备工业龙头企业做大做强,积极培育战略性新兴产业,推动总量扩张,结构改善,质量提升,为"十二五"发展打下基础。

1)行业规模进一步扩大

2011年吉林装备制造业在投资拉动及专用设备和轨道客车等行业快速发展的带动下,经济总量保持了较快的增长势头。全行业803家规模以上企业完成工业总产值1 573亿元,同比增长59.5%,占全省工业的9.2%,占比比上年高出1.4百分点,成为吉林继汽车、石化、农产品加工的第四大产业。实现销售收入1 494亿元,同比增长56.8%;利税为128亿元,同比增长55.3%;规模以上企业资产总额达973亿元,同比增长18%。截至2011年年底,全行业从业人员达14.6万人,同比新增就业人员2.3万人。

2)产业集中度明显提高

随着长春轨道客车新园区的建成,长春已经成为国内规模大、水平高、研发能力强的轨道客车制造基地,可年产动车组1 000辆、城轨车1 200辆。省内为轨道客车配套产品达16 529种。四平换热器已成为国内集中度最高、规模最大的换热设备产业基地,板式、管式换热器在国内市场占有率分别达到19.5%和6.7%。随着千万千瓦风电基地建设,广东明阳风电产业集团、中国兵器集团、三一电气有限责任公司等一大批风电装备主机企业到吉林投资建厂,风电装备规模效应初步形成。

3)技术创新能力有所增强

吉林装备制造业企业拥有省级以上技术中心51个,其中国家级技术中心3个,省级技术中心48个。一些企业消化吸收和自主创新能力有所提高。中国北车长春轨道客车股份有限公司已经掌握世界一流的高速动车组系统集成、转向架、车体制造技术及各种城轨车制造技术,当今世界最快的380千米/小时高速动车组已经研制成功并投产;吉林省昊宇石化电力设备制造有限公司已掌握核电管道临界状态管道弯头生产技术;一汽模具制造有限公司和吉林市恒达金型机械有限公司可为汽车生产提供各种模具;辽源煤矿机械制造有限公司生产的薄煤层综采设备处于国内领先水平,产品销往21个省(自治区、直辖市),市场综合占有率达到13%。长春聚德龙铁塔集团有限公司和吉林省梨树铁塔制造有限公司的电力铁塔、长春电炉成套设备公司的大吨位电炉、四平巨元换热器有限公司和四平维克斯换热设备有限公司的板式换热器、四平艾斯克机电开发有限公司的屠宰加工设备、四平鼓风机公司的高温风机、四平博尔工艺装备有限公司的切削刀具、长春数控机床公司的摩擦焊机、集安佳信通用机械公司的电动滚筒、延吉插秧机制造有限公司的插秧机、长春禹衡光学有限公司的光电编码器等产品在国内同类产品中具有很强的竞争力,有的产品处于国内领先水平。

4）轨道客车配套产业得到进一步完善

2011年1月21日，由吉林省工业和信息化厅组织并会同长春市及绿园区政府、长客股份在长春市成功举办了中国北方（长春）高速动车产业基地配套项目战略合作签约大会，取得了丰硕成果。该次签约落户轨道客车产业开发区的28家国内著名配套企业投资总额达到51.5亿元，投产后产值可超过100亿元，可拉动轨道客车本地配套率提高10百分点，从而使吉林轨道客车本地配套率接近40%。

通过招商引资，吸引国内外轨道客车配套企业到长春轨道客车产业开发区投资设厂，实现主机厂商与配套厂商同城服务，将轨道客车整车制造、配件生产及供应、车辆维修及售后服务、研发检测试验和产业文化聚集起来，不仅为提高长客股份生产效率，提升产品质量打下了坚实的基础，还为吉林进一步提升轨道客车及配套产业总量，助推全省工业经济发展具有巨大的推动作用。

5）"十二五"吉林轨道客车产业基地发展战略得到进一步落实

2011年7月5日，通过与中国北车及长客股份沟通协调，吉林政府与中国北车成功签订了"十二五"轨道客车、风电装备产业基地建设合作协议，中国北车在"十二五"期间将吉林作为未来发展战略中心，投资108亿元，重点建设高速动车组检修基地项目、长客装备整体搬迁项目、高速客车生产线项目、环形试验线项目、城铁车生产线和部件生产线项目、转向架生产项目六大工程及在松原市投资5亿元建设风电机组总成产业化生产基地。"十二五"期间，中国北车与吉林政府将按照优势互补、协同推动、政企共建、共同发展的原则，打造世界一流的轨道客车研制中心和高水平的风电机组总成产业化生产基地。

2. 吉林汽车产业发展现状分析

吉林是中国汽车工业的摇篮，汽车产业是吉林最大的支柱产业。吉林的汽车产业作为东北老工业基地建设的项目之一，为吉林的发展做出了巨大的贡献。吉林作为我国重要的汽车工业基地，其汽车产业发展路径的选择直接影响我国汽车产业的走向和国际竞争力。

截至2010年年末，吉林汽车行业规模以上企业有473户，其中，整车企业2户（一汽和大众），专用车企业22户，零部件企业449户。全行业从业人员为18.4万人，资产总额为2 462亿元。完成工业总产值3 966亿元，销售收入3 849亿元，利润380亿元，税金227亿元，同比分别增长31.2%、35.9%、67.8%和21.1%，分别占全省工业的30%、30.9%、47.8%和37.8%。汽车及零部件出口交易额完成35亿元，同比增长87.2%。

1）整车发展情况

吉林整车发展取得的成绩主要表现在以下几个方面。

第一，国内整车产品种类最为齐全。截至2010年，吉林整车品种已达7大类、200余种产品。合资或合作品牌主要有一汽大众奥迪A6L/A4L、奥迪Q5、迈腾、速腾、高尔夫、新宝来、捷达，一汽马自达睿翼、马自达6，一汽丰越兰德酷路泽SUV、普锐斯混合动力汽车、一汽通用皮卡及SUV等。自主品牌主要有一汽解放J5/J6，一汽轿股奔腾B70/B50，一汽吉林佳宝、森雅等。吉林整车已形成以重、中、微型卡车，中、高级轿车及交叉型乘用车为主，大中型客车、SUV、皮卡等车型为辅的全系列发展、较为齐全的整车工业体系。

第二，整车总量显著提高。2010年，吉林整车产销量分别完成168万辆和166万辆，同比增长35.7%和36.0%，占国内汽车市场份额的9.2%，比2001年分别增长了330.8%和330.1%。2010年全省整车完成工业总产值2 980亿元，销售收入2 839亿元，利润295亿元，同比分别增长31.2%、35.9%、67.8%。2010年省内整车产能为180万辆。

第三，自主研发实力大幅提高。吉林拥有雄厚的研发基础和汽车人才资源。一汽集团技术中心是国家级技术中心，已形成商用车全系列、经济型轿车、中级和高级轿车的自主开发、试验、试制能力，填补了国内高端重型商用车底盘、柴油共轨等技术空白。初步掌握了发动机、变速器等关键总成和混合动力、汽车电子等核心技术。纯电动、燃料电池汽车的研究也积累了一定的基础，带动了国内整车技术及相关零部件技术的发展。吉林大学汽车工程学院是国家重点汽车人才培养基地，汽车动态模拟实验室是国家级实验室，承担着国家多项重要课题，已成为国内汽车产业重要的整车及零部件研发、人才培养和产品创新基地。

第四，产业承载基础更加牢固。吉林长春是中国汽车工业的摇篮，吉林和四平是中国最早的微型车生产基地和专用汽车生产基地，具有良好的汽车工业基础、人才资源和丰富的汽车文化底蕴。近年来加大对长春西新经济开发区和吉林汽车工业园区的建设，吉林以长春西新经济开发区、长春经济技术开发区、长春高新技术开发区、吉林汽车工业园区及四平专用车园区为核心，形成了国内重要的汽车产业集群区域。

2）零部件发展情况

吉林省零部件企业逐步改善了竞争力不强的局面。虽然吉林汽车零部件企业数量比较多，仅规模以上企业就有200多家，这些企业大多从事零部件生产多年，拥有稳定的产品配套市场，但都因再投入资金不足而发展迟缓，制造水平满足不了整车升级换代周期缩短的需要。从投资规模来看，2010年零部件投资仅占吉林汽车工业总投资的20%左右。在200多个配套企业中，年配套产值超过1 000万元的企业在配套企业的占比小于30%，且多数产品技术含量不高，缺乏系统集成和模块供货能力。低水平的传统零部件多，高科技含量的配套产品少。但2010年，吉林汽车零部件完成产值986亿元，销售收入1 010亿元，同比分别增长43.9%

和 69.9%；实现利润 85 亿元，同比增长 78%，省内为一汽配套率占一汽国内配套份额的 38%。吉林汽车零部件及配件规模占国内市场的 6.3%，位列全国第 7 名。江苏占 11.4%，浙江占 11.5%，上海占 9.8%，山东占 7.7%，广东占 8.7%，湖北占 6.8%，北京占 3.5%。

吉林汽车零部件发展取得的成绩主要表现在以下几个方面。

第一，企业规模不断壮大。吉林汽车零部件行业通过结构调整，大型骨干企业和企业集团数量显著增多。2010 年年底，富奥汽车零部件股份销售收入达到 196 亿元，一汽富维零部件股份全资部分销售收入为 56 亿元（全口径销售收入超过 150 亿元），大陆汽车电子达 46 亿元，吉林东光集团达 42 亿元，李尔长春汽车内饰件系统、福耀汽车玻璃、长春旭阳集团、长春一汽四环、长春佛吉亚排气系统等 9 户零部件企业的销售收入超过 10 亿元，长春博泽汽车部件、吉林新立德、长春市灯泡电线、长春华翔轿车消声器、吉林龙山有机硅、吉林圆方机械、四平方向机械、公主岭华翔汽车内饰件、辽源诚毅车桥、白城金事达电气等 103 户零部件企业销售收入超过 1 亿元。

第二，配套能力大幅提升。2010 年，吉林汽车零部件已由过去以零件、部件为主配套生产向总成、系统和模块化方向转变。全省汽车零部件行业基本具备一级模块生产能力的企业有 19 户，生产 23 种产品；二级模块生产能力的企业有 32 户，生产 43 种产品；三级模块生产能力的企业有 45 户，生产 161 种产品，以核心企业带动的一级、二级、三级模块化配套体系初步形成，省内汽车零部件占一汽国内配套率由 2005 年的 24%提升到 2010 年的 38%，提高了 14 百分点。

第三，自主开发能力得到较大增强。吉林汽车及零部件行研发能力有较大的提高，省级以上企业技术中心由 2001 年的 5 家增加到 2010 年的 40 家，充分说明了吉林汽车及零部件自主创新能力在不断增强。其中，作为国家级技术中心的一汽集团技术中心已形成中、重、轻、微、轿、客、军等商用车、乘用车和新能源汽车的自主研发能力，在国内高端重型商用车底盘、发动机、变速器、车桥、驾驶室及白车身的开发及试制、试验等技术处于国内领先水平。吉林汽车内饰座椅、电线束、滤清器、制动器、车轮、减振器、空调器、转向器等部分配套厂家基本具备与主机厂同步开发的研发水平。吉林汽车及零部件自主研发体系已初步形成。

第四，产业集群初步形成。在吉林政府出台的一系列汽车产业发展政策的支持下，长春、吉林两个汽车园区建设功能较为完善，并实现快速发展。长春西新经济技术开发区进入国家级开发区，2010 年汽车及零部件完成总产值 1 200 亿元，全口径财政收入为 40.8 亿元，完成固定资产投资 394 亿元，同比分别增长 20%、36%、31%。区内在建项目 106 项，起步区 17 平方千米土地项目已全部摆满，长春西南部一座汽车新城已经诞生。吉林汽车工业园区也取得较大进展，聚集了大量企业，2010 年汽车工业完成工业总产值 70 亿元，全口径财政收入为 6 亿元，固定资产投资43亿元,进驻的汽车及零部件企业已有48户。2010年吉林又建设了公主岭汽车工业园区,占地面积7.8平方千米,2010年已入驻43户企业,实现工业总产值43.7亿元,这些园区的建设使吉林集聚汽车资源的能力明显提高。

3）新能源汽车发展情况

新能源汽车是近几年发展起来的新兴产业。吉林新能源汽车主要分两大块,一是新能源汽车及零部件产品研发和产业化;二是新能源汽车推广示范。2010年全省涉及新能源汽车生产及研发的企事业单位有18家,主要集中在长春、辽源两市。主要生产及研发领域包括混合动力、纯电动汽车、燃料电池汽车、锂离子动力电池及电池材料、驱动电机、控制系统等方面。

第一,新能源汽车整车及零部件研制取得较大进展。2010年吉林新能源汽车产业化进程明显加快,一汽成立了新能源汽车分公司,研制的奔腾B70混合动力、B50插电式混合动力和B50纯电动三款自主品牌轿车通过国家生产公告审批,已具备单班一万辆的生产能力,试制出的奔腾B70燃料电池轿车圆满地完成了在上海世博会上的示范运行。一汽大众以新宝来为整车平台开发出一款纯电动轿车,已经通过国家汽车检测中心检测。一汽客车公司研制的气电/油电混合动力客车2009年在大连投放162辆,2010年在长春、大连、昆明等地投放120辆进行示范运营。一汽客车开发出的7.3米和12米纯电动客车3款车型进入国家新能源汽车生产准入目录,已经少量投入示范运营。

新能源汽车三大核心部件研发取得一定成效。一是动力电池及材料的研发进展顺利。吉林中聚新能源有限公司的新型钇铁锂动力电池已进入小批量生产准备阶段。辽源星源电池材料科技有限公司年产1 000吨磷酸亚铁锂正极材料项目已建成投产;二是驱动电机已经进入实验样机阶段。辽源汇丰电机研制的120千瓦三项异步交流感应动力电机及控制器和一汽辽源汽车电器研制的永磁无刷直流同步电机,样机分别在一汽客车12米纯电动客车和长城牌乘用车上进行了装车匹配实验。富奥公司也已经研制出轿车用10千瓦和40千瓦永磁同步功能样机。三是电控系统研发已全面展开。启明信息公司和富奥公司已经具备一定的新能源汽车电控系统的独立研发能力。

第二,新能源汽车示范工作得到稳步推进。长春在国内第一批开展了节能与新能源汽车的推广示范和私人购买新能源汽车的试点,通过上述工作,使吉林新能源汽车使用环境有了较大改观,为营造新能源汽车市场创造了条件。目前已投入140辆气电混合动力、20辆纯电动公交客车示范运营。

在此基础上,为了更好地推动新能源汽车加快发展,吉林组建了新能源汽车产业联盟。吉林政府还出台了《关于支持我省新能源汽车发展的若干政策意见》,同时商务厅完成了《吉林省新能源汽车产业发展规划》编制等工作。

2.3.3 黑龙江装备制造业发展现状及趋势分析

1. 黑龙江装备制造业基本运行情况

1）生产发展情况

2013 年，黑龙江 738 家规模以上装备制造业企业完成工业总产值 1 394.39 亿元，同比增长 4.89%；主营业务收入 1 500.96 亿元，同比增长 8.37%；实现利税总额 101.22 亿元，同比增长 1.07%；实现利润 54.27 亿元，同比增长 6.13%，扭转了自 2011 年 9 月以来利润水平一直下降的局面。

2013 年，黑龙江装备制造业八大行业主营业务收入与同期比是"六升""二降"。金属制品业、汽车制造业、计算机通信和其他电子设备制造业、专用设备制造业、电器机械及器材制造业、铁路船舶航天航空及其他运输业增长，同比分别增长 39.14%、21.56%、19.41%、12.35%、3.66%和 1.37%；通用设备制造业、仪器仪表制造业下降，同比分别下降 2.06%、10.44%。

2013 年，八大行业与同期比只有三个行业利润呈现增长态势，金属制品业、计算机通信和其他电子设备制造业、铁路船舶航天航空及其他运输业增长，同比分别增长 238.78%、16.70%、7.98%。三个行业全年实现利润 18.15 亿元，平均同比增长 70.56%，增加额为 7.51 亿元。其中，金属制品业实现利润 9.52 亿元，同比增加 6.71 亿元。

2013 年，电器机械及器材制造业、通用设备制造业、专用设备制造业、仪器仪表制造业四个行业利润下降，同比分别下降 5.09%、6.84%、13.29%和 24.97%。四个行业实现利润 44.26 亿元，平均同比下降 9.22%。

2013 年，汽车制造业继续亏损，但亏损额继续减少，同比减少亏损额 4.49 亿元。

2）重点企业

2013 年，黑龙江重点企业经济运行在逆境中取得佳绩，哈尔滨锅炉厂有限责任公司（简称哈锅公司）高质量、高效率地完成了阜阳电厂 1 号机组 60 万千瓦两台预热器改造，创造了大机组脱硝改造项目 28 天的全国标杆工期，刷新了国内同类工程总工期最短的纪录。哈锅公司燃烧技术中心 30 兆瓦热态试验台连续投煤运行 24 小时（相当于电厂机组 168 小时试运行），顺利通过试运，实现了由引进技术为主向以自主研发、原始创新为主的转变。

2013 年，哈尔滨预热器有限责任公司（简称哈预热器）被阜阳华润电力公司评为"优秀技改单位一等奖"。公司为陕西重点工程建设项目生产的 4 台重达 300吨的气化炉，是目前黑龙江生产的体积最大的气化炉。

哈尔滨电机厂有限责任公司（简称哈电机公司）为牛栏江–滇池补水工程生产的优质泵组成功通水。从 2013 年 6 月 5 日首台泵组完成无水调试，直到 9 月 25 日牛栏江-滇池补水工程成功通水，哈电机公司生产的泵组运行稳定，各项指标均满足合同及设计要求。哈电机公司设计制造的溪洛渡水电站 5 号机组于 2013 年 9 月 29 日首次启动成功，次日凌晨 1 时 11 分机组顺利通过 147%额定转速的过速试验。

哈电机公司生产的世界第三大水电站——金沙江溪洛渡水电站左岸机组 4 号机、贵州省沙沱水电站 1 号机、糯扎渡 4 号机组、向家坝 1 号水轮发电机组等顺利完成 72 小时试运行。向家坝水轮发电机组单机容量 800 兆瓦，是目前国内单机容量最大的水轮发电机组。

哈电机公司生产的湖南托口水电站 4 号机组发电机转子于 2013 年 11 月 26 日顺利吊入机坑，机组总装工作全面展开。湖南托口水电站发电机转子高 2.29 米，直径 14.445 米，重达 670 吨。公司为葛洲坝电站改造项目制造的两台巨型转轮通过业主专家组检验，发往电站安装使用。该项目单机容量由 12.5 万千瓦提高到 15 万千瓦，是目前世界上最大低水头大流量轴流转桨式机组。哈电机公司承制的向家坝 4 号机转轮于 8 月 27 日制造完成，并在葫芦岛大件基地成功发运。该转轮一次通过三峡集团公司验收。

哈尔滨汽轮机厂有限责任公司（简称哈汽轮机公司）为山西中钰能源有限公司生产的超高压一次中间再热、单轴双缸双抽气、直接空冷凝汽式 135 兆瓦汽轮机正式移交投产。机组于 2013 年 4 月正式开始安装，10 月 19 日首次启动成功，10 月 22 日首次并网发电。哈汽轮机公司自主设计的优化型 100 万千瓦超临界汽轮机正式落户神华国华九江发电有限责任公司。该机组功率大、效率高，较普通常规火电机组更为节能环保，具有较大的市场潜力。哈汽轮机公司为新疆国电克拉玛依电厂制造的首台 350 兆瓦超临界间接空冷汽轮机组，一次启机成功并通过 168 小时试运行。试运行期间机组运行稳定，各项参数均达到或优于设计水平。

2013 年，哈尔滨东安汽车动力股份有限公司（简称东安动力）第一台小排量涡轮增压发动机一次性点火成功。DAM10T 发动机是东安动力新一代节能减排产品，适合国家最新颁布的节能惠民补贴政策，符合《节能与新能源汽车产业发展规划（2012—2020 年）》要求。功率比传统自然吸气发动机提高了 40%，最大功率与 1.3 升的发动机相当，最大转矩可达到 1.5 升发动机的水平。

齐齐哈尔二机床（集团）有限责任公司（简称齐二机床）的 TKG6920 高速型数控落地铣镗床和 CK84160 型数控轧辊车床在第十三届中国国际机床展览会上受到国内外客商的瞩目与青睐，截至展会最后一天，齐二机床已与国内外客商达成意向性成果 30 余项。

在悉尼开幕的 2013 年澳大利亚铁路展览会上，中国北车齐齐哈尔轨道装备公司（简称齐轨道公司）展团向世界轨道交通装备制造业同行推介 40 吨轴重铁路货车、转 K1 型转向架、重载车钩等名优产品。在第二十届欧洲国际机床展览会上，哈量集团德国凯狮有限公司（简称哈量集团）的展品以新颖的产品设计和可靠的质量品质吸引了众多新老客户，达到了预期的展示效果。

伊春思克新能源汽车有限公司研发的新能源汽车，不仅填补了伊春装备制造业的空白，更有助于伊春发展脱林替代产业，促进伊春经济转型和跨越。该公司由上海特思克汽车科技有限公司投资建设，项目总投资 5 亿元以上，总占地面积 80 万平方米，将建成国内大型电动车零部件及整车生产企业。

哈尔滨安博威飞机工业有限公司（简称哈安博威）制造的首台莱格赛 650 公务机正式投产，这是巴西航空公司和中国航空工业集团公司签署的 600/650 项目合作协议的一部分。哈安博威还同时与工银金融租赁有限公司签署了 10 架莱格赛 650 销售协议。

3）市场开发

在市场竞争异常激烈的形势下，黑龙江机械工业重点企业继续发挥市场龙头作用，取得了市场开发的新成绩。2013 年，哈锅公司成功中标大同煤矿集团塔山 2×660 兆瓦坑口电厂二期扩建工程锅炉及脱硝装置；成功签订了华能洛阳阳光 2 台 350 兆瓦超临界、贵州黔西南州元豪 2 台 350 兆瓦超临界、国电大武口 2 台 350 兆瓦超临界等锅炉的供货合同；拿到了石岛湾 CAP1400 示范工程高压加热器和除氧器、福清核电 ACP1000 高压加热器和除氧器、三门核电二期高压加热器和除氧器及主管道设备等项目，获得 7 台预热器整机合同 14 个改造合同，并在前三个季度签订 7 个脱硝改造项目；成功签订国电库尔勒发电有限公司 2×350 兆瓦超临界锅炉。哈锅公司在国电集团新疆 300 兆瓦以上火电项目中的市场占有率达到了 80%。

2013 年，哈电机公司签约新疆信友能源投资有限公司 2 台 660 兆瓦新建工程汽轮发电机设备订货合同，合同额达 1.3 亿元；与百色百矿集团有限公司签订 2 台 350 兆瓦新建工程汽轮发电机设备合同；签订神华江西国华九江煤炭设备（中转）发电一体化工程（简称一体化工程）一期工程 2×1 000 兆瓦级超超临界燃煤发电机组制造合同，合同金额为 20 782 万元，项目一期工程两台机组计划于 2015 年发电。

牡丹江华仪北方风电有限公司首批签订的 66 台（套）1.5 兆瓦风电整机、10 万兆瓦风场风电机组组装项目正式启动。

哈尔滨电站阀门有限公司（简称哈电阀门公司）与 20 多家电力公司、主机厂、设计院及用户单位签订了超（超）临界火电机组三类关键阀门国产化研发协议。

哈尔滨空调股份有限公司（简称哈空调公司）与中扶投资有限公司签订中扶投资有限公司察右后旗 2×350 兆瓦热电联产机组工程空冷岛设备合同,合同总价约为 1.34 亿元。

4）机电产品出口

2013年，面对激烈的市场竞争，黑龙江机械工业企业不断创新开拓，国际市场开发取得新突破。哈安博威莱格赛650公务机项目于2013年正式投产，哈安博威莱格赛650公务机销售市场将以中国及亚太地区为主。

哈汽轮机公司与印度兰科公司 GIPCL2×300 兆瓦项目签约，GIPCL2×300兆瓦亚临界项目属于印度古吉拉特邦政府投资兴建，预计在2017年发电；哈汽轮机公司与中国成达工程有限公司签订孟加拉国波拉225兆瓦联合循环电站项目汽轮机供货合同；哈汽轮机公司签订了孟加拉巴库（Barapuria）250兆瓦±10兆瓦燃煤火电项目汽轮机供货合同。

齐轨道公司生产的120辆Q系列力拓矿石车和120辆BHP矿石车从大连港运往澳大利亚丹皮尔港和黑德兰港；齐轨道公司设计制造的第1500辆40吨轴重不锈钢矿石车，正式交付必和必拓公司。齐轨道公司与韩国浦项制铁公司签订一台80吨铁路起重机出口合同，标志着齐轨道公司铁路起重机重返国际市场。

哈锅公司中标北非摩洛哥杰拉达1台350兆瓦超临界煤粉炉项目，实现了大型机组非洲出口零的突破；成功签订了印度苏拉特2台300兆瓦循环流化床（circulating fluidized bed，CFB）锅炉供货合同。成功签订了印度尼西亚万丹1×670兆瓦超临界锅炉供货合同和土耳其泽塔斯2×660兆瓦超临界锅炉及脱销设备供货合同。

哈电机公司为俄罗斯特罗伊茨克项目660兆瓦级汽轮发电机组配套制造的密封油控制系统是中国出口俄方的首台自主研发660兆瓦等级超临界汽轮发电机辅机产品。哈电机公司生产的厄瓜多尔索普拉多拉电站首批产品按期完成集港，该电站项目包括3台162兆瓦水轮机、发电机及其辅助设备。哈电机公司先后签订了伊朗羌姆溪水电项目、孟加拉135兆瓦火电项目等4个国际项目、7台产品的订单合同。

哈飞制造的12架直9直升机正式交付柬埔寨空军。直9是哈飞研制生产的轻型多用途双发直升机，现有客货运输型、公安警用型、海洋监测型、消防型、搜索救援型等10余个类别，目前已出口到赞比亚、玻利维亚、柬埔寨、肯尼亚、巴基斯坦等地。

黑龙江长志机械电器有限公司生产的别墅电梯发往美国，为新加坡生产的43层世界最高杂物电梯已经投入使用。

哈汽轮机公司与泰国NPS PP9 Company Limited签订一台15万千瓦火电机组的制造合同，首次实现了该公司与泰国业主间的项目直签，为今后拓展该地区的市场开辟了新的道路。

2. 黑龙江省发电设备产业发展现状分析

20世纪80年代中期，中国企业处于从生产型转轨为生产经营型，走入市场经济的启动期。在经济体制改革深化发展的形势下，发电设备产业结构组织有了新的发展，相继成立了哈尔滨电站设备集团公司、东方电气集团公司和上海电气联合公司，形成了国内发电设备产业的集团优势。三大动力集团实行国家计划单列，占整个机电工业计划单列集团公司数的1/3。三者在1990年发电设备产量已占全国总产量的65.3%，产值占全国的80%。其中水轮发电机组产量东电、哈电两集团占全国的81%，产值占74%（上电集团当时不生产水电机组）。发电设备制造企业集团的组建是经济体制改革的必然产物，形成了中国发电设备制造业"三足鼎立"的格局。目前，我国发电设备制造业现已形成以哈尔滨电站设备集团公司、东方电气集团公司、上海电气联合公司三大集团公司为主体，多种经济成分共同构成的大型产业。

黑龙江发电设备制造业经过50多年的发展，已经形成以哈电集团为主的电站成套设备产业集群。中国最大的火力发电、水力发电机组，具有国际先进水平的高效、环保、节能的发电设备都先后在哈尔滨诞生。以哈尔滨三大动力（锅炉厂、汽轮机厂、电机厂）为代表的哈尔滨电气集团公司（原哈尔滨电站设备集团公司），产品遍及全国各地，为中国的发电事业做出了巨大贡献。

1）哈尔滨发电设备国家火炬计划特色产业基地

黑龙江发电设备制造业的重心在哈尔滨，其中哈尔滨发电设备国家火炬计划特色产业基地作为国家级特色产业基地带动了哈尔滨乃至黑龙江发电设备产业的发展。目前，哈尔滨发电设备国家火炬计划特色产业基地的规模效应和积聚效应已初步显现，可以同时为火电、水电、核电、风电及太阳能发电设备等提供综合配套能力的发电设备产业集群正在形成。

哈尔滨市东部的大型企业、科研院所、大中专院校相对集中，2006年年初，依托区域内发电设备产业基础雄厚、产业技术优势明显、相关配套企业不断壮大的区位和技术优势，确立建设哈尔滨发电设备火炬计划特色产业基地，并于2007年8月被国家科技部火炬中心批准为国家级特色产业基地。

2012年，哈尔滨发电设备产业基地内有105家企业，从业人员达到20 987人，工业总产值为201亿元，总收入达到203.02亿元，上交税额为18.5亿元，净利润为9.2亿元。

2）哈尔滨电气集团公司

哈尔滨电气集团公司作为中国发电设备制造业三大动力集团之一，是黑龙江发电设备产业发展最具代表性的企业。

（1）企业基本情况。哈电集团是由国家"一五"期间苏联援建的156项重点建设项目的6项沿革发展而来,是为适应成套开发、成套设计、成套制造和成套服务的市场发展要求,最早组建而成的中国最大的发电设备、舰船动力装置、电力驱动设备研究制造基地和成套设备出口基地,是党中央管理的53户关系国家安全和国民经济命脉的国有重要骨干企业之一。

60多年来,在不断地发展壮大中,哈电集团形成了以大型煤电、水电、核电、气电、风电、电站总承包工程和舰船动力装置等主导产品为核心的"多电并举、齐头共进"的良好格局。2011年水电年生产能力为6 000兆瓦,产品占国内市场份额的50%;煤电年生产能力30 000兆瓦,产品占国内市场份额的1/3以上;气电年生产能力2 000兆瓦,产品占国内市场份额的45%以上;核电年生产能力1 000兆瓦;具备同时批量生产3种舰船动力设备10台套的能力;电站成套设备交钥匙工程获得ISO9001及美国工厂共同研发协会(Factory Mutual Research Corporation,FMRC)质量体系认证,具备同时承包海外多个电站工程项目和交钥匙工程能力。

截至2011年,哈电集团累计实现工业总产值2 418亿元,营业收入2 709亿元,利润总额107亿元;发电设备产量279 470兆瓦。

(2)企业主营业务。

核电:哈电集团经过多年发展,已在核设备研发、制造方面取得了突破性进展。制造完成了秦山二期汽轮发电机组、岭澳MSR、恰希玛二期蒸汽发生器、恰希玛一期、二期主泵电机、秦山二期扩建项目汽轮机、MSR、冷凝器、低加等设备、海洋1号机组堆芯补水箱、汽水分离再热器、凝汽器、岭澳二期常规岛阀门、三门核电高压加热器、台山核电除氧器、ATD再热器等产品。

水电:哈电集团是中国生产水电设备的主要基地,水电产品占国产水电装机容量的二分之一。先后为国家重点工程生产的混流式最大单机容量700兆瓦机组、抽水蓄能300兆瓦机组、轴流式最大容量200兆瓦机组、贯流式最大单机容量45兆瓦机组,已为国内近200多座电站提供了300多台机组,并为国外(美国、加拿大、日本、委内瑞拉、泰国、菲律宾、尼泊尔、土耳其、刚果、伊朗等国家)的26座电站提供了近80台水电机组。

煤电:哈电集团生产的火电产品占全国国产装机容量的三分之一以上,全国各省(自治区、直辖市)的近200个电厂,产品还出口到巴西、印度、印度尼西亚、朝鲜、阿尔巴尼亚、苏丹、菲律宾、越南、巴基斯坦、伊朗等国家。公司年生产能力达到24 000~26 000兆瓦,已形成以300兆瓦、600兆瓦、1 000兆瓦等级机组为代表的批量生产制造能力。

气电:2003年3月6日,哈电集团与通用电气公司签署了9FA重型燃机及其配套的D10蒸汽轮机、390H发电机的《技术转让协议》,标志着哈电集团率先在国内进入了先进F级重型燃机及联合循环发电设备制造领域。该型号燃机产品是当今世界上正式投入商业运行的、技术成熟度最高的燃气轮机机组之一,目前是世界上市场占有率最大、累计运行时间最长的 F 级燃气轮机组。

此后哈电集团燃机及联合循环业务在创新中不断发展，技术水平大幅度提升，产品向多元化、系列化发展，逐步从开始的单一配置扩展到目前近十种产品系列，可以满足国内广大用户的多种要求。产品具有经济性好、可靠性高、可用率高、安装周期短、运行维护费用低等诸多优势，深受国内燃机业主广泛好评。

截至 2011 年年末，哈电集团在国内共中标 41 台 F 级重型燃机及联合循环机组，市场占有率超过 40%，处于行业领先地位。

哈电集团大力开展引进技术的消化吸收及再创新工作，燃机产品自主化依托程度逐步提高，已经从最初完全跟着外方企业工作，逐步转变成完全拥有 F 级重型燃气轮机及联合循环产品技术开发、产品制造、总装试车和产品服务能力的技术型企业。

风电：大型风力发电成套设备是哈电集团的重点自主研发项目，2002 年以来所属发电设备国家工程研究中心先后完成了 10 千瓦、600 千瓦、1.2 兆瓦风力发电机组的研发及调试运行，最新研发成功的 1.5 兆瓦永磁直驱风力发电机组，于大庆龙江风电杜蒙风场并网发电，成为中国首台拥有自主知识产权的 1.5 兆瓦风力发电机组。

哈电集团和美国通用电气公司在江苏省镇江市合资成立大型高科技新能源企业——哈电通用风能（江苏）有限公司，主要从事潮间带和海上大功率风力发电机组研发、制造、销售、安装、调试、服务，以及陆上风电机的销售、安装、调试及售后服务等业务。产品主要包括陆上 1.6 兆瓦系列风机、陆上 2.75 兆瓦系列风机、潮间带 2.75 系列风机、海上 4.1 兆瓦系列风机。

（3）研发能力。哈电集团科技发展按照"自主创新、重点跨越、支撑发展、引领未来"的方针，遵循"自主研发、引进消化、博采众长、创新跨越"的技术路线，通过"建体系、换机制、投资金"，达到"出人才、出成果、出效益"。发挥技术创新主体的作用，以市场为导向，坚持产学研结合，加大洁净高效发电技术的开发与应用，在发电设备生产与进步的关键技术上，实施重点突破，实现企业的跨越式发展。

哈电集团不断强化科研体系建设，创新科研管理机制，积极构建由基础研究/上游技术层、新产品开发层、制造技术层等构成的多层次一体化研发体系。哈电集团建立了发电设备国家研究中心，以及国家水力发电设备工程技术研究中心、水力发电设备国家重点实验室两个国家级研发机构，新增两个博士后工作站。新建立的燃机院士工作站成为黑龙江省第一个企业院士工作站。哈电集团拥有各类专业技术人员 9 655 人，高级专家 40 人。其中，中国工程院院士 2 人，先后有 74 人享受国务院政府特殊津贴，"百千万人才"工程 4 人，博士及博士后 23 名。

截至 2011 年，哈电集团累计完成各类科研课题 1 131 项。其中，完成重点科研项目、新产品研制等科研课题 370 项。先后承担国家科技支撑计划 1 000 兆瓦超超临界空冷汽轮机的研制、1 000 兆瓦水轮发电机组的研制、600 兆瓦超临界循环流化床锅炉；国家"863"计划项目"F 级中低热值燃料燃气轮机关键技术与整机设计研究"和国家科技支撑计划项目"1 000 兆瓦水力发电机组研究"、燃煤锅炉复合分级超低 NO_x 排放燃烧技术、F 级中低热值燃料燃气轮机关键技术与整机设计研究、整体煤气化联合循环显热回收关键设备的研制等 6 项国家级项目；国家核电重大专项项目高温气冷堆核电站示范工程蒸汽发生器设备制造技术研究、大型先进压水堆核电站蒸汽发生器制造技术。累计获得国家、省部级、市级科技成果近百项，其中省部级以上成果 80 余项，"超超临界燃煤发电技术的研发和应用"和"超临界 600 兆瓦火电机组成套设备研制与工程应用"获国家科技进步一等奖。

哈电集团注重加强知识产权管理工作，制定完善了专利管理办法和奖励措施，截至 2011 年，哈电集团共拥有有效专利 436 项，其中发明专利 50 项。

截至 2011 年，哈电集团具有火电年生产能力达 30 000 兆瓦以上，占全国火电产品国产装机容量的三分之一。水电年生产能力达 6 000 兆瓦，占国内市场份额 50%以上，保持行业领先水平。气电年生产能力达 4 800 兆瓦，占国内市场份额达 40%以上。核电初步具备制造 4 套 1 000 兆瓦级核岛主设备及 4~6 套 1 000 兆瓦级常规岛设备的年生产能力，并在二代及二代加改进核电技术的基础上，率先承接了采用第三代 AP1 000 核电技术常规岛汽轮发电机组和核岛蒸发器等关键设备的生产制造任务。风电在自主研发的基础上，逐步吸收和转化国外先进技术，并与美国通用电气公司合作，在江苏和沈阳设立企业，共同开发风电业务。主要产品包括 4.2 兆瓦及以上海上系列风电设备，1.5~2.75 兆瓦陆上系列风电设备。同时，哈电集团还具备太阳能光热发电、潮流能发电、海水淡化等制造能力。

第 3 章 东北老工业基地创新驱动发展的现状分析

产业创新竞争力评价从发展结果角度阐明了实施老工业基地振兴战略以来，东北地区高新技术产业、装备制造业、材料产业等产业在全国的位次变化。本章首先对东北老工业基地创新驱动发展的资源条件进行梳理；其次对东北老工业基地创新驱动振兴的主体条件进行剖析，以揭示振兴战略实施以来东北地区企业主体地位的变化；最后对东北地区创新驱动振兴的区域环境进行分析，从区域整体层面揭示创新驱动发展的环境条件。

3.1 东北老工业基地创新驱动发展的资源条件梳理

本部分主要对东北老工业基地创新驱动发展的资源条件进行梳理，首先对东北地区创新资源的整体分布进行梳理，包括人力资源、研发经费、创新产出等；其次，对东北地区主要的优势创新资源进行梳理，包括科研院所、国家重点实验室、国家工程实验室、国家工程技术研究中心、国家级企业技术中心、国家级高新区等。本部分数据主要来源于《中国科技统计年鉴》《工业企业科技活动统计年鉴》及中国国家知识产权局等政府官方网站。

3.1.1 东北地区创新资源整体分布

1. 东北地区人力资源分布

"人"是创新活动的主体，人力资源的投入是创新的基本条件。人力资源的数量和质量将对创新成果产生显著影响。本部分通过 2003 年和 2012 年各地区研究与试验发展人员全时当量的对比，以及东北三省 2003~2012 年研究与试验发展人员全时当量的变化情况，从横向和纵向两个维度研究东北地区创新人力资源的分布及变化。

图 3.1 是 2003 年和 2012 年各地区 R&D 人员全时当量，R&D 人员全时当量是国际上通用的、用于比较科技人力投入的指标，是指 R&D 全时人员（全年从事 R&D 活动累积工作时间占全部工作时间的 90% 及以上人员）工作量与非全时人员按实际工作时间折算的工作量之和。按 2003 年数据大小进行排序。2003 年，北京 R&D

人员全时当量最高，超过 10 万人年。其次为江苏和广东，其 R&D 人员全时当量与北京相差并不多。东北地区以辽宁最为突出，位于第 7 名，黑龙江、吉林分别为第 12 名、18 名。与 2003 年相比，2012 年全国各地区 R&D 人员全时当量均有所提升。其中增长幅度最大的为广东。2012 年广东的 R&D 人员全时当量接近 50 万人年，在全国处于最高水平。其次为江苏，江苏的增长幅度居于第二位，2012 年 R&D 人员全时当量超过 40 万人年，浙江、山东、北京分别位于在第 3 名、第 4 名、第 5 名，且相差不大。东北三省中依旧是辽宁领先，但吉林的增长速度最快。

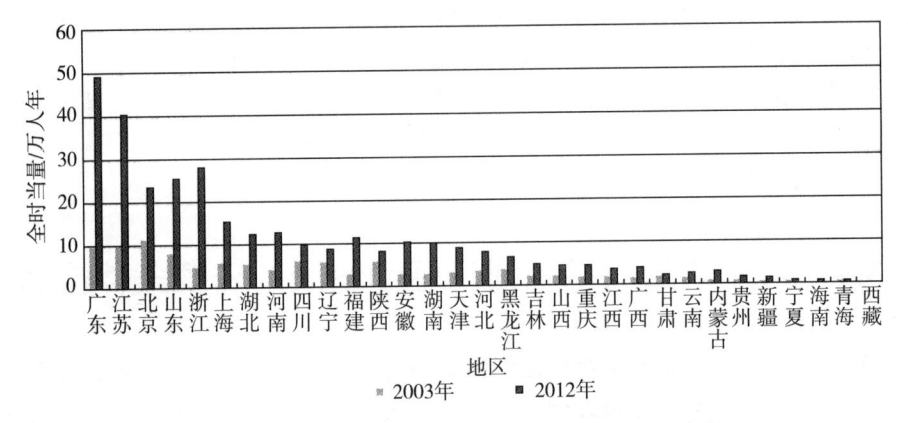

图 3.1　2003 年和 2012 年各地区 R&D 人员全时当量

图 3.2 是 2003～2012 年东北三省 R&D 人员全时当量的变化趋势。十年间，辽宁 R&D 人员全时当量在东北三省间始终保持领先地位，黑龙江居中，吉林位列最后。三省 R&D 人员总体看来呈上升态势，且增长速率相当。下面我们分组织类型考察东北三省研发人员全时当量的变化趋势。

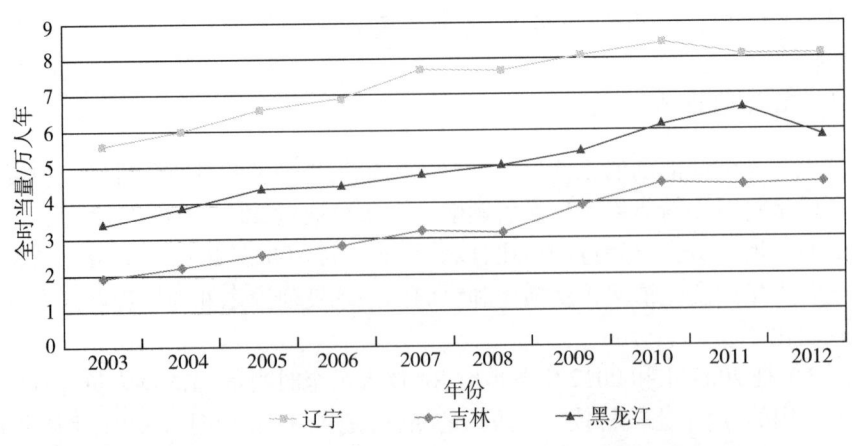

图 3.2　2003～2012 年东北三省 R&D 人员全时当量的变化趋势

图 3.3～图 3.5 分别描述了东北三省大中型工业企业、研究与开发机构、高校的 R&D 人员全时当量变化趋势。2003～2012 年，对于东北三省大中型工业企业而言，R&D 人员全时当量在 2003～2008 年经历了缓慢上升之后，于 2009 年和 2010 年两年实现了大幅增长，达到了 R&D 人员投入时间的峰值，2011 年三省 R&D 人员全时当量均有不同程度的下降。对东北三省研究与开发机构而言，R&D 人员全时当量大体上逐年递增，其中辽宁增长速度最快，数量也要明显高于其他两个省份，吉林与黑龙江 R&D 人员全时当量的差距正逐年缩小。对于东北三省高校而言，虽然辽宁在 R&D 人员全时当量的总量上一直保持领先优势，但黑龙江和吉林的增长速度更快。2011 年吉林 R&D 人员全时当量首次超过辽宁居于三省之首。相比于研究与开发机构和大中型工业企业，吉林高校的 R&D 人员全时当量增长更为迅速。

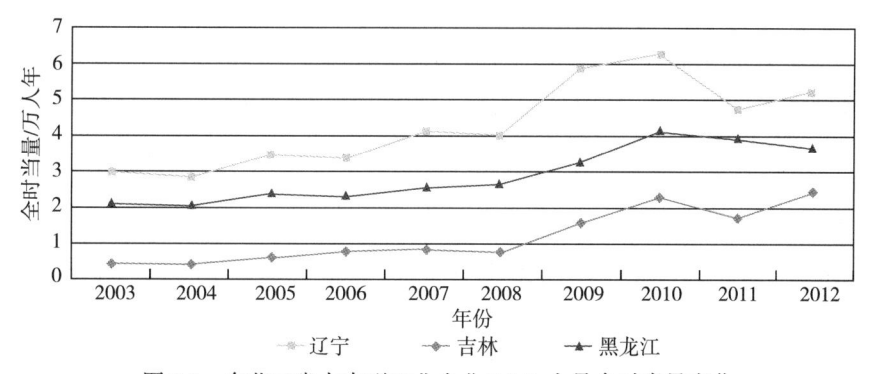

图 3.3　东北三省大中型工业企业 R&D 人员全时当量变化

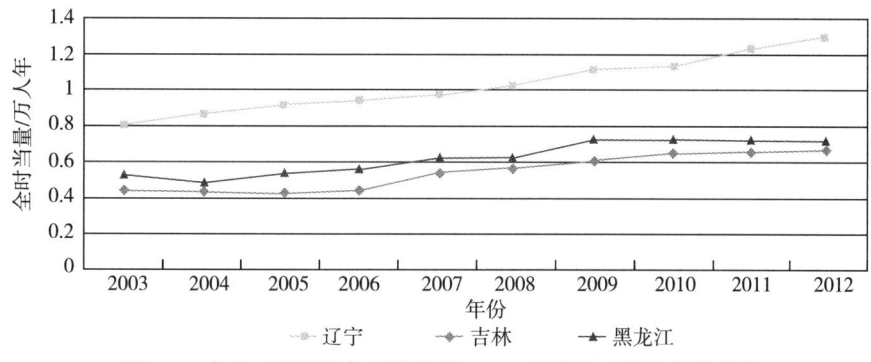

图 3.4　东北三省研究与开发机构 R&D 人员全时当量变化趋势

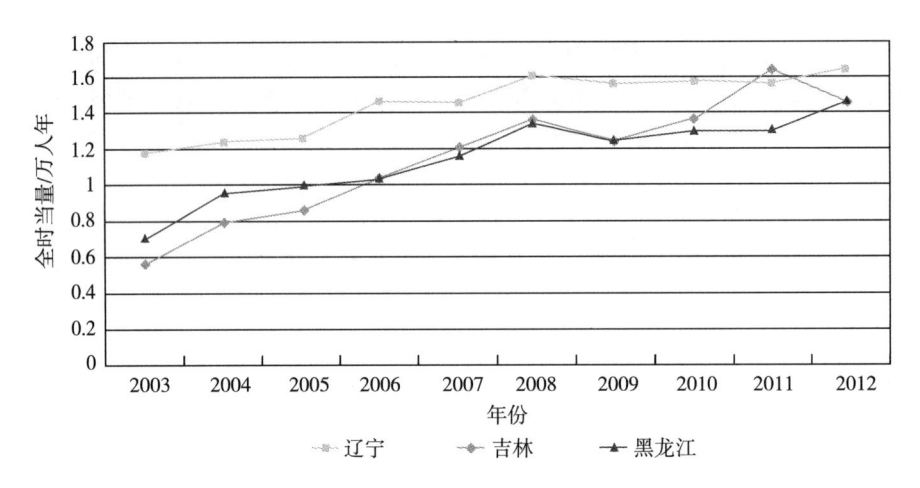

图 3.5 东北三省高校 R&D 人员全时当量变化趋势

接下来着重分析不同类型企业在 R&D 人员投入上的差异。

图 3.6 是 2005 年和 2012 年东北三省不同类型企业 R&D 人员比例分配情况。数据显示，2005 年，东北三省的 R&D 人员在国有及国有控股企业占了很大比例，三省均在 80% 以上；非国有内资企业、港澳台商投资企业和外商投资企业的 R&D 人员投入很少。2012 年情况出现了较大变化，东北三省国有及国有控股企业 R&D 人员比例下降，辽宁、吉林各占到 40% 左右，黑龙江也不超过 50%，非国有内资企业的 R&D 人员比例大幅增加，成为 R&D 人员的主力。港澳台商投资企业和外商投资企业 R&D 人员的比例依旧很小。

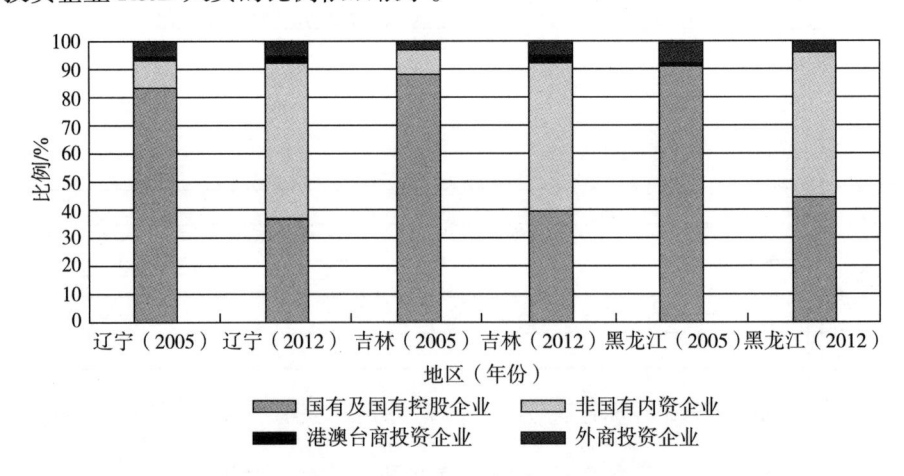

图 3.6　2005 年和 2012 年东北三省不同类型企业 R&D 人员比例分配情况

2. 东北地区财力资源分布

经费投入是创新活动的物质基础，优秀的研发成果依赖于充足的 R&D 经费。本部分从 R&D 经费内部支出，技术引进、消化吸收与再创新经费，技术市场交易经费三方面分析东北三省创新资源的财力分布（孙玉涛等，2011）。

1）R&D 经费内部支出

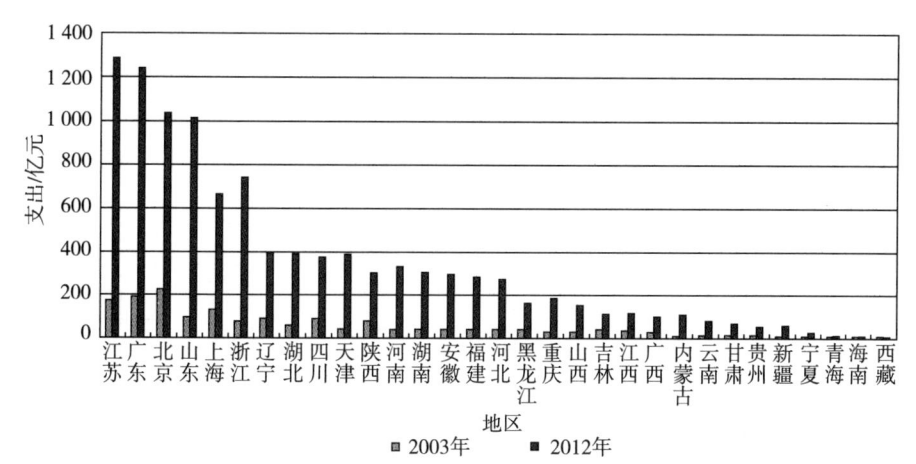

图 3.7 是 2003 年和 2012 年各地区 R&D 经费内部支出情况。2003 年，北京 R&D 经费内部支出最多，超过 200 亿元。其次为广东、江苏、上海。东北三省中辽宁 R&D 经费内部支出最多，排名第 6 位。黑龙江和吉林分别排在第 15 名和第 18 名。2012 年，部分地区 R&D 经费内部支出实现了快速增长，以江苏和广东增长最为显著，分列第一名、第二名，R&D 经费内部支出均超过 1 200 亿元。其次为北京、山东、浙江、上海，R&D 经费内部支出均超过 600 亿元。东北三省中，辽宁在 2012 年 R&D 经费支出最多，黑龙江和吉林的增长速度没有 2003 年排名类似的安徽、湖南等省快。在 R&D 经费内部支出上，黑龙江和吉林应当投入更多资金。

图 3.7 2003 年和 2012 年各地区 R&D 经费内部支出情况

图 3.8 是 2003~2012 年各地区 R&D 经费内部支出情况。2003~2012 年，东北三省的 R&D 经费内部支出均实现了不同程度增长，其中辽宁的增长最为迅速，特别是在 2008 年以后。至 2012 年，辽宁的 R&D 经费内部支出已经接近 400 亿元，远高于其他两个省份。黑龙江和吉林在 2003 年和 2004 年 R&D 经费内部支出无太大差异，但 2005 年以后黑龙江的增长速度要高于吉林，至 2012 年，黑龙江已接近 150 亿元，吉林则略超出 100 亿元。

图 3.8　2003~2012 年各地区 R&D 经费内部支出情况

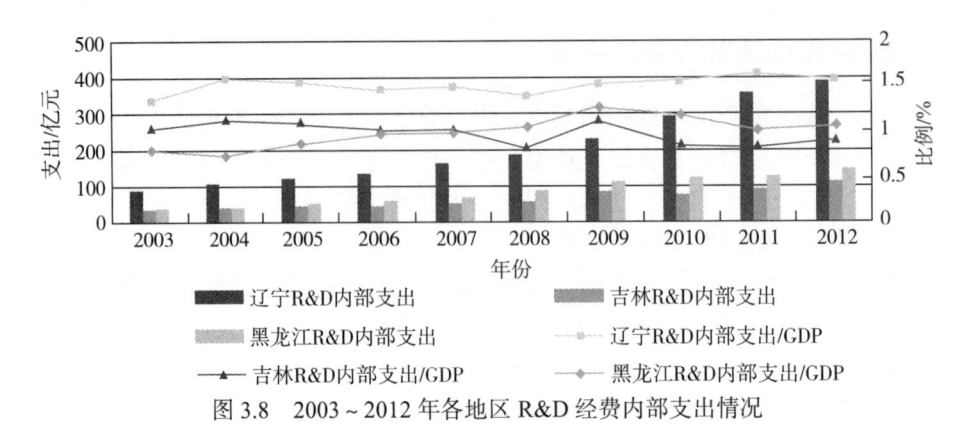

接下来我们分析不同类型企业在 R&D 经费内部支出上的差异。

图 3.9 是 2005 年和 2012 年东北三省不同类型企业 R&D 内部支出情况。数据显示，2005 年东北三省 R&D 经费内部支出主要来自国有及国有控股企业，辽宁超过 80%，吉林超过 70%，黑龙江达到 90%，非国有内资企业、港澳台商投资企业和外商投资企业的 R&D 经费内部支出所占比例很小。2012 年东北三省 R&D 经费支出大部分仍来自国有及国有控股企业，但非国有内资企业的 R&D 经费支出明显增多，所占比例增大，辽宁和吉林表现尤为明显。另外，辽宁和吉林的港澳台商投资企业的 R&D 经费内部支出比例也明显上升。

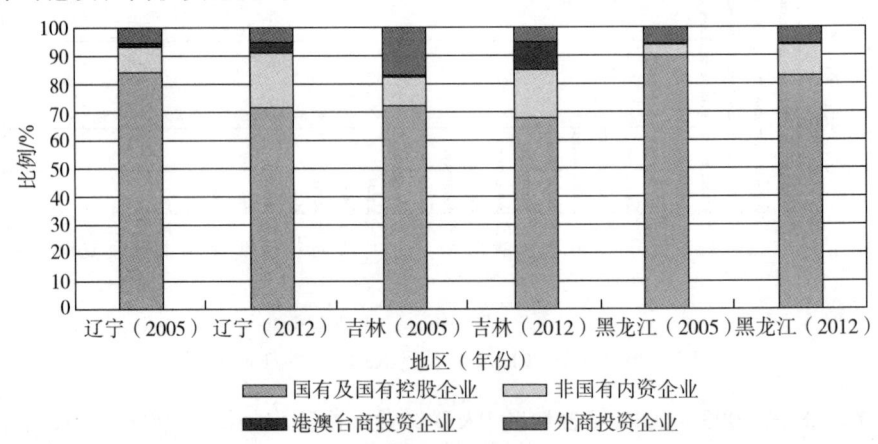

图 3.9　2005 年和 2012 年东北三省不同类型企业 R&D 经费内部支出情况

2）技术引进、消化吸收与再创新经费

图 3.10 和图 3.11 分别是 2003 年和 2012 年各地区技术引进、消化吸收、技术改造经费。按三种费用总和进行排序。2003 年，三种经费支出最高的为江苏，其次为浙江和山东，这三个省份的技术引进、消化吸收、技术改造的经费支出总量要显著高于其他各个省份。在三种经费总支出排名上，东北三省的辽宁、黑龙江、吉林分别位于第 6 名、第 12 名和第 18 名。三种经费支出中技术改造经费所占比

例最大，显著高于其他两种经费支出。排名前三位的江苏、浙江和山东也是技术改造经费支出最多的三个省，其中江苏和浙江技术改造经费支出已超出 200 亿元。辽宁在东北三省中技术改造经费投入最多，达到 100 亿元，在全国排在第 5 位。2012 年，江苏三种经费支出总额在全国依旧最多。湖南和广东两个省份涨幅最大，在三种经费投入上赶超了其他省份。辽宁、黑龙江、吉林在 2012 年三种经费支出排名分别为第 11 名、22 名、24 名，相比于 2003 年，均有所后退。可见，在技术引进、消化吸收和技术改造方面，东北三省投入力度落后于其他省份。

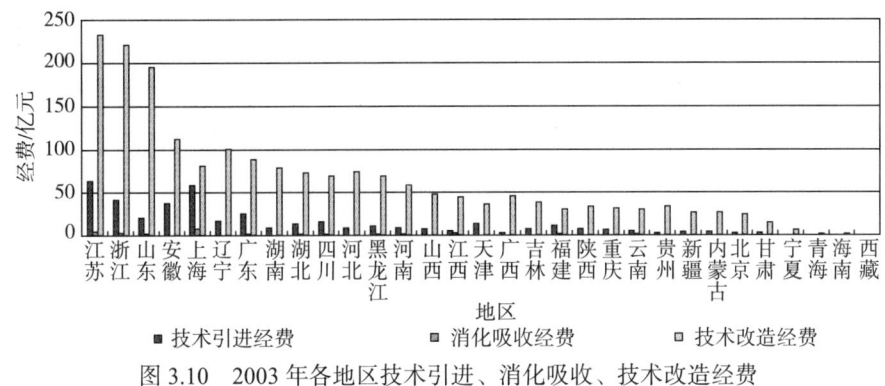

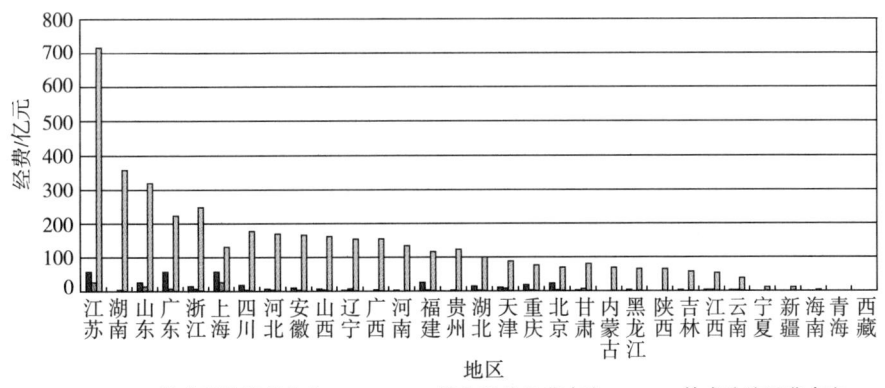

图 3.10　2003 年各地区技术引进、消化吸收、技术改造经费

图 3.11　2012 年各地区技术引进、消化吸收、技术改造经费

图 3.12 和图 3.13 分别是各地区技术引进经费支出情况和各地区购买国内技术经费支出情况。从技术引进经费来看，2003~2012 年，辽宁的技术引进经费支出要高于黑龙江和吉林。2006~2009 年，辽宁的技术引进经费支出处于较高水平，并在 2009 年达到峰值，突破 25 亿元，之后辽宁的技术引进经费大幅回落，超出其他两省不多。2003~2012 年，黑龙江和吉林的技术引进经费变化并不大，始终维持在 5 亿元左右。从购买国内技术经费支出来看，2006 年之前，东北三省在购买国内技术支出上相差不多，均在 5 亿元以下，2006 年以后，黑龙江和吉林维持

之前的国内技术购买经费支出变化不大，但辽宁却经历了飞跃式的增长，2008 年辽宁用于购买国内技术的经费支出已超过 20 亿元，此后虽有所回落，但基本保持在 15 亿元以上，显著多于黑龙江和吉林购买国内技术经费支出。

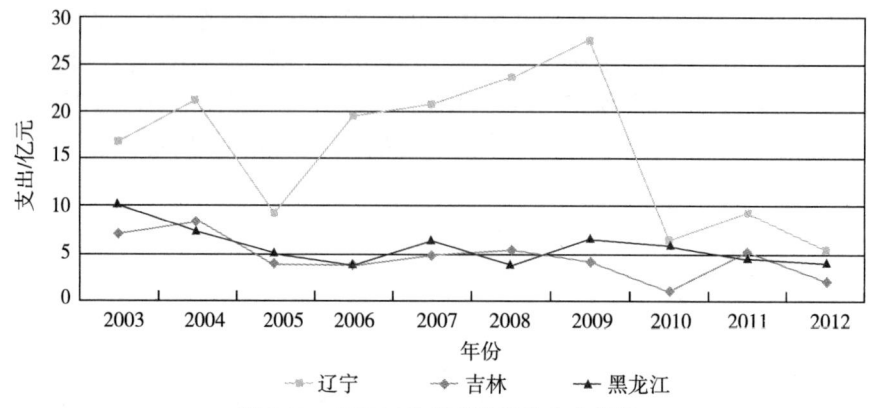

图 3.12　各地区技术引进经费支出情况

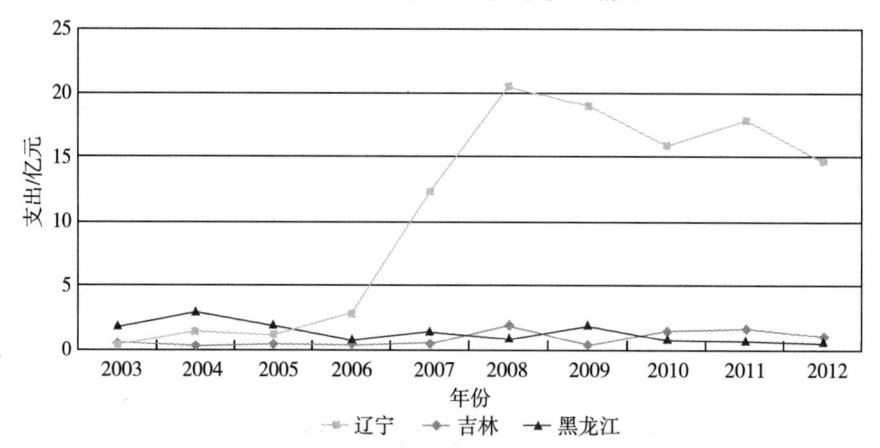

图 3.13　各地区购买国内技术经费支出情况

图 3.14 和图 3.15 分别是各地区消化吸收和技术改造经费支出情况。从消化吸收经费支出情况来看，辽宁在 2003~2012 年增长幅度较大，黑龙江除在 2009 年、2010 年消化吸收经费支出超过 3 亿元以外，其他年份均低于 2 亿元，吉林的消化吸收经费则始终没有超过 1 亿元。总体来说，东北三省的消化吸收经费支出额较低。从技术改造经费支出情况来看，辽宁要显著高于黑龙江和吉林，2005~2011 年，辽宁技术改造经费支出超过 200 亿元，2012 年下降至 150 亿元。黑龙江和吉林的技术改造经费在 2003~2012 年起伏并不大，大多年份在 50 亿~100 亿元波动。

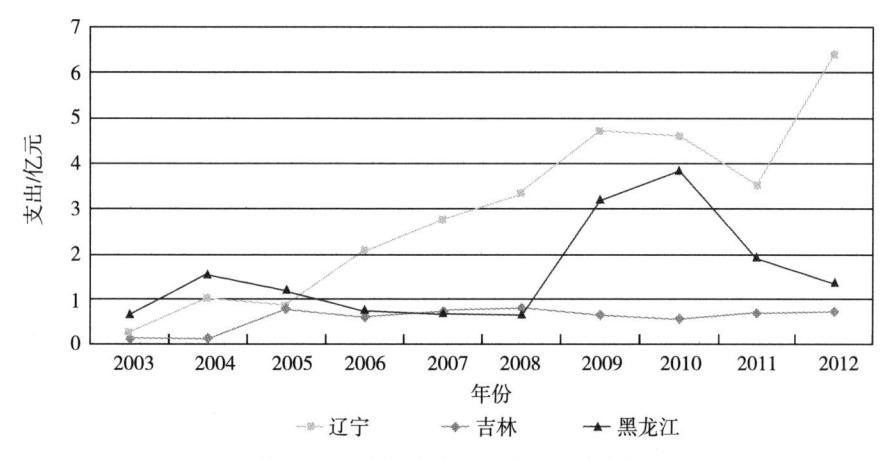

图 3.14　各地区消化吸收经费支出情况

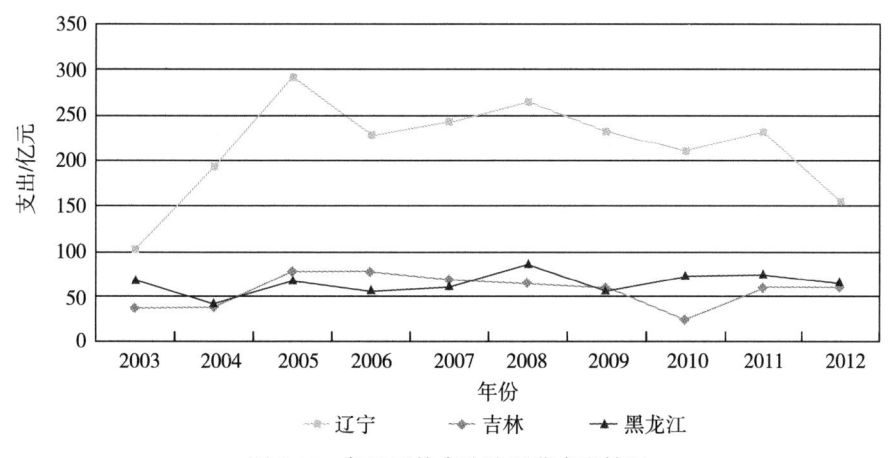

图 3.15　各地区技术改造经费支出情况

3）技术市场交易经费

图 3.16 是 2003 年和 2012 年各地区技术市场成交合同总额。2003 年，北京、上海技术市场成交额最高，其次是广东、江苏、辽宁和重庆等地，但整体水平较低；东北的辽宁、黑龙江和吉林分别排名第 5 名、第 17 名和第 21 名。2012 年，北京技术市场发展最为迅速，成交额达近 2 500 亿元，其次是上海、江苏、广东和陕西，中西部地区也开始发展。东北的辽宁、黑龙江和吉林分别排名第 6 名、第 11 名和第 20 名。可以看出，辽宁技术市场的技术转化情况较好，黑龙江和吉林近几年也得到迅速发展。

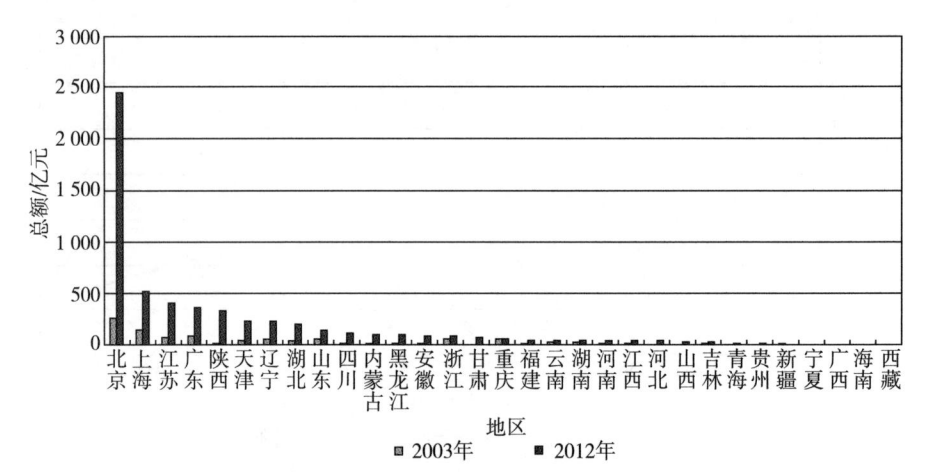

图 3.16　2003 年和 2012 年各地区技术市场成交合同总额

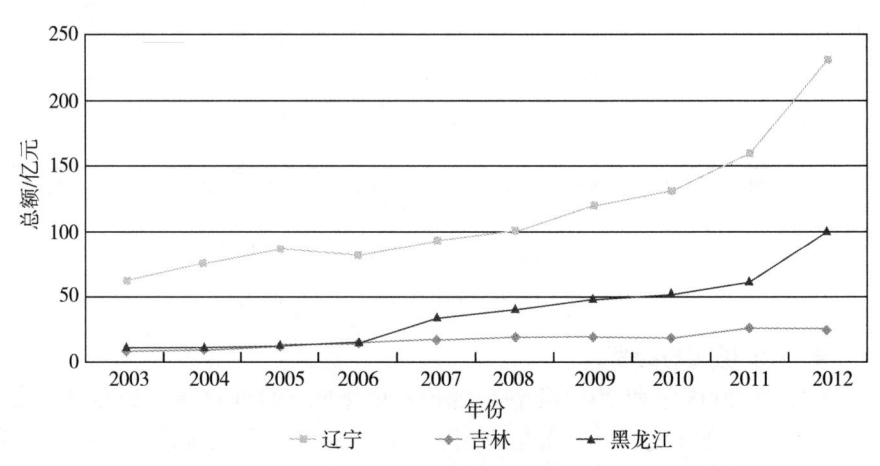

图 3.17 是 2003~2012 年东北三省技术市场成交合同总额变化情况。辽宁技术市场成交合同总额明显高于其他两省,且在 2009 年以后增长速度显著加快。黑龙江和吉林在 2006 年之前技术市场成交合同总额几乎持平,2007 年开始,黑龙江开始以高于吉林的速度发展。可见东北三省中辽宁和黑龙江技术转化较快。

图 3.17　2003~2012 年东北三省技术市场成交合同总额变化情况

3. 东北地区创新产出分布

接下来,从论文、专利、新产品产出、形成国家或行业标准数来考察东北老工业基地创新资源的物力分布。

1) 论文及著作

图 3.18 和图 3.19 分别是 2003 年和 2012 年国外主要检索工具收录中国科技论文按地区分布统计。按论文数量排序。2003 年,北京地区被国外主要检索工具

收录的科技论文数量最多，超过 20 000 篇。其次是上海、江苏，但远低于北京。2012 年，北京被国外主要检索工具收录的中国科技论文数量仍然居于首位，江苏增长幅度很大，超过上海排名第 2 位。其次为陕西、浙江、湖北等，但相差已不多。2012 年东北三省中辽宁排名比较靠前，位于第 8 名，黑龙江和吉林分别排在第 12 名、第 13 名。从被国外主要检索工具引用论文数量上来看，东北地区形势较好。

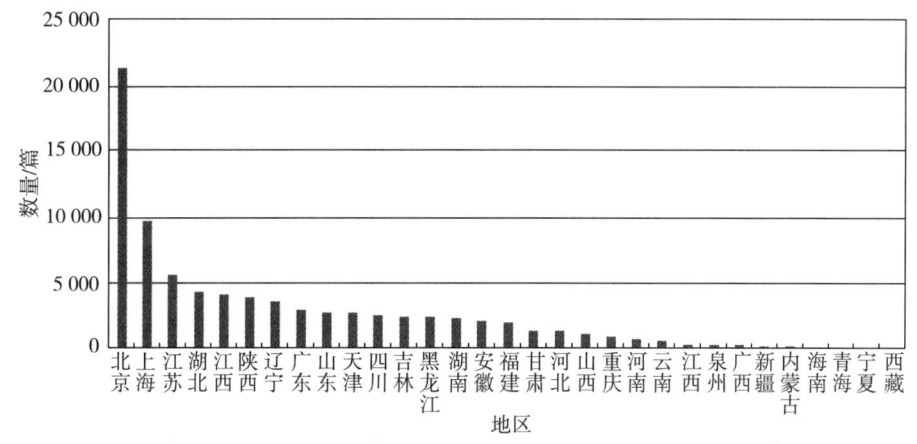

图 3.18　2003 年国外主要检索工具收录中国科技论文按地区分布统计

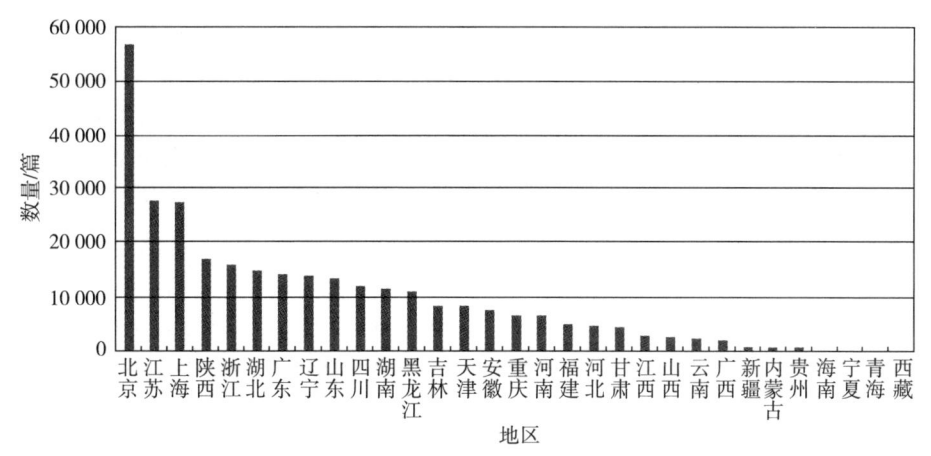

图 3.19　2012 年国外主要检索工具收录中国科技论文按地区分布统计

图 3.20 描述了 2003～2012 年东北三省被国外主要检索工具收录科技论文数量，三个省份在此期间均处于稳步上升态势，且增长速度相差不多，从数量上来说，辽宁高于黑龙江，黑龙江高于吉林。

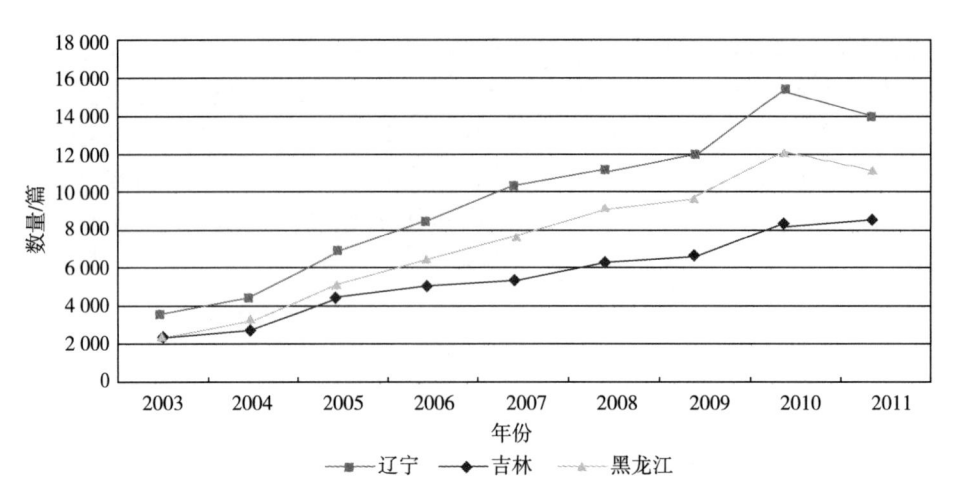

图 3.20　2003~2012 年东北三省被国外主要检索工具收录科技论文数量

接下来，分别分析各地区高校和研究机构的科技论文及著作数。

图 3.21 和图 3.22 分别是 2012 年各地区高校、研究机构发表科技论文数及国外发表比例，按科技论文数进行排序。对高校而言，北京和江苏科技论文数最多，达到 100 000 篇以上，其次是上海、湖北和广东。东北地区的辽宁、黑龙江和吉林分别排第 8 名、第 13 名和第 17 名；从国外发表比例看，论文总数高的地区国外发表比例相对较高，但黑龙江、天津和福建例外，这三个地区的论文主要是国外发表。对研究机构而言，北京一枝独秀，发表科技论文达到 50 000 篇以上，其他地区远低于北京。江苏、上海、山东和广东排名比较靠前。东北的辽宁、吉林和黑龙江分别排第 9 名、第 10 名和第 15 名，东北三省高校的论文创造能力均高于研究机构；从国外发表比例看，各地区差异较大，东北的辽宁和吉林研究机构的国外发表比例均超过 20%，在全国属于较高水平。

图 3.23 和图 3.24 分别是 2012 年各地区高校、研究机构出版科技著作种类。对高校而言，北京出版科技著作最多，达到 5 000 种以上，其次是上海、江苏、辽宁、湖北、广东，均达到 2 000 种以上；东北地区的辽宁排第 4 名，黑龙江和吉林则排第 11 名和第 16 名。对研究机构而言，北京最为突出，达到 1 600 种以上，其他区域远低于北京，除上海以外均在 200 种以下且差异较小。东北的吉林、辽宁和黑龙江分别位于第 12 名、第 15 名和第 17 名，吉林成为东北地区研究机构出版著作最多的地区。

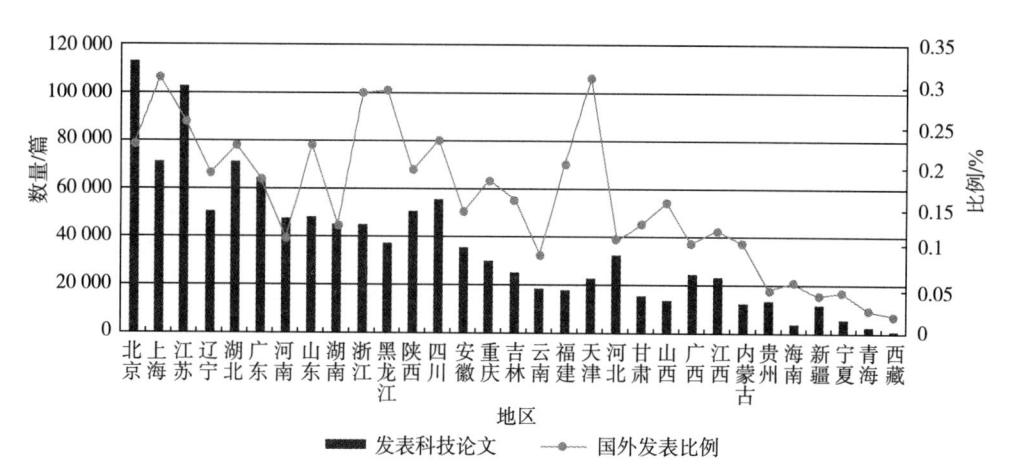

图 3.21　2012 年各地区高校发表科技论文数及国外发表比例

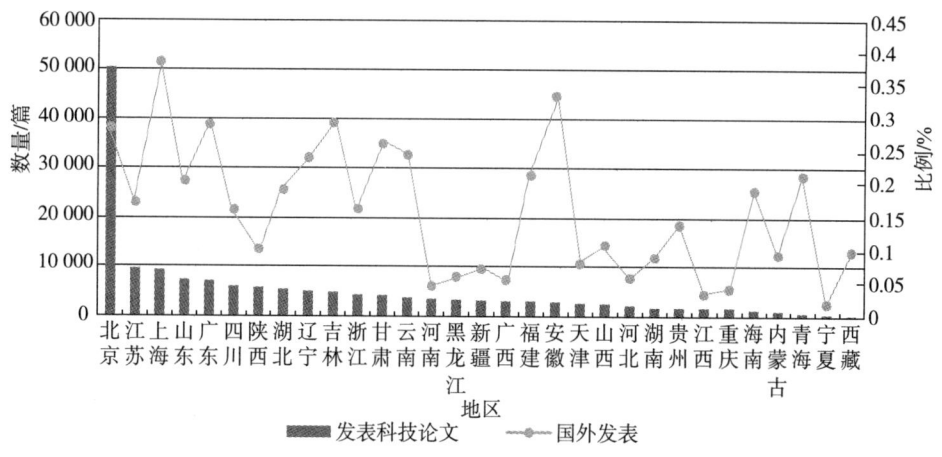

图 3.22　2012 年各地区研究机构发表科技论文数及国外发表比例

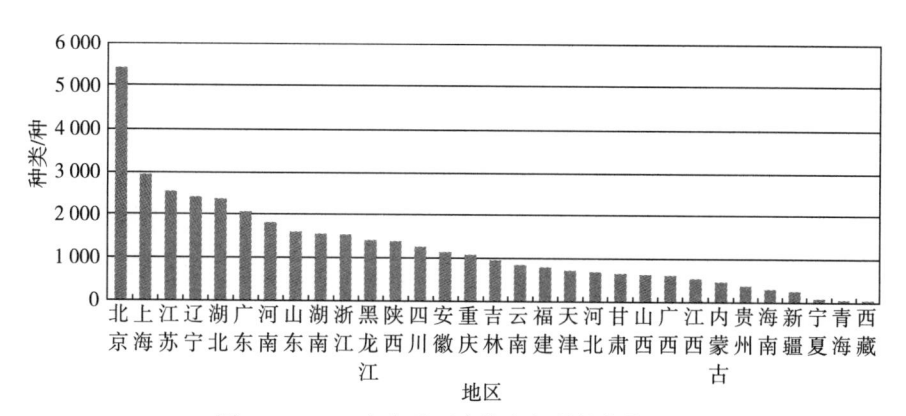

图 3.23　2012 年各地区高校出版科技著作种类

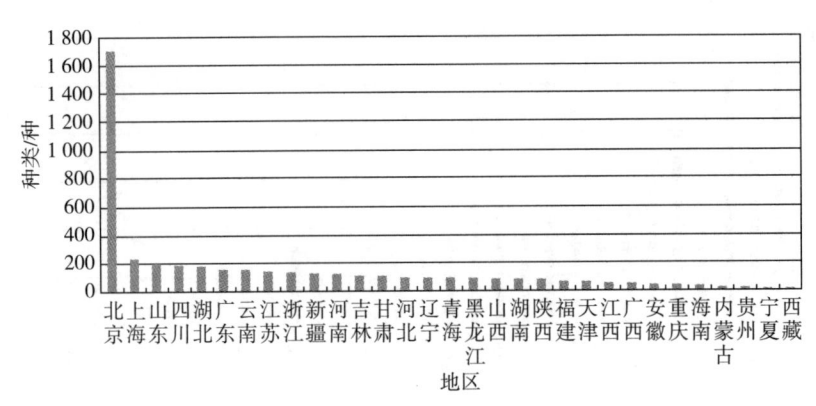

图 3.24 2012 年各地区研究机构出版科技著作种类

2）专利

图 3.25 和图 3.26 分别是 2005 年和 2012 年各地区国内专利申请受理数和授权数。2005 年，广东专利申请受理数和授权数均为最多，受理数超过 50 000 件，其中近一半予以授权。其次为浙江、江苏、上海、山东及北京。东北地区，辽宁、黑龙江、吉林专利申请受理数排名分别为第 7 名、第 16 名、第 18 名，授权数排名分别为第 7 名、第 16 名、第 17 名。2012 年，江苏专利申请受理数和授权数增长幅度最大，受理超过 450 000 件，远远超过位于第二名、第三名的浙江和广东；授权数超过 250 000 件，浙江和广东的专利授权数分列第二名、第三名，均超过 150 000 件。这三个省份无论从专利受理数还是授权数上来说，都远高于全国其他省份。东北三省中，辽宁专利申请受理数和授权数最高，但与南方部分地区还有较大差距。

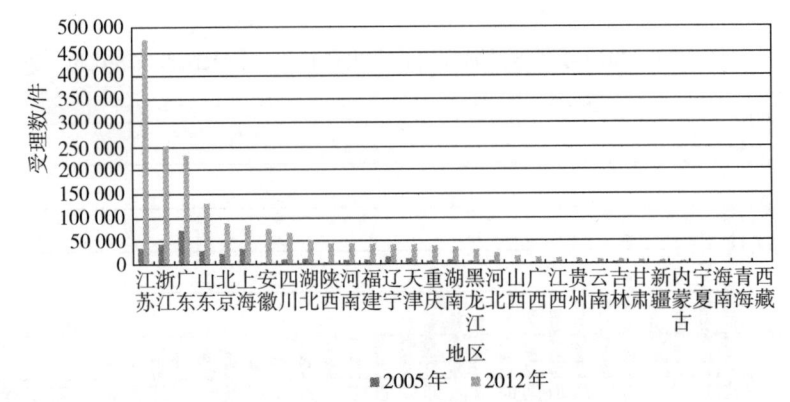

图 3.25 2005 年和 2012 年各地区国内专利申请受理数

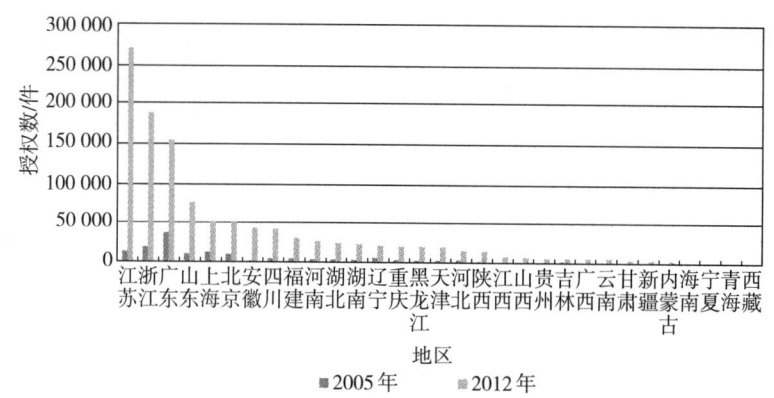

第 3 章　东北老工业基地创新驱动发展的现状分析

图 3.26　2005 年和 2012 年各地区国内专利申请授权数

图 3.27 和图 3.28 分别是 2003~2012 年东北三省国内专利申请受理数和授权数，2009 年以后，辽宁和黑龙江的专利申请受理数和授权数经历了快速增长，2012 年，辽宁专利申请受理数已经超过 40 000 件，黑龙江专利申请数也已超过 30 000 件，两省专利授权数均超过 20 000 件。吉林的专利申请受理数和授权数增长相对缓慢。

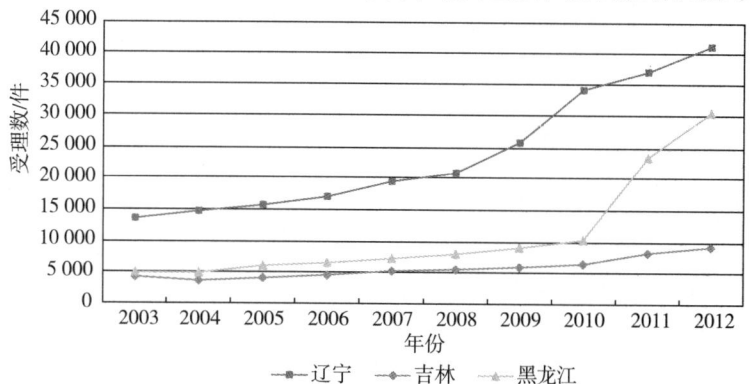

图 3.27　2003~2012 年东北三省国内专利申请受理数

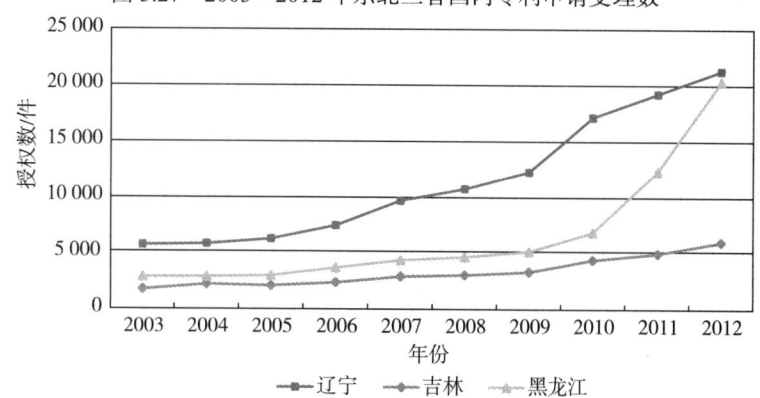

图 3.28　2003~2012 年东北三省国内专利申请授权数

接下来分析不同类型企业发明专利申请数的差异。

图 3.29 是 2005 年和 2011 年东北三省不同类型企业发明专利申请数占比。数据显示，2005 年东北三省国有及国有控股企业发明专利数量最多，辽宁、吉林、黑龙江国有及国有控股企业发明专利申请数量分别为 59%、66%、71%，其次是非国有内资企业，辽宁、吉林、黑龙江所占比例分比为 39%、30%、22%。港澳台商投资企业和外商投资企业的发明专利申请数所占比例相对较小。2011 年东北三省国有及国有控股企业发明专利申请比重降低，非国有内资企业所占比重显著上升，辽宁、吉林、黑龙江非国有内资企业所占比例分别为 42%、48%、34%。港澳台商投资企业和外商投资企业所占比例也有所上升。

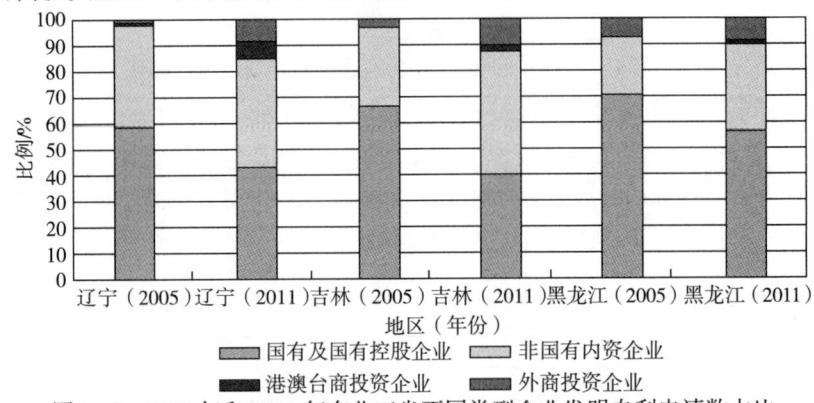

图 3.29　2005 年和 2011 年东北三省不同类型企业发明专利申请数占比

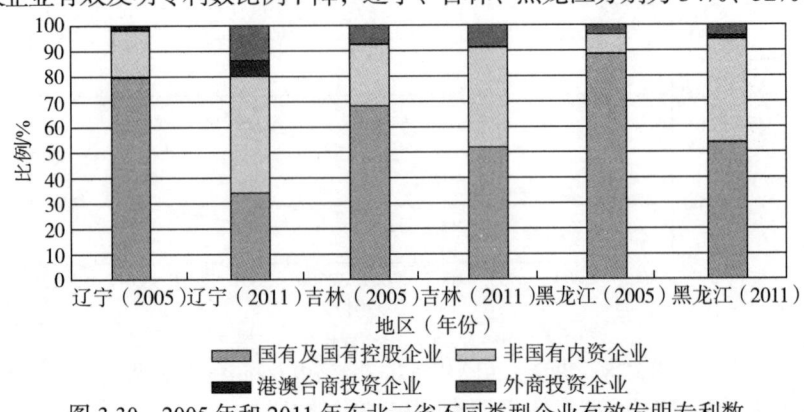

图 3.30 是 2005 年和 2011 年东北三省不同类型企业有效发明专利数占比，2005 年东北三省的有效发明专利主要来自国有及国有控股企业，辽宁、吉林、黑龙江国有及国有控股企业所占比例大约为 80%、69%、90%，其次是非国有内资企业，港澳台商企业和外商投资企业所占比例较低。2011 年，非国有内资企业有效发明专利数量显著上升，所占比例也显著增大，辽宁、吉林、黑龙江非国有内资企业所占比例分别为 47%、40%、41%。外商投资企业有效发明专利数也有所提高。2011 年，东北三省国有及国有控股企业有效发明专利数比例下降，辽宁、吉林、黑龙江分别为 34%、52%、54%。

图 3.30　2005 年和 2011 年东北三省不同类型企业有效发明专利数

第3章 东北老工业基地创新驱动发展的现状分析

3）新产品产出

图 3.31 和图 3.32 分别是 2003 年和 2012 年各地区工业企业新产品开发项目数及新产品销售收入，均按 2003 年三省合同总额大小排序。

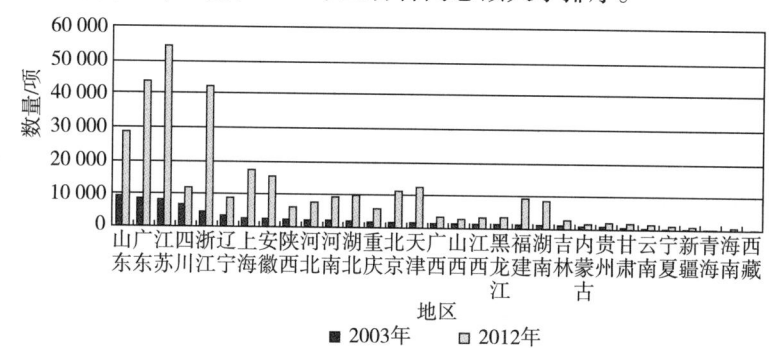

图 3.31 2003 年和 2012 年各地区工业企业新产品开发项目数

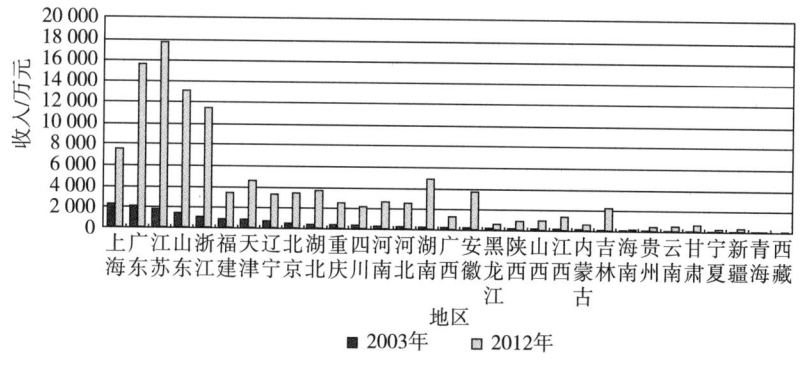

图 3.32 2003 年和 2012 年各地区工业企业新产品销售收入

从新产品开发项目数看，2003 年，山东、广东、江苏、四川新产品开发项目数最多，东北地区的辽宁、吉林和黑龙江分别排第 6 名、第 22 名和第 19 名。2012 年，江苏新产品开发项目数最多，其次是广东、浙江、山东、上海、安徽、天津、四川、北京等地，东北的辽宁、吉林和黑龙江分别排第 13 名、第 18 名和第 22 名。可以看出，在新产品开发方面，辽宁和黑龙江排名均有所下降，吉林则有所上升。

从新产品销售收入看，2003 年，各地区高技术产业新产品销售收入差异较小，上海、广东、江苏、山东和浙江排在前列，东北的辽宁、黑龙江和吉林分别排第 8 名、第 18 名和第 23 名。2012 年，江苏、广东和山东工业企业新产品销售收入大幅增长，其次是浙江、上海、湖南、天津等地，东北地区的辽宁、黑龙江和吉林分别排第 12 名、第 16 名和第 24 名，可以看出，东北三省工业企业新产品销售收入还远落后于东部沿海发达地区。

3.1.2 东北地区优势创新资源梳理

本部分主要从创新活动实施的各类载体和平台方面,梳理东北地区的优势创新资源。

东北地区拥有丰富的科研资源,除了哈尔滨工业大学、吉林大学、大连理工大学、东北大学等高等院校外,还拥有诸多大型的科研院所。在中国科学院下属的 65 家境外研究单位中,东北地区占 8 家。表 3.1 统计了东北地区主要科研院所及其优势领域。中国科学院大连化学物理研究所、中国科学院沈阳金属研究所、中国科学院沈阳应用生态研究所、中国科学院沈阳自动化研究所、中国科学院长春光学精密机械与物理研究所、中国科学院长春应用化学研究所、中国科学院东北地理与农业生态研究所、中国科学院东北地理与农业生态研究所农业技术中心 8 家研究所优势领域遍布化学、物理、材料、农业、机械、环境等各个领域。

表 3.1 东北地区主要科研院所及其优势领域

科研院所	优势领域
中国科学院大连化学物理研究所	基础研究与应用研究并重,应用研究和技术转化相结合,以任务带学科为主要特色的综合性研究所。重点学科领域为催化化学、工程化学、化学激光和分子反应动力学及近代分析化学和生物技术
中国科学院沈阳金属研究所	金属研究所是涵盖材料基础研究、应用研究和工程化研究的综合型研究所,金属研究所以高性能金属材料、新型无机非金属材料和先进复合材料等为主要研究对象。主要学科方向和研究领域包括纳米尺度下超高性能材料的设计与制备、耐苛刻环境超级结构材料、金属材料失效机理与防护技术、材料制备加工技术、基于计算的材料与工艺设计、新型能源材料与生物材料等
中国科学院沈阳应用生态研究所	围绕国家农业、林业可持续发展、生态与环境建设中急需解决的重大问题和应用生态学的发展需要,中国科学院沈阳应用生态研究所在森林生态与林业生态工程、土壤生态与农业生态工程、污染生态与环境生态工程领域开展基础性、战略性和前瞻性研究,丰富和发展森林生态学、农田生态学和污染生态学的基础理论,为我国主要退化生态系统恢复与重建,改善生态与环境,保障食物安全提供科学依据与关键技术
中国科学院沈阳自动化研究所	在先进制造和智能机器、机器人学应用基础研究、工业机器人产业化、水下智能装备及系统、特种机器人、工业数字化控制系统、无线传感与通信技术、新型光电系统、大型数字化装备及控制系统等研究与开发方面取得大批成果,形成技术领先优势
中国科学院长春光学精密机械与物理研究所	是新中国最早开展光学学科、机械学科、光学工程技术及发光学研究的研究所,主要从事发光学、应用光学、光学工程、精密机械与仪器的研发生产
中国科学院长春应用化学研究所	聚焦资源与环境、先进材料和普惠健康三大领域;开发稀土、二氧化碳、生物质、水四类资源;发展先进结构、先进复合、先进功能、先进能源、环境友好五类材料;开拓疾病早期诊断与防治、生物医用高分子两个方向。简称"311"工程
中国科学院东北地理与农业生态研究所	重点开展农业生态、湿地生态、遥感与地理信息系统、环境科学与技术、区域发展等学科领域的研究
中国科学院东北地理与农业生态研究所农业技术中心	中国科学院东北地理与农业生态研究所农业技术中心重点开展黑土农田地力提升及其关键技术;通过分子设计以及分子育种与常规育种相结合培育大豆新品种,为保障我国食用油和植物性蛋白供给提供科技支撑,重点开展大豆重要性状形成机理与分子育种的科研工作。根据研究所的发展战略把农业技术中心建成具有国际先进水平的东北区域农业研究中心;建成特色鲜明的农业生态学及作物分子遗传学的人才培养基地

资料来源:中国科学院官方网站

东北地区依托重点高校及科研院所，申请建立了诸多国家重点实验室。这些国家重点实验室作为东北老工业基地科技创新体系的重要组成部分，是组织高水平基础研究和应用研究、聚集和培养优秀科技人才、开展高水平学术交流的重要基地，具体如表3.2所示。

表3.2 东北地区主要国家重点实验室

国家重点实验室	学科	主管部门	地区
现代焊接生产技术国家重点实验室	工程	哈尔滨工业大学	黑龙江
兽医生物技术国家重点实验室	生命	中国农业科学院哈尔滨兽医研究所	黑龙江
黑龙江省生物医药工程省部共建实验室	生命	哈尔滨医科大学	黑龙江
机器人技术与系统国家重点实验室	工程	哈尔滨工业大学	黑龙江
城市水资源与水环境国家重点实验室	地学	哈尔滨工业大学	黑龙江
超硬材料国家重点实验室	材料	吉林大学	吉林
汽车动态模拟国家重点实验室	工程	吉林大学	吉林
高分子物理与化学国家重点实验室	化学	中国科学院化学研究所、中国科学院长春应用化学研究所	吉林
电分析化学国家重点实验室	化学	中国科学院长春应用化学研究所	吉林
理论化学计算国家重点实验室	化学	吉林大学	吉林
无机合成与制备化学国家重点实验室	化学	吉林大学	吉林
集成光电子学国家重点联合实验室	信息	吉林大学、清华大学、中国科学院半导体研究所	吉林
应用光学国家重点实验室	信息	中国科学院长春光学精密机械及物理研究所	吉林
吉林省生态恢复与生态管理省部共建实验室	地学	中国科学院东北地理与农业生态研究所、吉林农业大学、东北师范大学	吉林
超分子结构与材料国家重点实验室	化学	吉林大学	吉林
稀土资源利用国家重点实验室	化学	中国科学院长春应用化学研究所	吉林
三束材料改性国家重点实验室	材料	复旦大学、大连理工大学	辽宁
金属腐蚀与防护国家重点实验室	材料	中国科学院金属研究所	辽宁
轧制技术及连轧自动化国家重点实验室	工程	东北大学	辽宁
工业装备结构分析国家重点实验室	工程	大连理工大学	辽宁
海岸和近海工程国家重点实验室	工程	大连理工大学	辽宁
分子反应动力学国家重点实验室	化学	中国科学院化学研究所、中国科学院大连化学物理研究所	辽宁
催化基础国家重点实验室	化学	中国科学院大连化学物理研究所	辽宁
精细化工国家重点实验室	化学	大连理工大学	辽宁
沈阳材料科学国家（联合）实验室	其他	中国科学院金属研究所	辽宁
中国科学院陆地生态过程重点实验室	地学	中国科学院沈阳应用生态研究所	辽宁
辽宁省材料电磁过程省部共建实验室	材料	东北大学	辽宁
机器人学国家重点实验室	信息	中国科学院沈阳自动化研究所	辽宁

资料来源：国家科技基础条件平台中国科技资源共享网

除了国家重点实验室，东北地区也依托企业、转制科研机构、科研院所或高校等设立了诸多研究开发实体,建立了国家工程实验室。截至 2012 年年底,东北地区主要有 11 家国家工程实验室,如表 3.3 所示。

表 3.3　东北地区主要国家工程实验室

国家工程实验室名称	主要依托单位
甲醇制烯烃国家工程实验室	中国科学院大连化学物理研究所
艾滋病疫苗国家工程实验室	吉林大学
药物基因和蛋白筛选国家工程实验室	东北师范大学
特高压变电技术国家工程实验室	沈阳变压器研究所股份有限公司、特变电工沈阳变压器集团有限公司
高速列车系统集成国家工程实验室(北方)	长春轨道客车股份有限公司
燃煤污染物减排国家工程实验室	哈尔滨工业大学
真空技术装备国家工程实验室	中国科学院沈阳科学仪器研制中心有限公司
粮食储运国家工程实验室	国家粮食局科学研究院、河南工业大学、吉林大学和南京财经大学
玉米国家工程实验室(沈阳)	辽宁省农业科学院
玉米国家工程实验室(长春)	吉林省农业科学院
玉米国家工程实验室(哈尔滨)	黑龙江省农业科学院

作为国家科技发展计划的重要组成部分,国家工程技术研究中心主要依托于行业、领域科技实力雄厚的重点科研机构、科技型企业或高校,拥有国内一流的工程技术研究开发、设计和试验的专业人才队伍,具有较完备的工程技术综合配套试验条件,能够提供多种综合性服务,与相关企业联系紧密,同时具有自我良性循环发展机制的科研开发实体。近年来,东北地区共建设和发展了 21 家国家工程技术中心,分布于农业、制造业、能源与交通、材料、轻纺医药卫生等多个领域,具体如表 3.4 所示。

表 3.4　东北地区主要国家工程技术研究中心

国家工程技术研究中心	领域分类
国家大豆工程技术研究中心吉林研究中心	农业
国家地球物理探测仪器工程技术研究中心	制造业
国家光栅制造与应用工程技术研究中心	制造业
国家玉米工程技术研究中心	农业
国家催化工程技术研究中心	材料
国家大型轴承工程技术研究中心	制造业
国家电站燃烧工程技术研究中心	能源与交通
国家风电传动及控制工程技术研究中心	能源与交通
国家金融机具工程技术研究中心	制造业

续表

国家工程技术研究中心	领域分类
国家金属腐蚀控制工程技术研究中心	材料
国家数字化医学影像设备工程技术研究中心	轻纺医药卫生
国家稀土永磁电机工程技术研究中心	制造业
国家冶金自动化工程技术研究中心	制造业
国家真空仪器装置工程技术研究中心	制造业
国家中成药工程技术研究中心	轻纺医药卫生
国家大豆工程技术研究中心	农业
国家防爆电机工程技术研究中心	制造业
国家乳业工程技术研究中心	农业
国家树脂基复合材料工程技术研究中心	材料
国家水力发电工程技术研究中心	能源与交通
国家杂粮工程技术研究中心	农业

资料来源：国家工程技术研究中心信息网

此外，截止到2013年，全国887家国家级企业技术中心中，东北地区共有56家被认定为国家级企业技术中心，分布于装备制造、生物医药、汽车、航空航天、船舶等诸多领域，具体如表3.5所示。

表3.5　东北地区主要国家级企业技术中心

企业技术中心名称	企业技术中心名称
东软集团股份有限公司技术中心	大连冰山集团有限公司技术中心
沈阳飞机工业（集团）有限公司技术中心	中国北车集团大连机车车辆有限公司技术中心
沈阳机床股份有限公司技术中心	大化集团有限责任公司技术中心
沈阳鼓风机集团股份有限公司技术中心	大连华锐重工集团股份有限公司技术中心
辽宁银珠化纺集团有限公司技术中心	大连机床集团有限责任公司技术中心
北方华锦化工工业集团有限公司技术中心	路明科技集团有限公司技术中心
东北制药集团股份有限公司技术中心	吉林化纤集团有限责任公司技术中心
鞍山钢铁集团公司技术中心	吉林敖东药业集团股份有限公司技术中心
本溪钢铁（集团）有限责任公司技术中心	中钢集团吉林铁合金股份有限公司技术中心
沈阳黎明航空发动机(集团)有限责任公司技术中心	中国第一汽车股份有限公司技术中心
渤海船舶重工有限责任公司技术中心	吉林龙鼎电气股份有限公司技术中心
沈阳重型机械集团有限责任公司技术中心	修正药业集团股份有限公司技术中心
沈阳矿山机械(集团)有限责任公司技术中心	通化东宝药业股份有限公司技术中心
辽宁曙光汽车集团股份有限公司技术中心	吉林华微电子股份有限公司技术中心
东北特殊钢集团有限责任公司技术中心	通化万通药业股份有限公司技术中心

续表

企业技术中心名称	企业技术中心名称
沈阳新松机器人自动化股份有限公司技术中心	吉林东光集团有限公司技术中心
沈阳华晨金杯汽车有限公司技术中心	中国第一重型机械集团公司技术中心
金德管业集团有限公司技术中心	哈尔滨飞机工业集团有限责任公司技术中心
辽宁恒星精细化工有限公司技术中心	哈药集团有限公司技术中心
三一重型装备有限公司技术中心	哈尔滨轴承集团公司技术中心
中冶北方工程技术有限公司技术中心	哈尔滨电气集团公司技术中心
辽宁奥克化学股份有限公司技术中心	齐齐哈尔二机床（集团）有限责任公司技术中心
辽宁忠旺集团有限公司技术中心	东北轻合金有限责任公司技术中心
大连盛道集团有限公司技术中心	齐齐哈尔轨道交通装备有限责任公司技术中心
大连大显集团有限公司技术中心	齐重数控装备股份有限公司技术中心
瓦房店轴承集团有限责任公司技术中心	哈尔滨九州电气股份有限公司技术中心
大连船舶重工集团有限公司技术中心	哈尔滨东安发动机（集团）有限公司技术中心
中国华录集团有限公司技术中心	哈尔滨鑫达企业集团有限责任公司技术中心

截至2012年，东北地区共有13个国家级高新技术开发区，其中辽宁省有6个，吉林省有4个，黑龙江省有3个。2012年，东北地区各高新技术开发区基本情况如表3.6所示。从企业数和从业人员上看，大连高新技术开发区表现最为突出；从总收入和净利润指标上看，长春高新技术开发区表现最为突出；从R&D经费内部支出指标看，大连和鞍山高新技术开发区投入最高。其次是哈尔滨、大庆等地。

表3.6 东北地区国家级高新技术开发区基本情况

地区	企业数/个	从业人员/人	总收入/千元	净利润/千元	R&D经费支出/千元
沈阳	766	159 368	228 805 619	14 395 780	1 728 378
大连	2 076	213 516	207 219 856	14 974 307	4 264 326
鞍山	543	86 484	173 638 150	15 677 946	4 463 528
营口	290	43 413	43 611 171	2 376 609	36 357
辽阳	27	29 087	78 775 903	2 407 147	425 341
本溪	105	21 918	16 328 509	1 192 164	104 685
长春	723	148 864	408 109 652	49 403 323	724 698
吉林	527	105 525	104 908 334	-955 174	968 743
延吉	175	13 500	20 633 443	1 078 787	25 456
长春净月	720	89 311	82 112 558	11 006 497	62 028
哈尔滨	276	141 514	173 176 011	7 073 972	3 052 167
大庆	460	105 757	178 935 590	12 078 505	2 738 859
齐齐哈尔	38	27 767	20 384 790	923 000	555 062

资料来源：《中国火炬统计年鉴》（2013年）

3.2 东北老工业基地创新驱动振兴主体条件分析

本节主要以工业企业为分析对象，考察东北老工业基地创新驱动振兴的主体条件，剖析东北地区发展的制约瓶颈和机制障碍。本部分数据主要来源于 2013 年《工业企业科技活动统计年鉴》和《中国科技统计年鉴》，统计口径为规模以上工业企业，即年主营业务收入在 2 000 万元及以上的工业企业。

本部分主要从企业规模和企业性质两个维度分析东北地区工业企业在创新驱动发展中的作用（汪锦等，2012）。根据年鉴统计标准把规模以上工业企业分为大型、中型和小型企业。其中，大型企业是指年末从业人员在 1 000 人及以上、年主营业务收入在 4 亿元及以上的企业，中型企业是指年末从业人员介于 300～1 000 人且年主营业务收入介于 2 000 万～4 亿元的工业企业；其他的为小型企业。对于企业性质，年鉴按企业登记注册类型分为内资企业、港澳台商投资企业及外商投资企业，另外单独统计了国有及国有控股企业。由于东北地区的港澳台商投资企业及外商投资企业较少，且国有及国有控股企业是东北地区经济发展的主要支撑力量，因此重点分析国有及国有控股企业的地位及作用。

具体而言，本部分主要从工业企业的数量分布、创新投入、技术获取和改造分析、创新绩效及政策支持力度等方面，通过与全国其他省区对比来反映东北地区不同类型企业的发展现状，阐明东北老工业基地创新驱动发展的主体条件。

3.2.1 东北地区工业企业数量分布分析

作为老工业基地，工业企业是东北地区产业发展的重要载体和基础，企业数量可以反映一个地区工业活动的活跃程度。

如图 3.33 所示，从企业总数上看，2012 年辽宁工业企业总数达到 17 347 家，位于全国第 6 名，仅次于江苏、广东、山东、浙江和河南；吉林和黑龙江分别位于全国第 16 名和第 21 名，数量分别为 5 286 家和 3 911 家，工业活跃程度稍弱。就企业规模而言，全国各地区都是大型企业数最少；中型企业数次之；小型企业最多，超过总数的 80%。

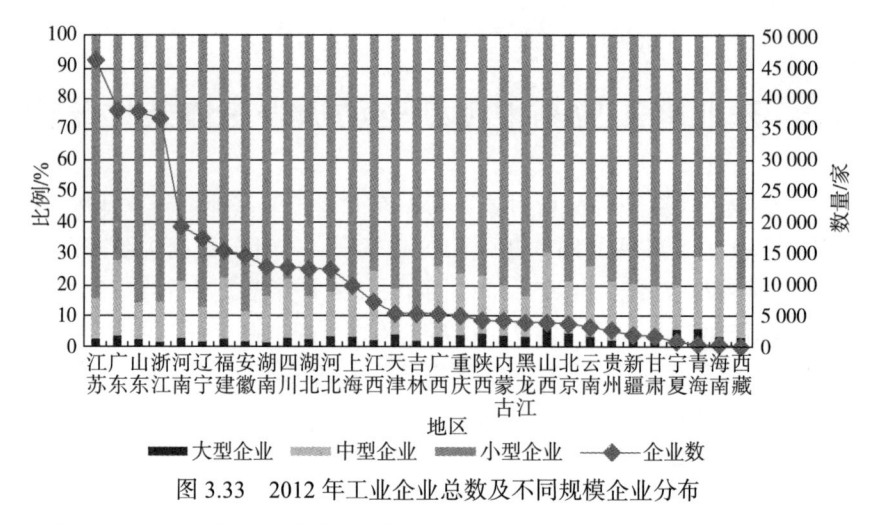

图 3.33 2012 年工业企业总数及不同规模企业分布

从国有及国有控股工业企业的数量和比例看，各个地区国有及国有控股工业企业的数量并不多，所占比例也较低。其中，东北三省的国有及国有控股企业相对更少，辽宁、黑龙江和吉林排在全国第 14 名、第 24 名、第 27 名，所占工业企业的比例仅为 4%、12%和 6%，如图 3.34 所示。

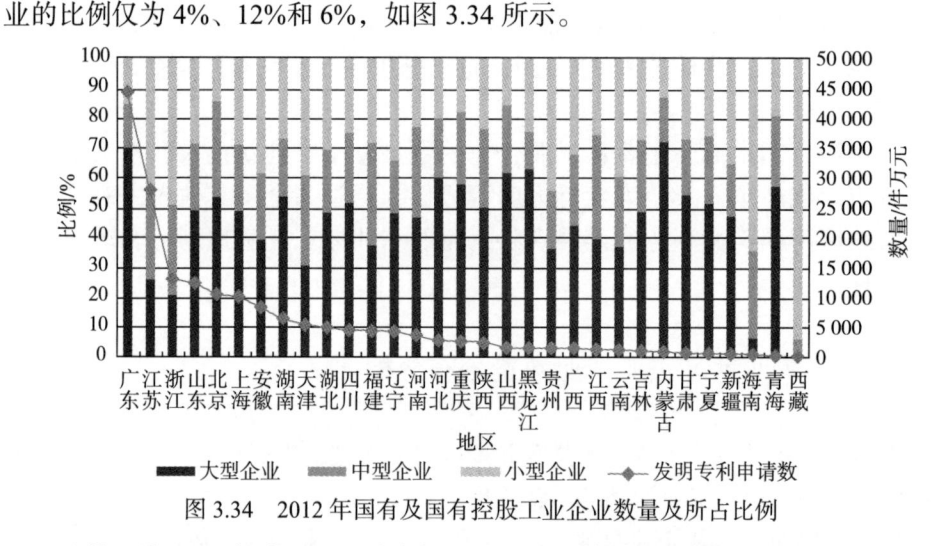

图 3.34 2012 年国有及国有控股工业企业数量及所占比例

此外，从 2012 年有 R&D 活动的工业企业的数量和比例看以看出，江苏和浙江有 R&D 活动的企业最多，且占工业总数的比例较高，达到 25%左右。东北三省有 R&D 活动的企业数则很少，辽宁、黑龙江和吉林分别排在全国第 13 名、第 20 名和第 22 名，且仅占其所有工业企业数量的 5%、8%和 4%，大多数工业企业都没有 R&D 活动，如图 3.35 所示。

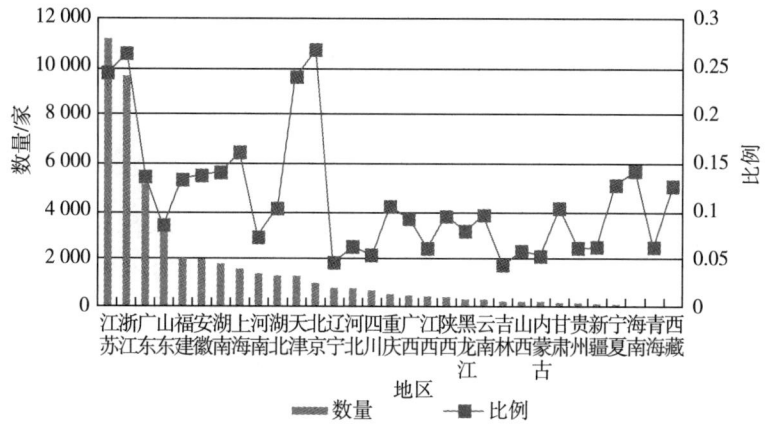

图 3.35　2012 年有 R&D 活动的工业企业数量及所占比例

总之,东北地区以辽宁为代表,呈现出工业企业总量多、小型企业比例高、国有企业数量和比例低的特点。同时,东北地区有 R&D 活动的工业企业较少,且主要集中为小型企业和非国有及国有控股企业,大型企业和国有及国有控股中有 R&D 活动的数量还较少。

3.2.2　东北地区工业企业创新投入分析

人力和财力资源投入是企业从事创新活动的基本条件和物质基础,这里通过分析工业企业 R&D 人员、R&D 内部经费以及外部经费支出,探讨东北地区工业企业创新投入的基本情况。

1. 东北地区 R&D 人员

根据图 3.36,广东、江苏、山东和浙江的工业企业 R&D 人员数最多,辽宁、黑龙江和吉林分别位于全国第 12 名、第 17 名和第 21 名,属于比较靠后的位置。东北三省大型企业的 R&D 人员数基本占到 70%,中型和小型企业比例相当,与排名靠前的全国 R&D 人员投入较多的省市相比,东北三省大型企业 R&D 人员所占比例较高,而中型和小型企业 R&D 人员偏少。

根据图 3.37,从企业性质看,东北地区国有及国有控股企业的 R&D 人员数较多,与全部工业企业相比在全国排名有所提升,辽宁、黑龙江和吉林分别位于全国第 6 名、第 13 名和第 18 名,而且辽宁、黑龙江、吉林的国有及国有控股企业 R&D 人员所占比例较高,分别为 58%、81% 和 66%,这说明东北地区 R&D 人力资源主要集中在国有及国有控股企业中,且在全国也不处于劣势。

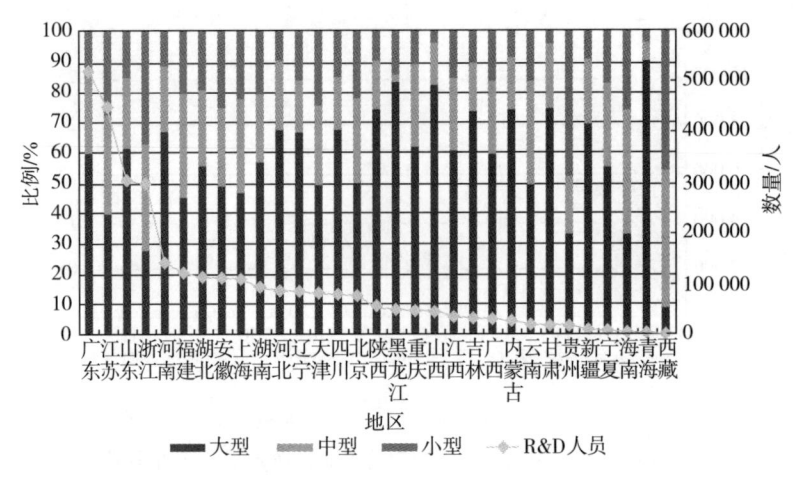

图 3.36　2012 年工业企业 R&D 人员及不同规模企业分布

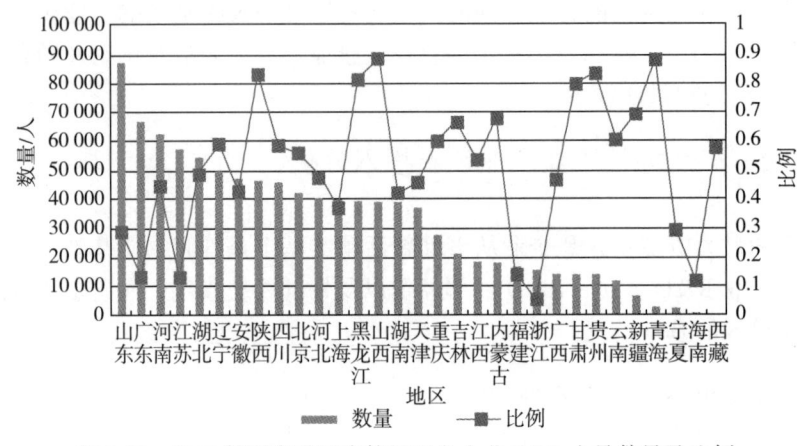

图 3.37　2012 年国有及国有控股工业企业 R&D 人员数量及比例

2. 东北地区 R&D 经费内部支出

R&D 经费内部支出是指企业当年用于内部开展 R&D 活动的实际支出。从 R&D 经费内部支出看，江苏、广东和山东工业企业的 R&D 经费内部支出最多，东北三省的 R&D 经费内部支出差异较大，辽宁、黑龙江和吉林分别位于全国第 6 名、第 20 名和第 23 名，辽宁的 R&D 经费内部支出处于全国比较靠前的位置，如图 3.38 所示。

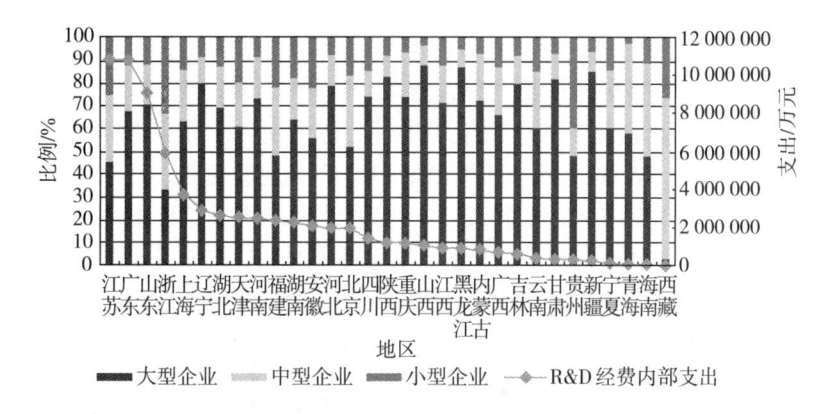

第 3 章 东北老工业基地创新驱动发展的现状分析

图 3.38 2012 年工业企业 R&D 经费内部支出及不同规模企业分布

从企业规模看，东北三省大型企业的 R&D 经费内部支出占到 80%以上，中型企业稍高于小型企业。与排名靠前的江苏、广东、山东、浙江、上海等地相比，东北三省大型企业 R&D 经费所占比例偏高，中型企业所占比例相对较低。

从企业性质看，辽宁的国有及国有控股企业 R&D 经费支出在全国排第二名，规模上占据一定优势，但从比例上看，辽宁国有及国有控股企业占到 70%，排名靠前的地区国有及国有控股企业 R&D 经费支出所占比例均低于辽宁，这表明非国有企业，尤其是私营企业 R&D 投入相对不足。黑龙江和吉林在国有及国有控股企业 R&D 投入方面在全国的排名也有一定提升，但二者也存在国有及国有控股企业所占比例过高的问题，尤其是黑龙江占到 83%，区域产业创新资源几乎全部集聚在国有及国有控股企业手上，如图 3.39 所示。

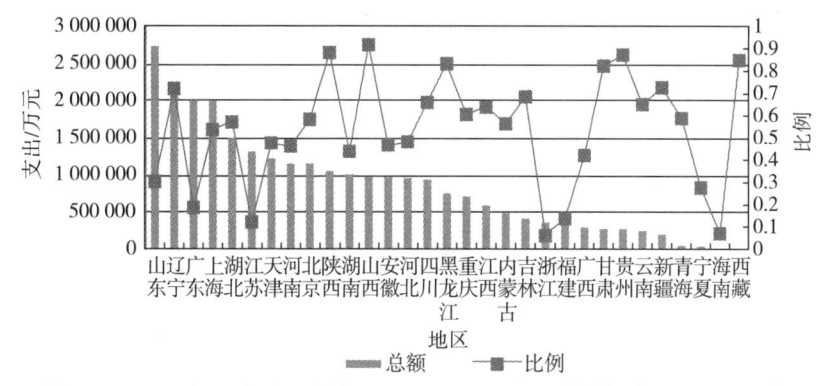

图 3.39 2012 年国有及国有控股工业企业 R&D 经费内部支出总额及比例

3. 东北地区 R&D 经费外部支出

R&D 经费外部支出是指企业委托外单位或与外单位合作进行 R&D 活动而拨

给对方的经费，反映的是企业利用外部创新资源进行的经费投入。

从 R&D 经费外部支出总量上看，山东、广东、上海、江苏、浙江是佼佼者，这些地区的工业企业倾向于与外部组织进行合作创新。东北三省的情况则有所变化，吉林工业企业 R&D 经费外部支出最多，其次是黑龙江，辽宁反而在最后，三者分别排第 8 名、第 13 名和第 15 名。除了北京外，其他区域大多是大型企业的 R&D 经费外部支出比例较高，东北地区也不例外，东北三省大型企业均占 80%以上，中型和小型企业较少利用外部组织资源来合作创新，如图 3.40 所示。

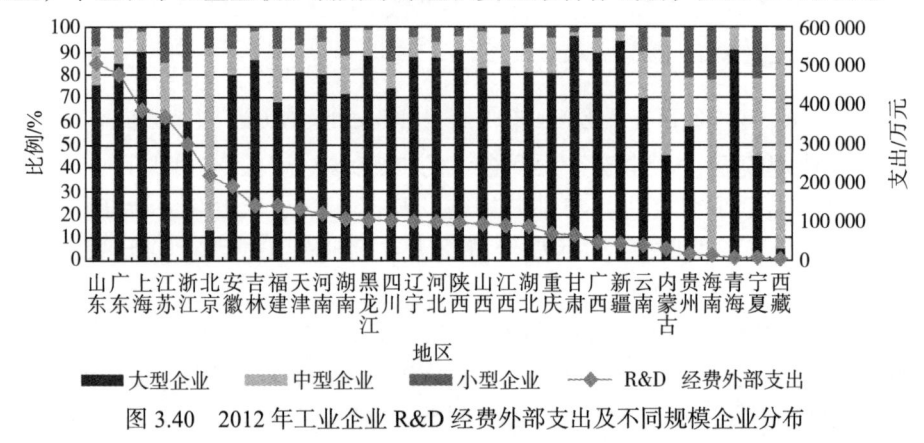

图 3.40　2012 年工业企业 R&D 经费外部支出及不同规模企业分布

从企业性质看，东北地区的国有及国有控股企业显然是 R&D 经费外部支出的主力，吉林、黑龙江和辽宁国有及国有控股企业 R&D 经费外部支出分别排名全国第 6 名、第 7 名和第 10 名，且占所有 R&D 经费外部支出的 80%以上，黑龙江甚至达到 95%。但从 R&D 经费外部支出最多的上海、北京来看，其国有及国有控股企业所占比例也均在 75%以上，山东、江苏、广东、浙江等地比较特殊，更多的是非国有企业从事 R&D 经费外部支出活动，如图 3.41 所示。

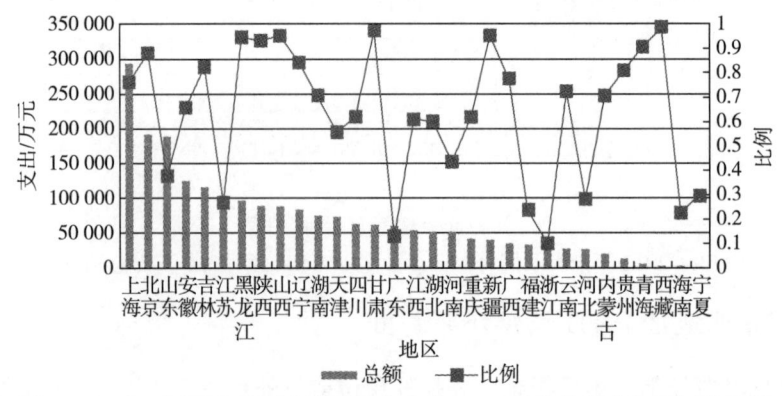

图 3.41　2012 年国有及国有控股工业企业 R&D 经费外部支出总额及比例

此外，虽然工业企业 R&D 经费外部支出的对象可以是其他企业、高校或研究机构，但大多区域对高校和研究机构支出更多，只有广东和上海等少数区域更多地对企业进行 R&D 经费外部支出。东北地区中，吉林、黑龙江和辽宁对高校和研究机构进行 R&D 经费外部支出的比例分别为 88%、74%和 59%，只有辽宁的企业之间合作程度较高。

综上，东北地区工业企业创新投入主要呈现出以下特点：辽宁在 R&D 人员和 R&D 经费内部支出方面，比黑龙江和吉林投入规模更大，但东北三省均以大型企业进行 R&D 投入为主，中型和小型企业 R&D 投入较少；东北地区的国有及国有控股企业在 R&D 人员和 R&D 经费投入方面在全国比较突出，且占东北三省的绝大多数。然而，在 R&D 经费外部支出方面，东北三省又呈现另外一些特征，吉林和黑龙江更倾向于利用外部组织创新资源，尤其是与高校与研究机构合作，而辽宁利用其他组织资源较少且与高校和研究机构合作比例较低，但东北三省仍然以大型企业、国有及国有控股企业为主进行 R&D 经费外部支出。

3.2.3 东北地区工业企业技术获取和改造分析

除了直接以 R&D 经费投入进行内部研发外，企业还可以通过技术引进、消化吸收、技术改造进行再创新，这里通过分析企业的技术引进、消化吸收及技术改造经费的投入情况，考察东北地区工业企业的技术获取和改造情况，其中技术引进包括引进外国技术和购买国内技术。

根据图 3.42，从技术获取和改造经费总额看，江苏远远超过其他区域，其次是山东、湖南、广东等，辽宁、黑龙江和吉林分别排全国第 10 名、第 22 名和第 24 名。整体上看，各区域都是技术改造经费最多，其次是技术引进经费，包括引进外国技术和购买国内技术，消化吸收经费投入最少。东北地区，技术改造经费占 90%左右，在技术引进方面，辽宁以购买国内技术为主，黑龙江和吉林则以引进外国技术为主，但东北三省的消化吸收经费明显投入过少。整体上看技术引进、消化吸收与技术改造的比例，辽宁为 1：0.3：8，黑龙江为 1：0.3：13，吉林则为 1：0.2：19。相对于学界认为的 1：10：100 的比例而言，东北地区存在严重的重引进、轻消化吸收和再创新的问题，尤其是消化吸收经费投入太少。

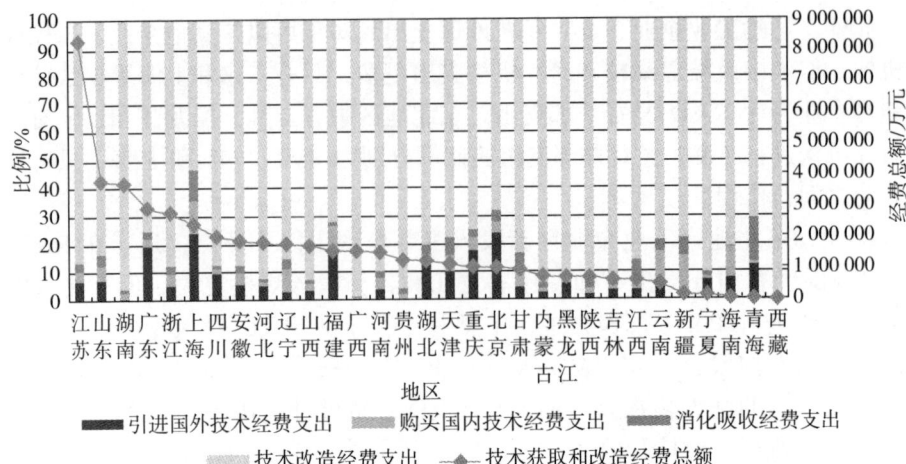

图 3.42　2012年工业企业技术获取和改造经费总额及相对比例

在考察企业规模时发现，技术引进、消化吸收和技术改造均是大型企业占绝对主导的地位。东北地区中，尤其是辽宁的大型企业几乎都占90%左右，黑龙江的大型企业占到80%左右，只有吉林的大型企业比例稍低，而中型企业表现突出。

图 3.43 是 2012 年国有及国有控股企业技术获取和改造经费所占比例，各区域按技术获取和改造经费总额排序。可以看出，江苏的国有及国有控股企业仍排第一名，其次是上海、山东和山西等。辽宁排第 6 名，黑龙江和吉林仍比较靠后。从所占比例可以看出，辽宁的国有及国有控股企业均在70%以上，黑龙江均在80%以上，而吉林有所不同，在购买国内技术和消化吸收经费方面，国有及国有控股企业所占比例较低。

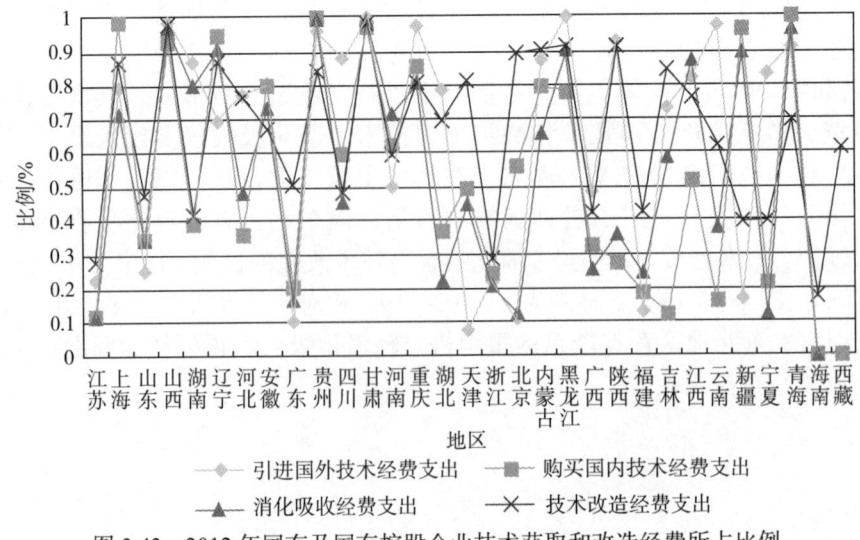

图 3.43　2012年国有及国有控股企业技术获取和改造经费所占比例

综上，在技术获取和改造方面，东北地区工业企业呈现如下特点：**企业整体技术获取和改造在全国并不突出，技术引进、消化吸收和技术改造经费所占比例与全国整体一致，即以技术改造经费为主，但相对而言，仍存在重引进、轻消化吸收再创新的问题，尤其是相对引进而言，消化吸收经费有待提升。东北地区的国有及国有控股企业是技术获取和改造的绝对主导力量。**

3.2.4 东北地区工业企业创新绩效分析

创新绩效是工业企业创新成果的体现，也是创新竞争力的直接表现。这里分别从专利申请、新产品及利润三个层面分析东北地区工业企业的创新绩效。

1. 东北地区工业企业专利申请

由于发明专利质量和应用价值更高，这里主要分析工业企业发明专利申请的情况。由图 3.44 可以看出，从发明专利申请数看，广东和江苏最为突出，东北三省相对比较落后，辽宁、黑龙江和吉林分别排在全国第 13 名、第 19 名和第 24 名。从企业规模看，大型企业虽然在大部分区域仍占主导地位，但中型企业和小企业发明专利申请比例也较高，部分地区甚至超过了大型企业。对东北地区而言，辽宁、黑龙江和吉林大型企业的发明专利申请数所占比例基本在 50%~60%，已经不占绝对的主导地位，中型企业和小型企业也进行了大量的发明专利申请。

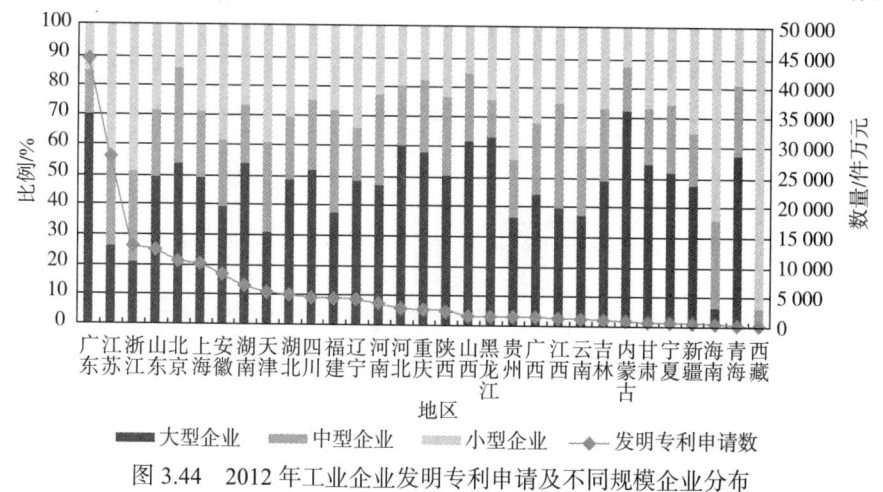

图 3.44 2012 年工业企业发明专利申请及不同规模企业分布

从 2012 年国有及国有控股企业来看，东北地区的发明专利申请并不占优，辽宁、黑龙江和吉林分别排在全国第 10 名、第 18 名和第 24 名，三个省份的国有及国有控股企业发明专利分别占总数的 43%、62% 和 42%，如图 3.45 所示。可以看

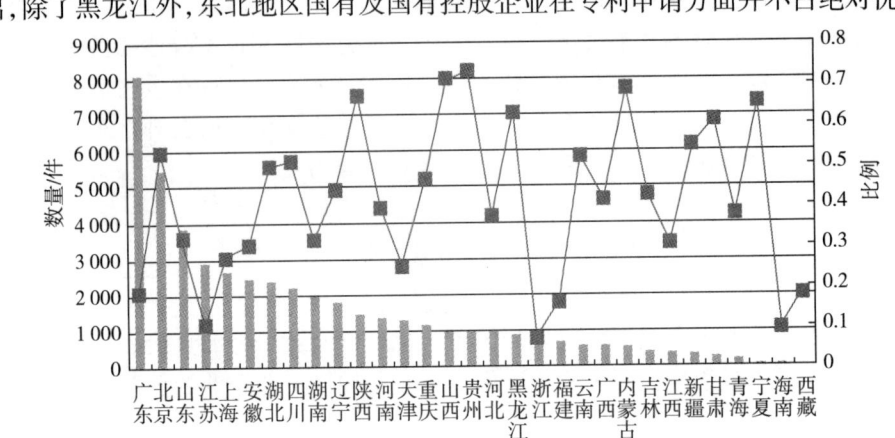

出,除了黑龙江外,东北地区国有及国有控股企业在专利申请方面并不占绝对优势。

图 3.45 2012 年国有及国有控股企业发明专利数量及比例

2. 东北地区工业企业新产品

新产品销售收入能够反映企业的成长性和未来价值。作为东北老工业基地,工业企业新产品销售收入体现了地区总体的工业经济发展活力。

如图 3.46 所示,从工业企业新产品销售收入来看,2012 年辽宁工业企业新产品销售收入为 3 193.6 亿元,位于全国第 12 名;吉林为 2 157.8 亿元,位于全国第 16 名;黑龙江为 565.5 亿元,位于全国第 24 名。就不同规模企业新产品销售收入所占比重而言,各地区基本都以大型工业企业为主,吉林大型工业企业新产品销售收入比重达 90%以上,黑龙江和辽宁大型工业企业新产品销售收入比重也均超过 70%。

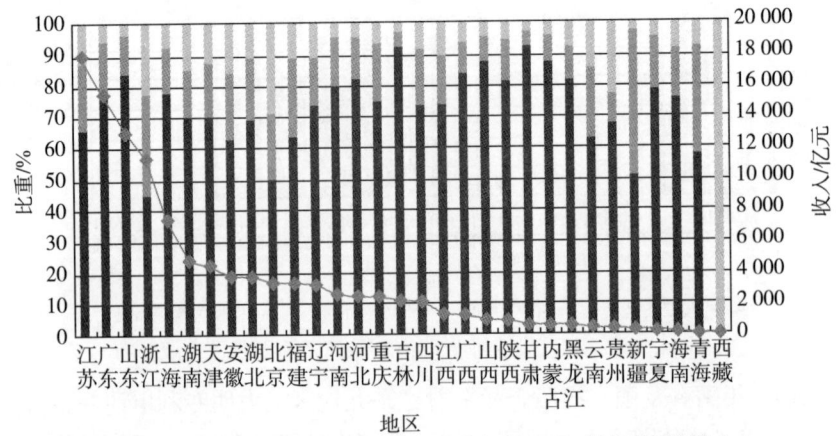

图 3.46 2012 年工业企业新产品销售收入及不同规模企业新产品销售收入比重

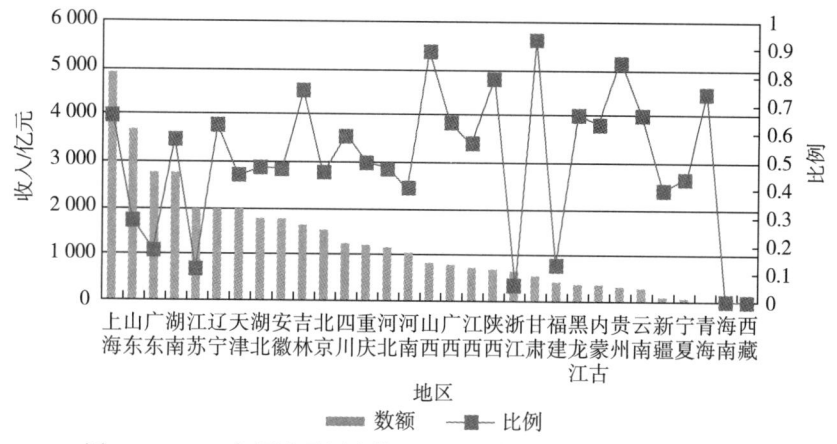

如图 3.47 所示，从 2012 年国有及国有控股企业新产品销售收入及所占比例来看，东北三省中，辽宁国有及国有控股企业新产品销售收入相对较高，达 1 995.9 亿元，位于全国第 6 名，仅次于上海、山东、广东、湖南和江苏；吉林国有及国有控股企业新产品销售收入为 1 615.2 亿元，居全国第 10 名；黑龙江国有及国有控股企业新产品销售收入相对较低，为 375.5 亿元，居全国第 23 名。东北三省国有及国有控股企业新产品销售收入占比较高，均占 60%以上。

图 3.47 2012 年国有及国有控股企业新产品销售收入及所占比例

总之，东北地区工业企业新产品销售收入以吉林为代表，呈现出以大型企业为主、国有及国有控股企业新产品销售收入占比高的特点，中小型工业企业新产品销售收入则有待于进一步提高。

3. 东北地区工业企业利润

对于工业企业而言，盈利能力是企业整体竞争力的重要组成部分，也是评价企业绩效的主要方面。销售利润率可以反映一个地区工业企业的整体盈利能力，而不同规模企业利润总额所占比重则反映了地区内不同规模企业利润贡献的大小。

从利润总额来看，2012 年辽宁工业企业利润总额达 2 435.7 亿元，居全国第 7 名，仅次于山东、江苏、广东、河南、浙江和河北，黑龙江和吉林分别位于全国第 18 名和第 20 名，利润总额分别为 1 338.6 亿元和 1 215.0 亿元。从销售利润率来看，东北地区中，只有黑龙江销售利润率在 0.1 以上，辽宁和吉林则相对较低，盈利能力稍弱。就不同规模企业利润贡献而言，辽宁以小型企业为主，大型企业贡献最小；黑龙江则是大型企业贡献最大，比重高达 75%以上；吉林工业企业利润也主要来源于大型企业，占比约为 50%，小型企业利润要高于中型企业，如图 3.48 所示。

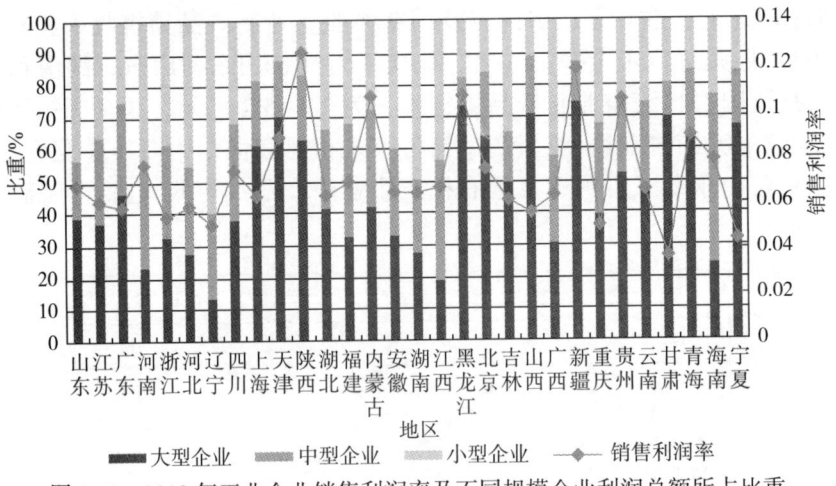

图 3.48 2012 年工业企业销售利润率及不同规模企业利润总额所占比重

如图 3.49 所示，从 2012 年国有及国有控股企业的利润总额及占所有工业企业利润总额的比例来看，黑龙江国有及国有控股企业利润总额高达 984.8 亿元，居全国第 4 名，占总利润的比例高达 73.6%；吉林国有及国有控股企业利润总额和占比均处于中间水平，分别为 512.6 亿元和 42.2%；辽宁国有及国有控股利润极低，总额仅为 10.8 亿元，占所有工业企业利润比例极低，仅为 0.4%。

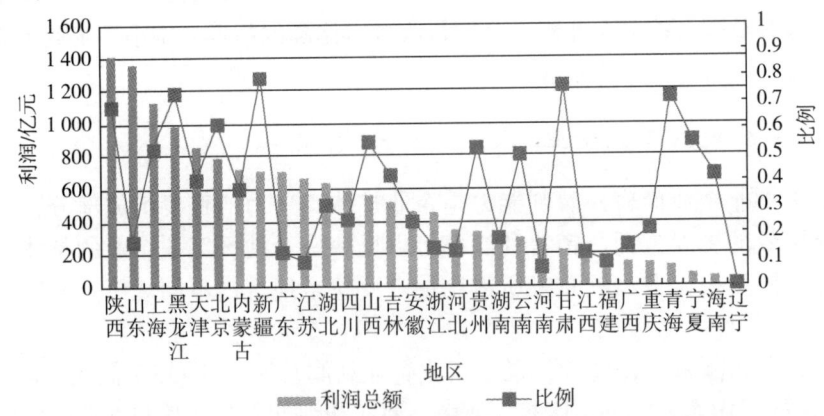

图 3.49 2012 年国有及国有控股企业利润总额及所占比例

总之，东北三省中，辽宁的工业企业利润总额相对较高但销售利润率较低，利润主要来源于小型企业，国有企业利润总额及占比极低，反映出近年来辽宁国有及国有控股企业盈利能力不足。相反的，黑龙江的工业企业利润总额稍低但销售利润率较高，利润贡献主要依靠大型企业，国有企业利润总额及占比均较高。

吉林的工业企业利润总额及销售利润率均较低,利润主要来源于大型和小型企业,国有及国有控股企业利润总额及占比均处于中间水平。

3.2.5 东北地区工业企业政策支持分析

1. 东北地区政府科技活动资金支持

来自政府部门的科技活动资金在国家相关政策规定的范围内为工业企业与大学及研究机构的产学研合作等科技活动提供支持,因此工业企业对来自政府部门的科技活动资金的使用情况反映了国家相关科技政策的落实情况。

如图 3.50 所示,从政府部门的科技活动资金使用总额来看,2012 年辽宁工业企业使用来自政府部门的科技活动资金总额为 30.4 亿元,居全国第 6 名,仅次于广东、山东、江苏、陕西和上海;黑龙江使用总额为 21.1 亿元,居全国第 10 名;吉林使用额相对较低,为 4.8 亿元,居全国第 23 名。就不同规模企业对来自政府部门的科技活动资金使用比重来看,东北三省均以大型企业使用比重最高,其中黑龙江大型工业企业政府部门的科技活动资金使用比重超过 95%,居全国首位;辽宁大型工业企业政府部门的科技活动资金使用比重超过 80%,仅次于黑龙江、陕西和内蒙古;吉林大型工业企业政府部门的科技活动资金使用比重也在 60% 以上。

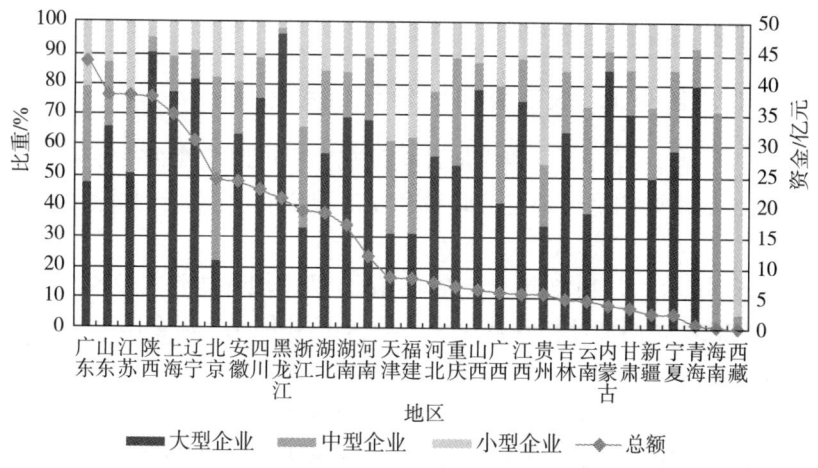

图 3.50 2012 年工业企业政府部门的科技活动资金使用总额及不同规模企业使用比重

如图 3.51 所示,从 2012 年国有及国有控股企业的政府部门的科技活动资金使用额及所占比例来看,辽宁国有及国有控股企业政府部门科技活动资金使用额为 24.1 亿元,占辽宁所有工业企业政府部门科技活动资金使用总额的 79%;黑龙江国有及国有控股企业政府部门科技活动资金使用额为20.5亿元,居全国第4名,占比为97%;吉林国有及国有控股企业政府部门科技活动资金使用额为3.0亿元,居全国第20名,占比为62%。

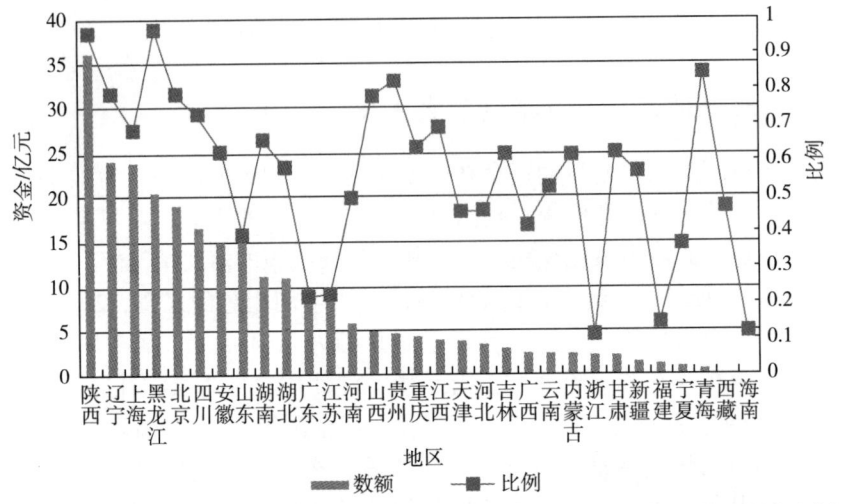

图3.51　2012年国有及国有控股企业政府部门的科技活动资金使用额及所占比例

总之,东北地区中辽宁和黑龙江的工业企业对来自政府部门的科技活动资金使用总额相对较高,且均以大型企业为主,国有及国有控股企业使用比例相对较高;吉林对来自政府部门的科技活动资金使用总额较低,国有及国有控股企业是政府部门的科技活动资金的主要使用主体。

2. 东北地区企业R&D费用加计扣除减免税

对于工业企业而言,R&D费用加计扣除减免税可以反映企业在研究开发方面的投入力度,更重要的是反映有关政策和税法规定的税前加计扣除优惠在企业的落实情况。

如图3.52所示,从2012年工业企业R&D费用加计扣除减免税总额来看,吉林工业企业R&D费用加计扣除减免税总额达18.6亿元,居全国第5名,仅次于浙江、广东、江苏和上海;辽宁工业企业R&D费用加计扣除减免税总额达10.4亿元,居全国第10名;黑龙江工业企业R&D费用加计扣除减免税总额较少,为2.2亿元,居全国第22名。就不同规模企业R&D费用加计扣除减免税总额所占比重而言,吉林大型工业企业减免税额所占比重超过95%,居全国首位;辽宁大型工业企业减免税额所占比重近80%;黑龙江大型工业企业减免税额所占比重也达70%。

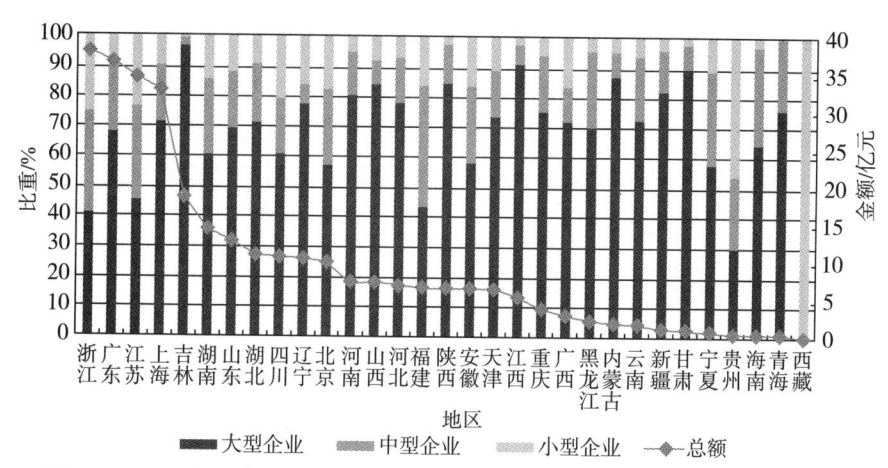

图 3.52　2012 年工业企业 R&D 费用加计扣除减免税总额及不同规模企业比重

如图 3.53 所示，从 2012 年国有及国有控股企业 R&D 费用加计扣除减免税额来看，吉林国有及国有控股企业 R&D 费用加计扣除减免税额达 17.9 亿元，居全国第 2 名，仅次于上海；辽宁国有及国有控股企业 R&D 费用加计扣除减免税额为 5.4 亿元，居全国第 9 名；黑龙江国有及国有控股企业 R&D 费用加计扣除减免税额为 1.5 亿元，居全国第 21 名。从国有及国有控股企业 R&D 费用加计扣除减免税额所占比例来看，吉林国有及国有控股企业 R&D 费用加计扣除减免税额占吉林所有工业企业 R&D 费用加计扣除减免税总额的近 96.5%；辽宁国有及国有控股企业 R&D 费用加计扣除减免税额占比 52%；黑龙江国有及国有控股企业 R&D 费用加计扣除减免税额占比为 68%。

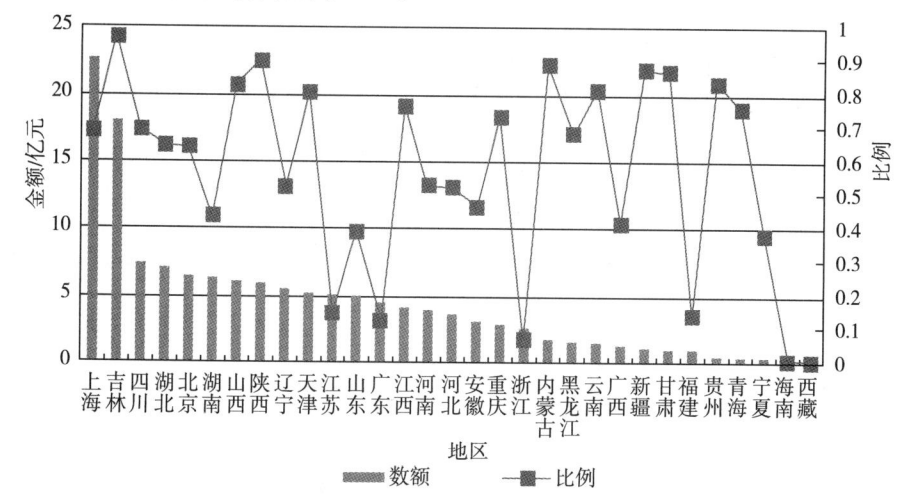

图 3.53　2012 年国有及国有控股企业 R&D 费用加计扣除减免税额及所占比例

总之，东北地区中，吉林和辽宁工业企业 R&D 费用加计扣除减免税总额相对较高，黑龙江工业企业 R&D 费用加计扣除减免税总额相对较低。同时，东北三省均以大型工业企业 R&D 费用加计扣除减免税额所占比重最大。东北地区吉林和辽宁国有及国有控股企业 R&D 费用加计扣除减免税额相对较高，黑龙江则相对较低，但东北三省国有及国有控股企业 R&D 费用加计扣除减免税额所占比例均较高。

3. 东北地区高新技术企业减免税

高新技术行业是国家大力发展的行业。作为东北老工业基地，高新技术企业是地区工业经济的重要组成部分。高新技术企业减免税能够反映国家减免税相关优惠政策在高新技术企业的落实情况。

如图 3.54 所示，从 2012 年高新技术企业减免税总额来看，辽宁高新技术企业减免税额为 10.1 亿元，居全国第 14 名；黑龙江高新技术企业减免税额为 6.3 亿元，居全国第 17 名；吉林高新技术企业减免税额为 3.5 亿元，居全国第 19 名。从不同规模高新技术企业减免比重来看，东北三省均以大型高新技术企业减免税额为主，其中，辽宁和黑龙江大型高新技术企业减免税额占所有高新技术企业减免税额的近 70%，吉林大型高新技术企业减免税所占比重也近 50%。

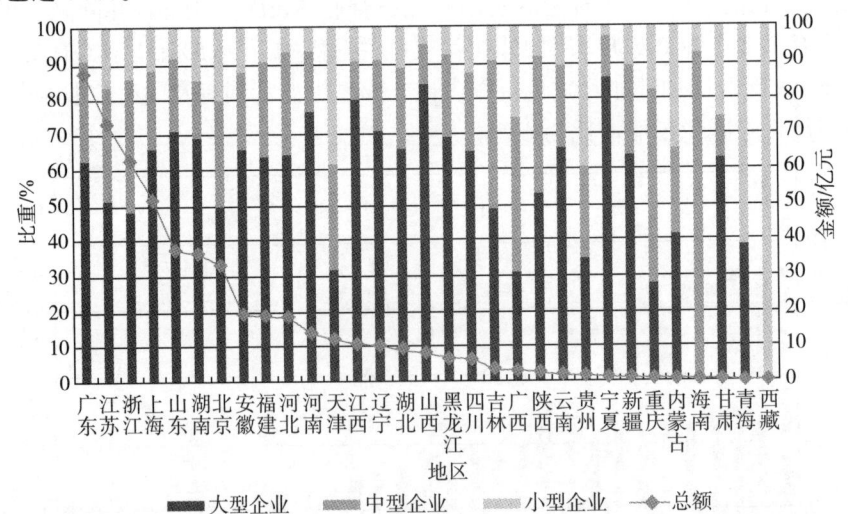

图 3.54 2012 年高新技术企业减免税总额及不同规模高新技术企业减免比重

如图 3.55 所示，从国有及国有控股高新技术企业减免税额及所占比例来看，辽宁国有及国有控股高新技术企业减免税额为 5.3 亿元，居全国第 12 名，占比为 52.2%；黑龙江国有及国有控股高新技术企业减免税额为 3.7 亿元，居全国第 15 名，占比为 58.2%；吉林国有及国有控股高新技术企业减免税额为 0.7 亿元，居全国第 23 名，占比为 19%。

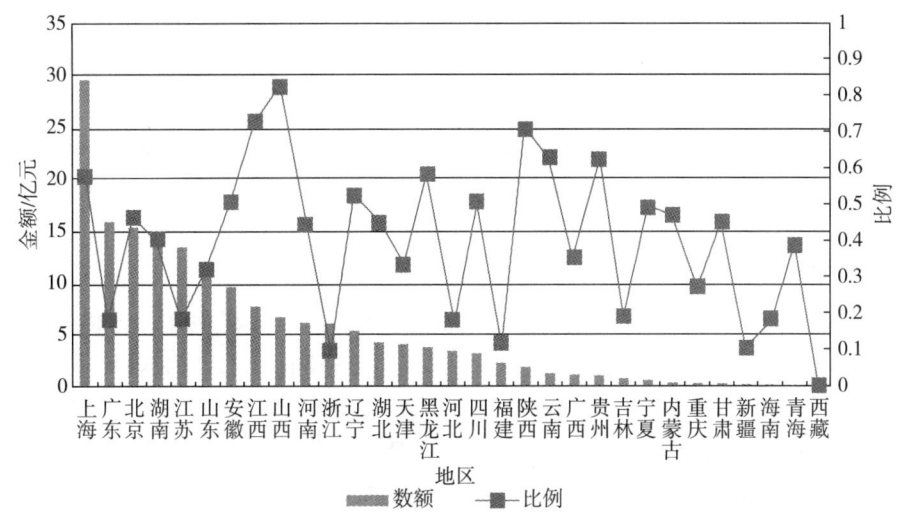

图 3.55　2012 年国有及国有控股高新技术企业减免税额及所占比例

总之，东北地区高新技术企业减免税额整体处于全国中间水平，其中又以大型高新技术企业减免税所占比重最高。同时，东北地区国有及国有控股高新技术企业减免税额整体较低，但辽宁和黑龙江国有及国有控股高新技术企业减免税额占所有高新技术企业减免税总额比例较高，吉林国有及国有控股高新技术企业减免税占比则相对较低。

3.3　东北老工业基地创新驱动发展区域环境分析

本部分主要从区域整体层面出发，考察东北老工业基地创新驱动发展的区域环境，剖析东北地区对创新驱动发展的支撑条件。本部分数据主要来源于《中国科技统计年鉴》《中国工业经济统计年鉴》、中国国家知识产权专利数据库，中国技术市场管理促进中心数据库、《中国知识产权统计年报》《中国商标战略年度发展报告》、国家知识产权局以及各省市知识产权局网站、《中国市场化指数》等。

课题组主要从区域创新投入结构、创新产出分布、创新网络结构、知识产权体系及市场环境建设等方面，通过与全国其他省区对比反映东北地区区域环境的建设现状，阐明东北老工业基地创新驱动发展的环境支持。

3.3.1 东北地区创新投入结构分析

创新投入结构主要考察 R&D 人员和 R&D 经费的分布,具体从领域和部门两个维度,分析区域 R&D 投入的分布情况。领域维度主要看 R&D 人员和 R&D 经费分布于基础研究、应用研究与试验发展的比例,部门维度主要看 R&D 经费来源于什么部门,R&D 人员和 R&D 经费主要分布在哪些部门。

1. 东北地区 R&D 人员结构

根据图 3.56,在 R&D 人员全时当量总量上,辽宁、黑龙江和吉林分别位于全国第 14 名、第 17 名和第 18 名,东北三省居于中间位次。从 R&D 人员不同领域分布看,全国整体呈现出基础研究比例最低、应用研究次之、试验发展最高的结构。对东北地区而言,辽宁、黑龙江和吉林三省基础研究、应用研究和试验发展的 R&D 人员比例分别为 1∶2∶8,1∶0.9∶4.5 及 1∶1.2∶3,可以看出辽宁不但总的 R&D 人员投入高,而且相对基础研究而言,应用研究和试验发展的投入比例在三省中也最高。R&D 人员全时当量排名全国前三的广东、江苏和浙江,比例分别为 1∶3∶34,1∶2∶35 及 1∶1.8∶40,可以看出相比这三个省份,东北地区在应用研究和试验发展方面仍有待增加 R&D 人员的比重,尤其是试验发展 R&D 人员投入。

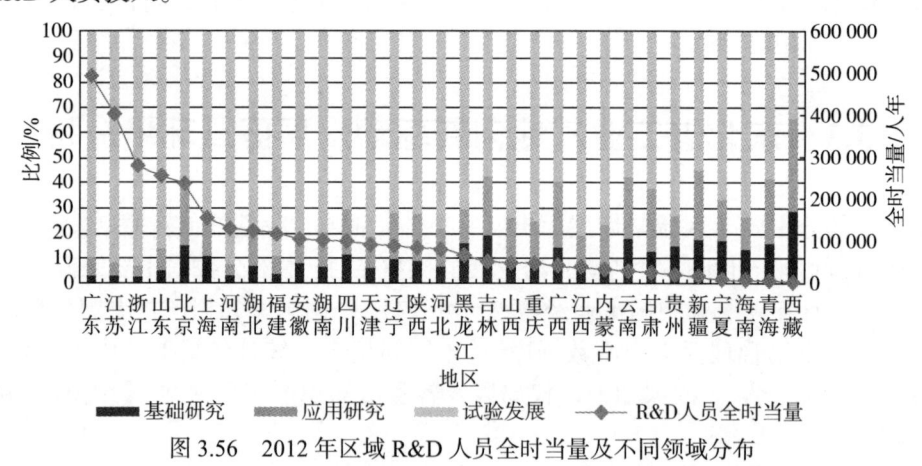

图 3.56 2012 年区域 R&D 人员全时当量及不同领域分布

如图 3.57 所示,从部门分布上看,除了北京和西藏比较特殊外,全国各地区整体上都是工业企业的 R&D 人员最多,东北三省工业企业 R&D 人员占比在 40%~65%,辽宁、黑龙江和吉林三省的高校 R&D 人员比例均高于研究机构,尤其是黑龙江和吉林,这表明虽然工业企业仍占据最高的比例,但东北三省有大量的 R&D 人才聚集在高校和研究机构。

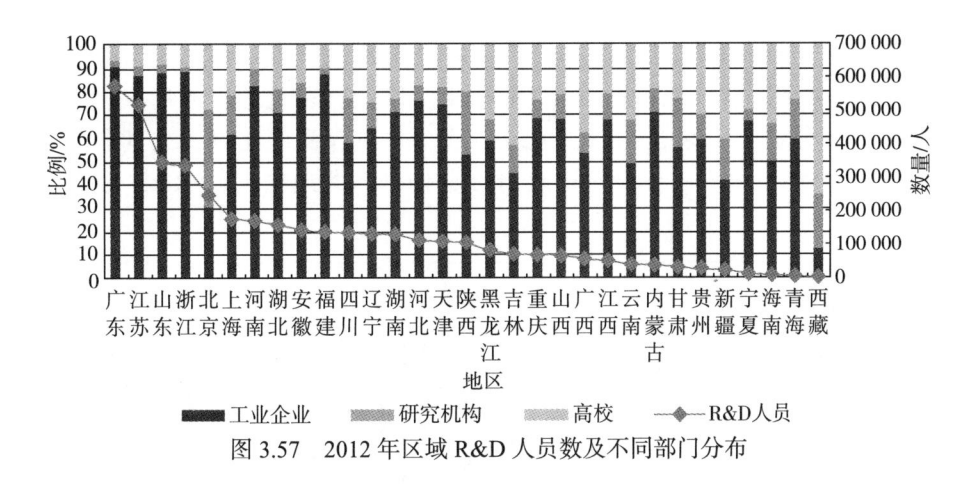

第3章 东北老工业基地创新驱动发展的现状分析

图3.57 2012年区域R&D人员数及不同部门分布

2. 东北地区R&D经费结构

如图3.58所示,从各区域R&D经费内部支出来看,江苏、广东、北京和山东是最突出的地区,辽宁、黑龙江和吉林分别位于全国第7名、第18名和第21名,从领域上看,仍然是基础研究最低、应用研究次之、试验发展最高的格局。辽宁、黑龙江和吉林三省的相对比例分别为1∶4∶21,1∶1.4∶6及1∶2.4∶5.7,江苏、广东和山东比较类似,三省的相对比例分别为1∶2.2∶36,1∶2.7∶34及1∶2.9∶42,试验发展投入远远高于应用研究,只有北京相对特殊,相对比例为1∶2∶5.6。可以看出,黑龙江、吉林R&D经费的领域分布与北京很相似,而辽宁具有自身的特点,但与江苏等发达地区相比,试验发展投入仍有待提高。

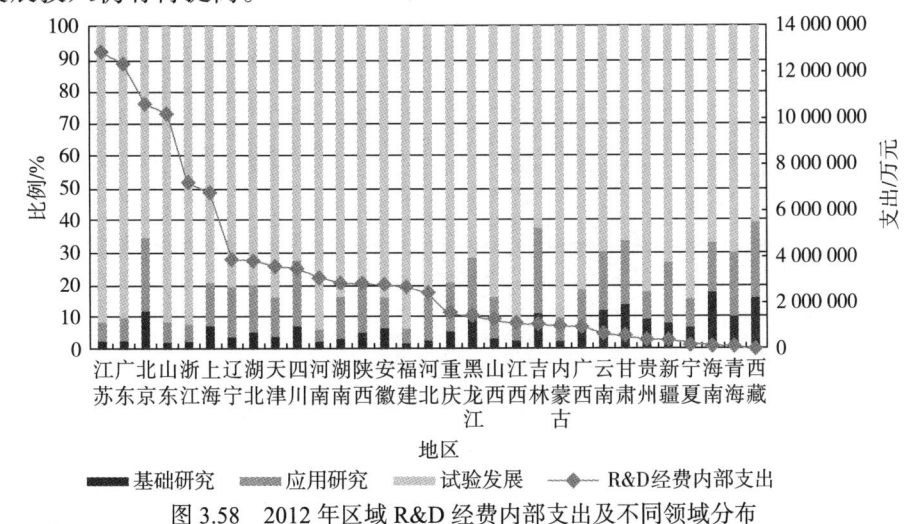

图3.58 2012年区域R&D经费内部支出及不同领域分布

如图3.59所示,从各地区R&D经费内部支持的资金来源看,全国排名靠前的地区中只有北京和上海来自政府的资金比例较高，江苏、广东、山东和浙江大部分资金来自企业，政府资金比例较低。东北地区的辽宁、黑龙江和吉林大部分资金也来自企业，但政府资金也占较高的比例，尤其是黑龙江和吉林几乎达到40%。很显然，政府资金仍是东北地区进行R&D投入的重要来源。

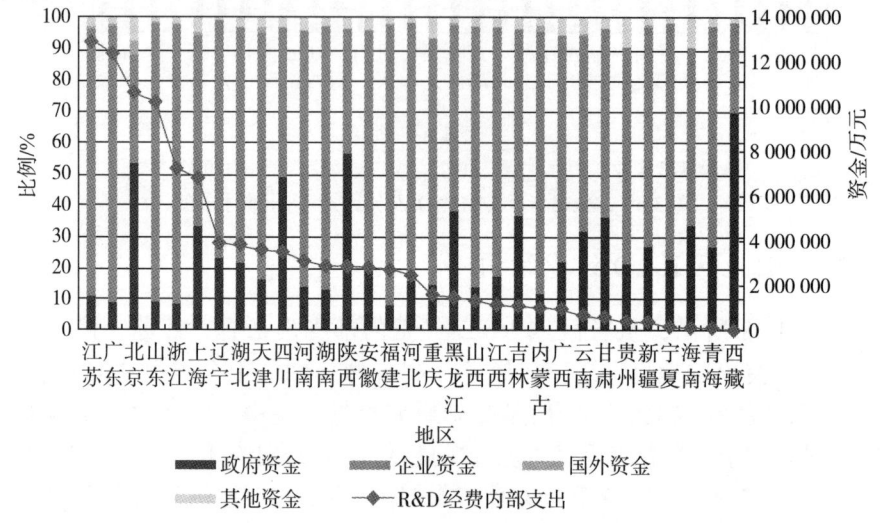

图 3.59　2012年各地区R&D经费内部支出按资金来源分布

如图3.60所示，从执行部门看，除了北京外，大多地区都是工业企业是绝对主体，辽宁、黑龙江和吉林三省的工业企业R&D经费内部支出分别占76%、65%和57%，可以看出黑龙江和吉林的高校与研究机构仍承担较多的R&D经费。

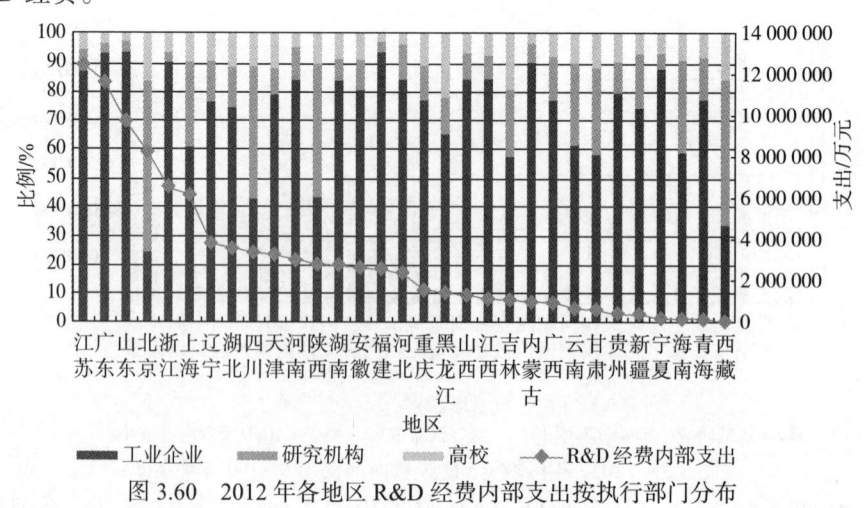

图 3.60　2012年各地区R&D经费内部支出按执行部门分布

综上，东北地区的创新投入结构呈现以下特点：不管是 R&D 人员还是 R&D 经费，东北三省的领域分布，即基础研究、应用研究和试验发展，相对全国发达地区而言，试验发展环节投入偏少，基础研究和应用研究比例相对合适；同时，虽然 R&D 人员和 R&D 经费大多分布在工业企业，但东北地区的高校和研究机构仍聚集了大量的 R&D 资源，尤其是黑龙江和吉林，企业主体地位有待进一步提升。此外，在 R&D 资金来源方面，东北三省仍在很大程度上得到政府资金的大力支持，远高于全国其他发达地区。

3.3.2 东北地区创新产出分布分析

这里主要以专利表征创新产出，分析东北地区创新产出的分布情况。

如图 3.61 所示，2012 年专利申请受理数最多的是江苏，其次是浙江、广东、山东等地，远高于其他地区。东北地区的辽宁、黑龙江和吉林分别在全国排第 13 名、第 17 名和第 24 名。从专利类型看，发明专利所占比例超过 50%的只有北京，大多地区的实用新型专利最多。辽宁、黑龙江和吉林的发明专利分别占 48%、23%和 43%，可以看出黑龙江以实用新型和外观设计专利为主，发明专利比例较低。

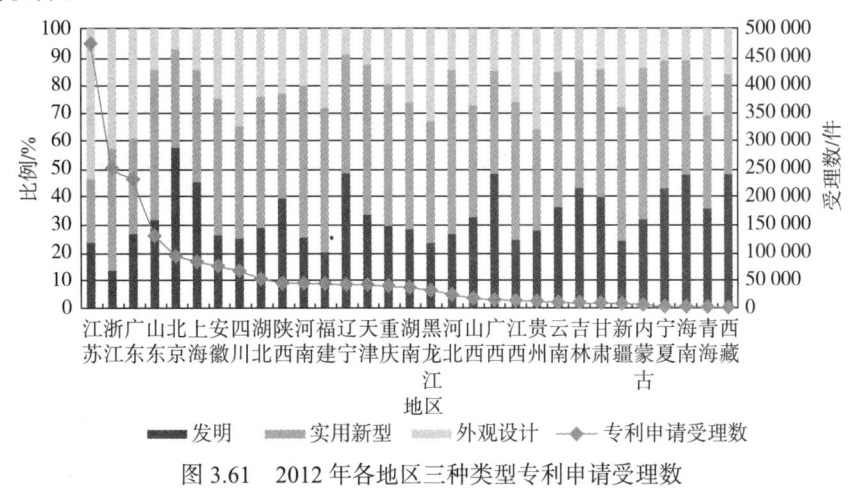

图 3.61 2012 年各地区三种类型专利申请受理数

如图 3.62 所示，从 2012 年各地区发明专利的组织分布来看，大多区域都是工业企业占主导，其中排名靠前的广东、江苏尤为明显，北京、上海和浙江发明专利的高校数量大于研究机构数量。对于东北地区而言，只有辽宁工业企业的发明专利比例在 50%以上，黑龙江和吉林的工业企业占比都在 30%左右。辽宁高校发明专利比例高于研究机构，吉林高校与研究机构比例相当，而黑龙江则是高校远高于研究机构，东北三省呈现明显的差异。

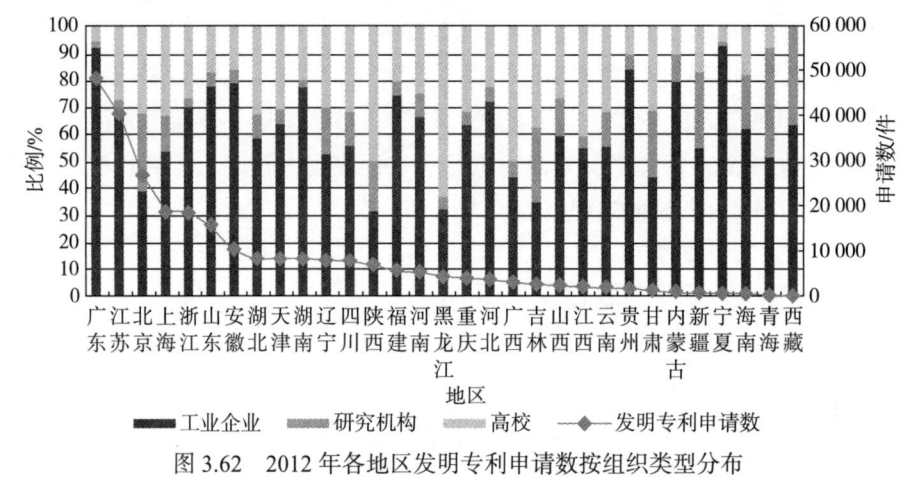

图 3.62　2012 年各地区发明专利申请数按组织类型分布

综上，从专利产出分布看，辽宁以发明专利为主，且主要由工业企业创造；黑龙江发明专利比例较低，且以高校申请为主；吉林以发明专利为主，但工业企业、研究机构和高校所占比例相当。

3.3.3　东北地区创新网络结构分析

创新网络主要反映从事创新活动过程中不同类型组织间的互动情况（刘凤朝和马荣康，2011）。这里以专利合作网络和技术交易网络为分析对象，考察东北地区区域创新网络的结构。

1. 东北地区专利合作网络分析

为了清晰地揭示东北地区组织间专利合作情况，图 3.63 是 2003 年和 2008 年东北三省组织间的专利合作网络图谱，图 3.64 是 2003 年和 2008 年长三角江、浙、沪三地组织间的专利合作网络图谱。图 3.63 中圆形节点属于辽宁、三角形节点属于黑龙江、方形节点属于吉林；图 3.64 中圆形节点属于上海、三角形节点属于江苏、方形节点属于浙江。图 3.63 和图 3.64 中，方形网状节点反映的是除了三个核心区域以外的其他区域。

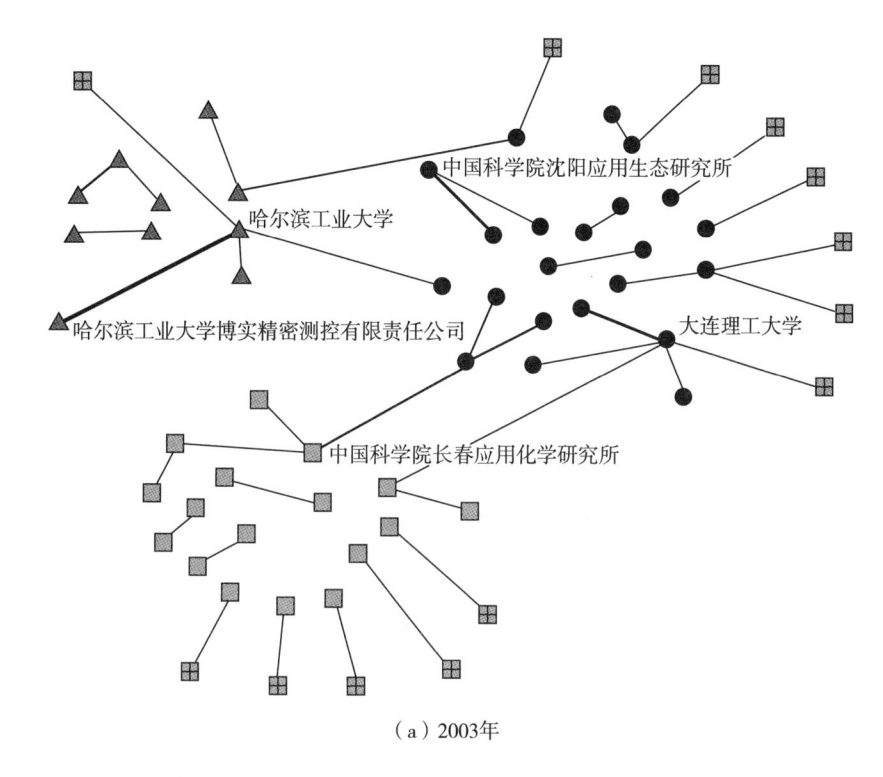

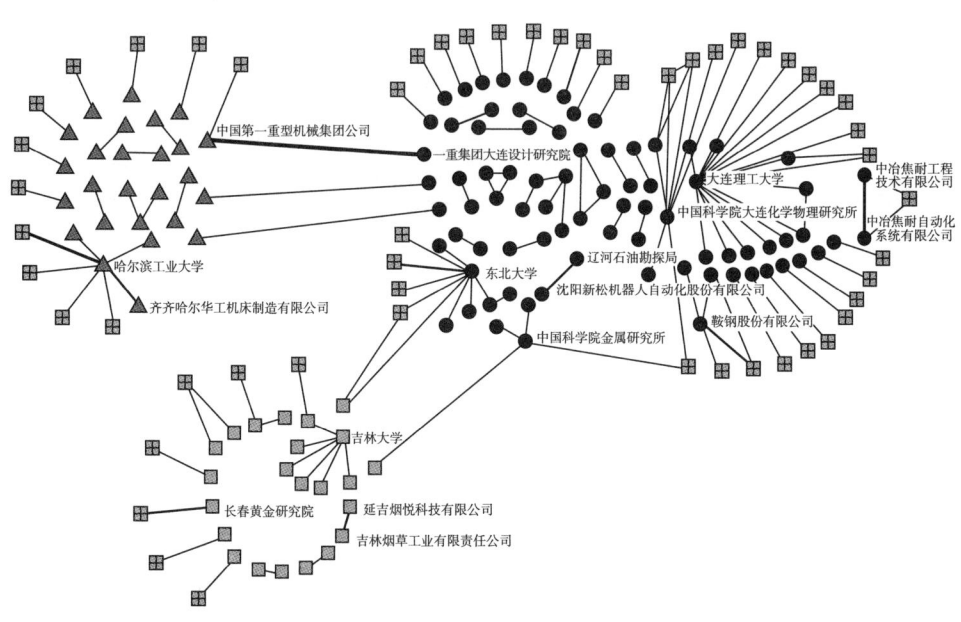

第 3 章 东北老工业基地创新驱动发展的现状分析　　113

（a）2003年

（b）2008年

图 3.63　2003 年和 2008 年东北三省组织间的专利合作网络图谱

(a) 2003年

(b) 2008年

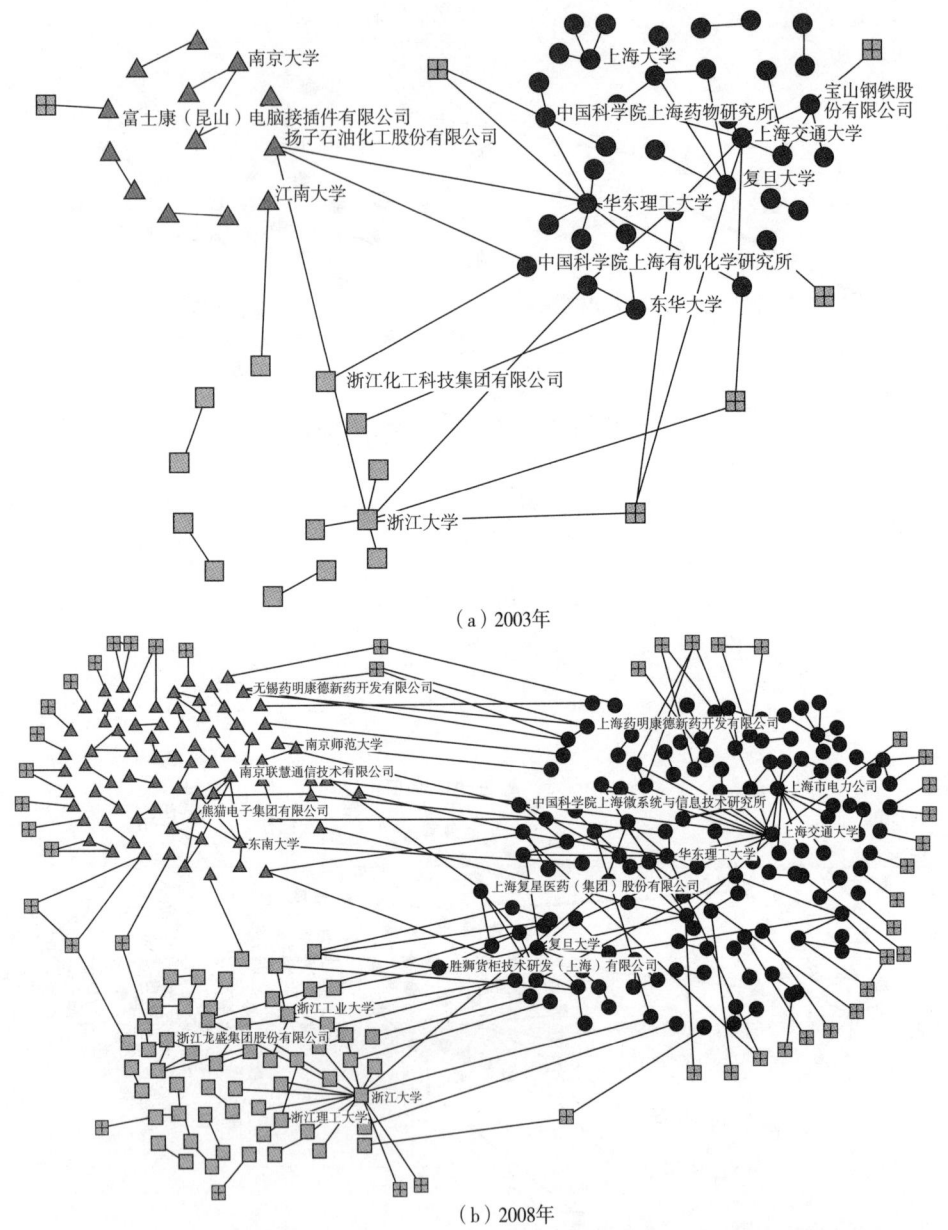

图 3.64 2003 年和 2008 年长三角江、浙、沪组织间的专利合作网络图谱

从图 3.63 中可以看出，东北三省在 2003 年组织间专利合作网络比较松散，产学研合作较少，三省之间的交互合作也较少；2008 年东北三省专利合作大幅增加，一些核心节点开始涌现，且主要是高校，包括大连理工大学、东北大学、哈尔滨工业大学及吉林大学等，这一时期，东北三省内部合作加强，且与三省以外的其他地区专利合作也明显增加。

第3章 东北老工业基地创新驱动发展的现状分析

与东北地区相比，长三角组织间专利合作明显更加紧密，其2003年的专利合作网络联系密度几乎就与东北地区2008年相当，而到了2008年，长三角地区组织间的专利合作网络从规模、密度上都大幅提升，更重要的是江、浙、沪三地之间的联系十分紧密，这是东北三省不具备的。可以看出，与江、浙、沪等发达地区相比，东北地区在组织间交互方面还较弱，尤其是东北三省在内部的专利合作方面还有待加强。

2. 东北地区技术交易网络分析

为了清晰地揭示我国31个省市间的技术交易情况，运用UCINET 6.0软件和ArcGIS 10.0软件绘制区域间技术交易网络图谱。实际上，由于我国31个省市在技术交易网络中几乎全部连通，如果考虑全部的技术交易流线，则很难清晰地揭示技术交易的空间分布特征，因此提取大宗技术市场成交额来绘制技术交易空间分布图谱（刘凤朝和马荣康，2013）。通过分析2006~2010年省际技术交易额发现，每年排名前5%的省际技术交易额之和占全部技术交易额总和的60%以上，说明排名前5%的技术交易可以代表我国省际技术交易的主要流量和流向。通过测算发现2006~2010年前5%的技术转移流量值平均为5亿元，因此以大于5亿元的技术交易作为大宗技术交易流量，并以10亿元、20亿元为分界点绘制技术交易网络的空间分布图谱，如图3.65和图3.66所示。

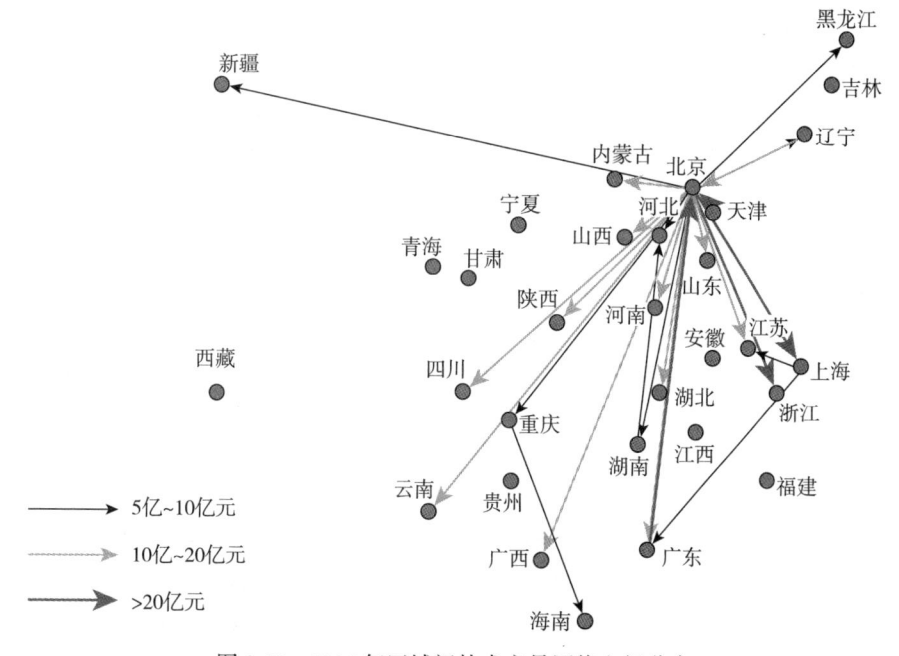

图3.65 2006年区域间技术交易网络空间分布

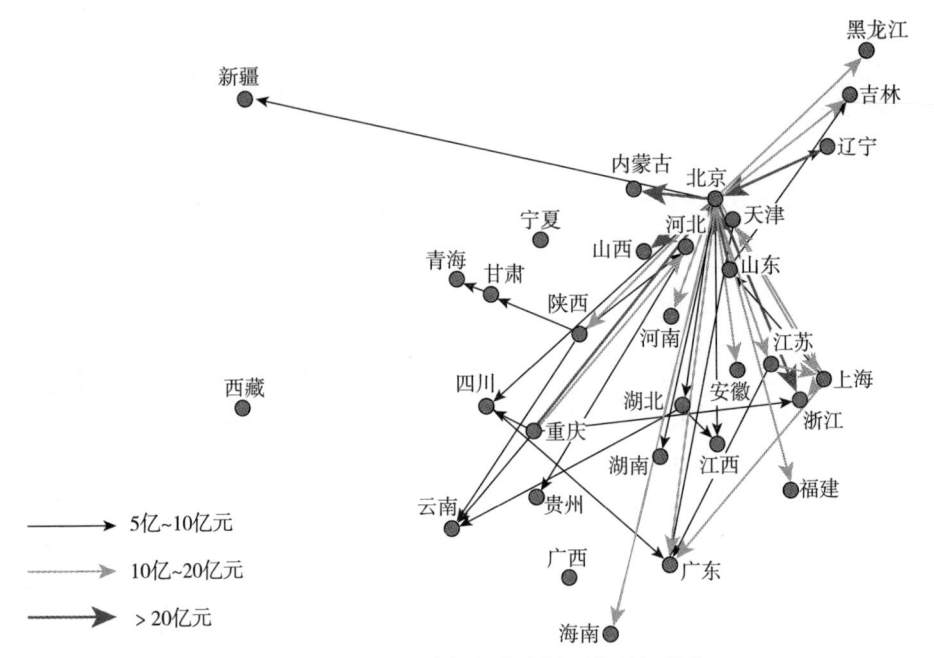

图 3.66　2010 年区域间技术交易网络空间分布

由图 3.65 可知，2006 年我国省际技术转移主要以北京为中心向其他区域扩散。其中，长三角及南部沿海省区是北京主要的技术输出目的地，北京对上海、浙江及广东的技术输出均高于 20 亿元；10 亿~20 亿元的技术输出主要发生在北京与河南、陕西、四川等中西部地区以及以北京为中心的环渤海地区；5 亿~10 亿元的技术转移除了北京外，主要发生在重庆与海南、上海与江苏、上海与广东之间。东北地区仅有黑龙江和辽宁参与大宗技术交易。

由图 3.66 可知，与 2006 年相比，2010 年我国省际大宗技术交易明显增加，北京以外的其他区域性技术转移中心逐步形成。20 亿元以上的技术交易仍以北京为核心，除了南部沿海和长三角地区外，开始向我国中部以及北部的湖北、山西、山东、河北、内蒙古、辽宁等地转移；10 亿~20 亿元的技术交易中，北京增加了向东北三省的技术输出，长三角的江苏、上海和浙江之间的技术转移显著增强，并与广东建立了良好的技术联系；5 亿~10 亿元的技术转移中，陕西和重庆分别成为联系西部地区与环渤海及长三角地区的重要节点。

可以看出，随着省际技术交易的增强，北京作为全国技术转移中心的技术辐射能力进一步增强，且有向中部和东北地区扩大转移范围的趋势；长三角的上海、江苏成长为区域性的技术转移中心，而以陕西和重庆为代表的中西部区域性技术交易枢纽正在逐步形成，技术转移网络开始呈现出全国性与区域性技术转移中心交互的空间组织模式。这一时期，以辽宁为代表的东北老工业基地的振兴以及中部湖南和湖北的发展增加了对高技术的需求，带动了相应技术市场的活跃，辽宁、吉林和黑龙江均积极参与技术交易市场，促进技术的转化和运用。

综上，在创新网络方面，东北地区呈现以下特点：在专利合作方面，东北三省合作网络还比较松散，三省中以辽宁为主，且主要与东北地区以外的地区合作，东北三省内部的合作较少，尚未形成东北老工业基地内部运行良好的合作交流平台。在技术交易方面，东北地区逐步由以辽宁为主与北京进行技术交流，发展为辽宁、黑龙江和吉林均积极参与全国技术交易网络，通过技术市场大大促进技术成果的获取和应用。但整体来看，东北三省之间并未形成良好的技术转移机制，区域性的东北技术转移中心尚未形成。

3.3.4 东北地区知识产权体系分析

知识产权体系是各类创新主体从事创新活动的重要支撑和保障，也是创新驱动发展环境的重要组成部分。这里主要分析区域知识产权保护和管理、知识产权服务体系建设现状等，揭示东北地区的知识产权体系建设。

1. 东北地区知识产权保护和管理分析

本部分主要从专利执法情况和商标执法情况两方面，分析老工业基地振兴战略实施以来东北地区知识产权的保护管理情况。其中，专利执法数据来源于2003~2012年《中国知识产权统计年报》，商标数据来源于2008~2012年《中国商标战略年度发展报告》。

1) 专利执法情况

图3.67和图3.68分别是2003年和2011年各地区专利侵权纠纷结案与立案数。2003年广东针对专利侵权的结案数最多，其次是浙江、山东等地，东北的黑龙江、辽宁和吉林分别排第6名、第21名和第24名，立案情况也类似。2011年湖南、广东、山东是专利侵权结案较多的地区，东北的黑龙江、辽宁和吉林分别排名第7名、第18名和第17名，立案数则分别排名第3名、第18名和第30名。可以看出，东北三省中黑龙江针对专利侵权的执法力度最高，辽宁的执法力度正在逐步增强，而吉林则有所下降。

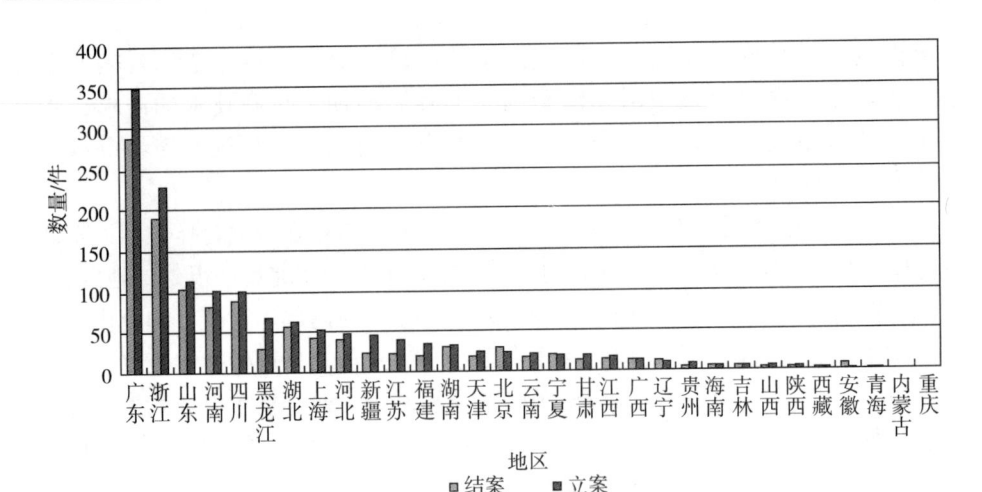

图 3.67　2003 年各地区专利侵权纠纷结案与立案数

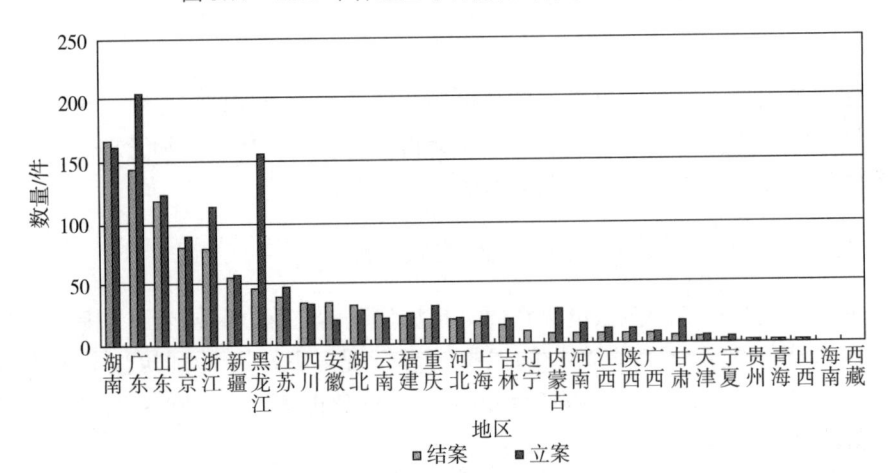

图 3.68　2011 年各地区专利侵权纠纷结案与立案数

图 3.69 是 2003 年各地区查处假冒他人专利行为结案与立案数，图 3.70 是 2011 年各地区查处假冒他人专利行为结案数。2003 年，广东、山东和河北是查处假冒他人专利行为结案较多的地区，东北地区则没有此类案件。2011 年江苏成为此类案件结案最多的地区，其次是山东和湖南，东北的黑龙江和吉林分别有 26 件和 2 件，而辽宁仍没有此类案件，说明东北地区查处假冒他人专利行为案件较少。

第 3 章　东北老工业基地创新驱动发展的现状分析

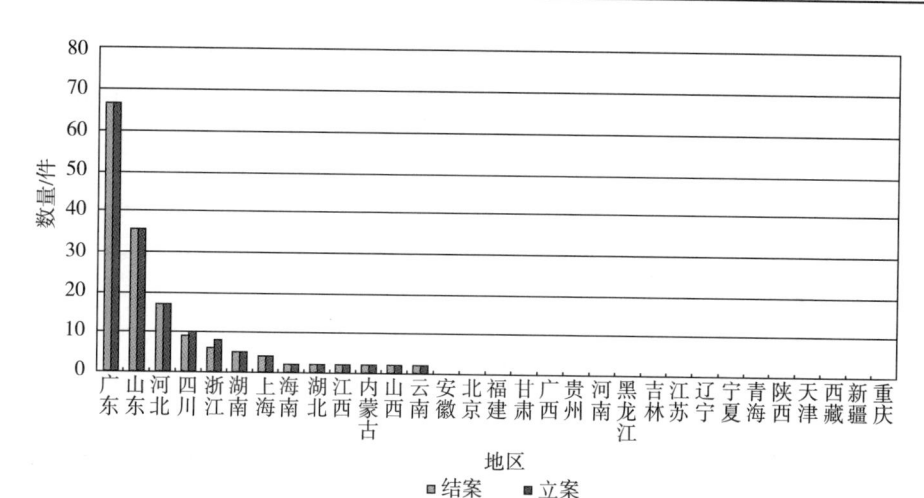

图 3.69　2003 年各地区查处假冒他人专利行为结案与立案数

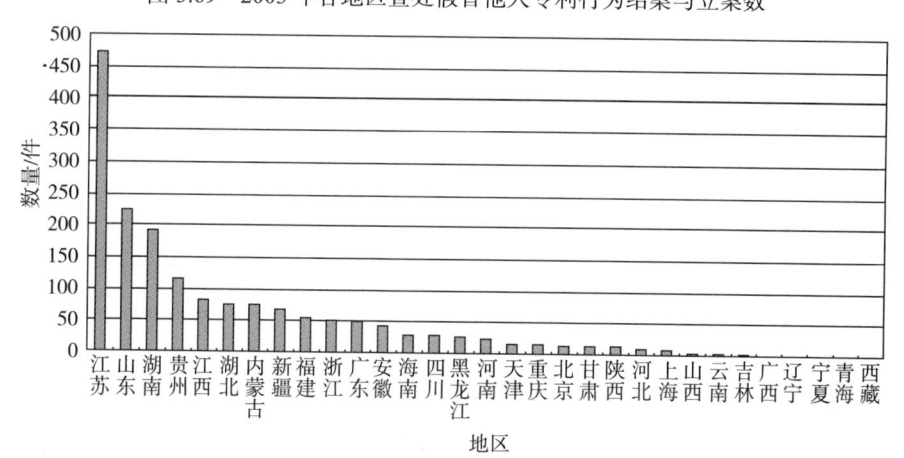

图 3.70　2011 年各地区查处假冒他人专利行为结案数

2）商标执法情况

图 3.71 和图 3.72 分别是 2008 年和 2012 年各地区查处商标违法案件数及罚没金额数，均按 2008 年数据大小排序。从商标违法案件数看，2008 年仅浙江和河北商标违法情况比较严重，其他地区案件较少，东北的辽宁、黑龙江和吉林分别排第 11 名、第 18 名和第 28 名；2012 年各地区商标违法案件数大幅增加，广东、浙江、安徽、河南、福建和山东的违法案件数均达到 3 000 件以上，东北的辽宁、黑龙江和吉林商标违法案件数也大幅增加，达到 1 282 件、1 151 件和 531 件，但仅排第 16 名、第 18 名和第 25 名，表明东北地区商标违法案件数虽然不断增加，但与全国其他地区相比仍处于较低的水平。从商标违法案件罚没金额看，2008 年浙江的处罚力度最大，达到 1 635 万元，而东北的辽宁、黑龙江和吉林罚没金额基本低于 100 万元；2012 年浙江的罚没金额超过了 12 000 万元，广东也

超过了10 000万元，大多数地区均达到1 000万元以上，东北的辽宁、黑龙江和吉林罚没金额数分别排第14名、第21名和第25名，仅有辽宁超过了1 000万元。

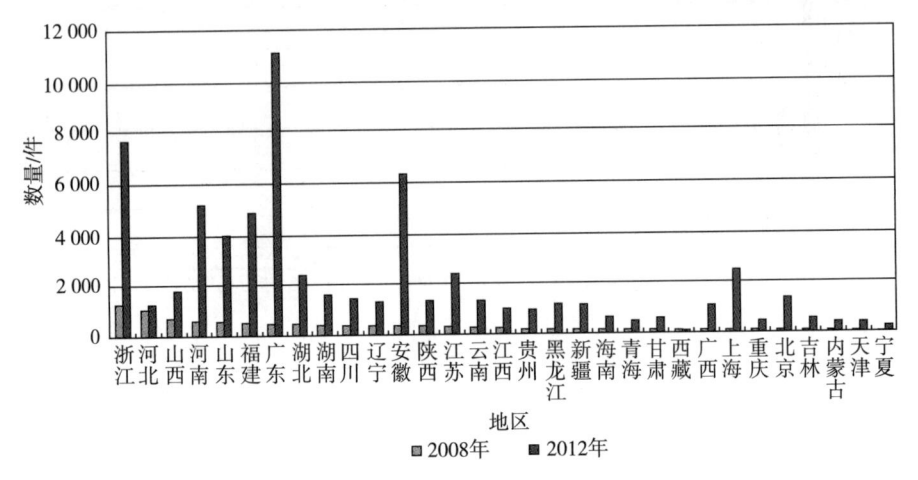

图 3.71　2008 年和 2012 年各地区查处商标违法案件数

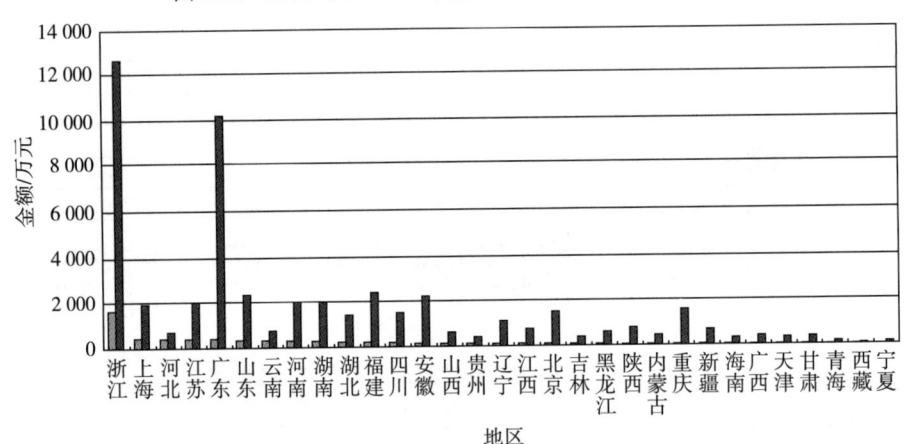

图 3.72　2008 年和 2012 年各地区查处商标违法案件罚没金额

2. 东北地区知识产权服务体系分析

知识产权服务体系是以专利、商标、版权等知识产权制度和相关法律法规为基础，以提供知识产权服务为目的，为知识产权的创造、运用、保护和管理提供各种硬件和软件服务的各类机构与活动的总称。其中，知识产权代理服务体系是企业有效开展知识产权运用及转移、增加企业竞争力的重要支撑。

我国各地区的知识产权中介服务体系主要包括知识产权机构和全国知识产权服务品牌机构。其中，知识产权机构为在当地行政工商局注册的从事知识产权相关服务的企业（法人），包括专利代理机构和商标代理机构。我国知识产权中介服务主要由各类知识产权服务企业（或事务所）提供。表3.7统计了2012年中国各地区的知识产权机构及知识产权服务品牌机构数，数据主要从国家知识产权局及各地区知识产权局网站获取。

表3.7 2012年中国知识产权代理服务体系

地区	知识产权机构 数量/个	排名/名	知识产权服务品牌机构 事业类/个	企业类/个	地区	知识产权机构 数量/个	排名/名	知识产权服务品牌机构 事业类/个	企业类/个
安徽	194	9	0	1	内蒙古	44	26	0	0
北京	1 848	2	1	6	宁夏	14	29	0	0
福建	317	7	1	2	青海	9	30	0	0
甘肃	29	27	0	0	山东	432	6	1	1
广东	2 548	1	1	4	山西	45	25	0	0
广西	53	24	0	0	陕西	97	18	0	0
贵州	60	23	0	0	上海	590	4	1	4
河北	144	14	0	2	四川	231	8	0	2
河南	192	11	0	0	天津	113	16	1	3
黑龙江	74	21	0	1	西藏	2	31	0	0
湖北	113	15	0	1	新疆	78	20	0	1
湖南	163	12	0	0	云南	112	17	0	0
吉林	93	19	0	0	浙江	759	3	1	2
江苏	580	5	1	3	重庆	194	10	1	1
江西	65	22	1	0	海南	17	28	0	0
辽宁	154	13	0	0					

注：数量相同时，按地区名称拼音排序

首先，通过从事知识产权服务企业数量看，我国知识产权中介服务企业数量虽然很多，但地区之间不平衡现象十分严重，主要都集中在广东、北京、浙江、上海等东部沿海经济发达地区，东北地区辽宁、吉林、黑龙江等地知识产权中介服务企业明显偏少，并处于全国中下游水平，分别排在第13名、第19名、第21名。

其次，我们对通过2011年年检的专利代理机构进行考察，发现我国知识产权服务机构普遍存在规模小、服务范围单一、功能较弱和综合职能不强等问题。尤其东北地区知识产权代理机构在知识产权服务范围和内容上，大多只是从事一般性的知识产权咨询和代理服务，并主要集中于专利和商标代理等法律事务，而对于企业急需的知识产权价值评估、知识产权战略规划、知识产权战略顾问等高端知识产权业务，目前还很难有效提供。具有较大规模和较强经济实力的国际化知识产权服务机构在东北地区则更少，国家知识产权局公布的关于首批全国企业类知识产权服务品牌机构培育单位名单中,东北地区仅有 1 家单位(哈尔滨市松花江专利商标事务所)上榜。

表 3.8 进一步统计了东北三省专利代理机构的分布情况。截至 2011 年,东北三省已经有 50 多家专利专业代理机构,基本满足东北地区知识产权申请的需要。但问题也很突出:一是分布不很合理,辽宁多数代理机构主要集中在沈阳、大连和鞍山三个城市,吉林主要集中在长春和吉林两个城市,黑龙江则主要分布在哈尔滨与大庆两个城市,个别城市还没有代理机构;二是规模小、年龄老化,许多代理机构唱"二人转",代理人超过 10 人的代理机构数在东北三省都不超过 10 家;三是专利代理质量有待进一步提高,专利代理还主要集中在实用新型与外观设计方面,发明专利代理数还偏少。

表 3.8 通过 2011 年年检的专利代理机构基本情况(单位:个)

省份	代理机构数	分布城市	代理人规模	代理专利数 发明	代理专利数 实用新型	代理专利数 外观设计
辽宁	29	8	5.5	200	267	294
吉林	12	4	5.9	168	211	35
黑龙江	13	7	5.3	185	331	27

综上,东北地区在知识产权体系建设方面呈现以下特点:在知识产权保护和管理方面,东北地区不管是专利执法还是商标执法,在全国都处于落后水平,不管是查处案件数还是罚没金额数在全国都处于较低水平,这说明在知识产权执法方面东北地区还有待加强。在知识产权服务方面,东北地区知识产权服务机构不仅在全国处于中下游水平,而且普遍存在规模小、分布不均衡、服务范围单一、功能较弱和综合职能不强的问题。

3.3.5 东北地区市场环境建设分析

东北地区作为受计划经济影响比较深刻的老工业基地,其市场环境建设会影响企业作为市场主体的创新行为。本部分主要考察东北地区的市场化变化趋势,反映市场环境建设的改善程度。

由樊纲等(2011)主编的《中国市场化指数》报告对我国各区域的市场化情况进行了综合调研分析,在各地区市场化进程总得分下面有五个分项,包括政府与市场的关系、非国有经济的发展、产品市场的发育、要素市场的发育、中介组织发育和法律制度环境。

如图 3.73 所示,从各地区市场化指数总得分可以看出,2009 年浙江、江苏、上海、广东和北京等地市场化程度较高。东北地区的辽宁、吉林和黑龙江分别在全国排第 9 名、第 18 名和第 23 名,只有辽宁排名比较靠前。与 2003 年相比,东北三省均有较大改善和提升。

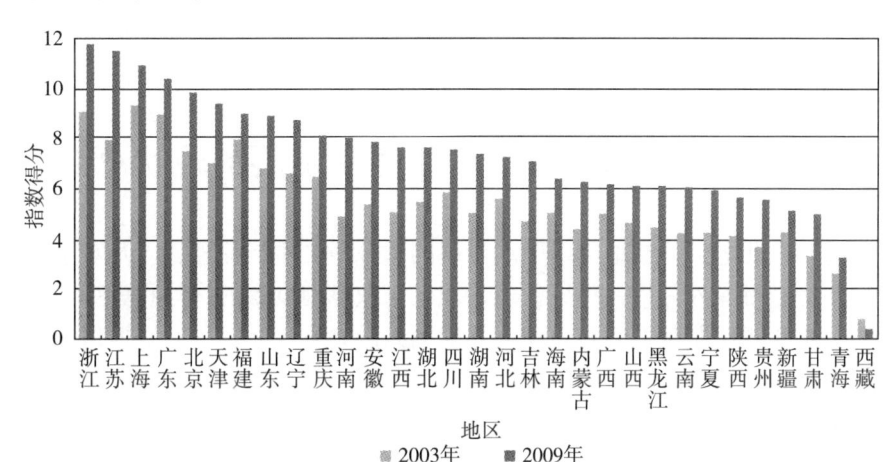

图 3.73　2003 年和 2009 年中国各地区市场化指数得分

如图 3.74 所示,从 2009 年五个分项得分看,五个分项基本与总得分呈相似的趋势。但从排名靠前的区域来看,其市场化程度较高,主要是由于中介组织发育和法律制度环境远远优于其他区域,其他四项的得分不如该项优势明显。对东北地区而言,辽宁和吉林均是非国有经济的发展得分最高,黑龙江则是政府与市场的关系得分最高,东北三省都是要素市场的发育得分最低。

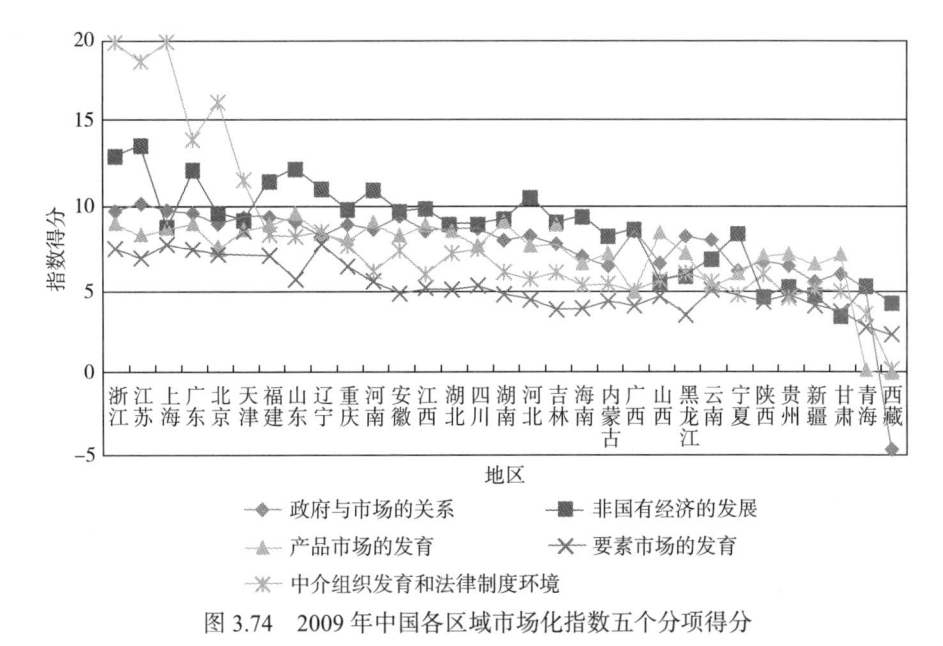

图 3.74　2009 年中国各区域市场化指数五个分项得分

综上，虽然自 2003 年振兴东北老工业基地以来，东北三省的市场化进程有所推进，但在全国仍处于中下游，尤其是要素市场的发育方面有待进一步增强。东北三省中，显然吉林和黑龙江的市场化进程缓慢，不利于老工业基地向创新驱动发展转型。

3.4　东北老工业基地创新驱动发展的现状总结

通过对东北老工业基地创新驱动发展的资源条件进行梳理，以及对主体条件和区域环境进行深入分析，可以发现东北老工业基地发展的优势和劣势，从而有利于揭示东北老工业基地创新驱动发展的制约因素和机制障碍。根据以上分析，分别从国有企业体制、非公经济发展、政府政策支持、创新体系建设及创新环境培育五个方面对东北老工业基地创新驱动发展的现状进行总结。

（1）东北地区国有企业掌握大量创新资源，但未能成为支撑创新竞争力的核心力量，国有企业创新的动力和活力有待增强。

虽然东北老工业基地受计划经济体制影响较深，具有较多大型的工业企业，但从数量上看，东北地区的国有及国有控股企业数量仍只是占工业企业的很小一部分。同时，这些国有及国有控股企业中有 R&D 活动的数量也不多。从创新投入和创新产出规模上看，除了辽宁国有及国有控股企业能挤进全国前 10 名外，黑龙江和吉林排在全国中下游。也就是说，即使东北老工业基地以国有及国有控股企业为主，但在创新活动各方面整体上并不具有绝对优势，而这些国有及国有控股企业本该起到支撑东北老工业基地追赶甚至赶超其他地区的重要力量。

虽然东北地区的国有及国有控股企业数量较少，但这些国有及国有控股企业，尤其以大型企业为主，掌握了东北地区的大部分创新资源。不管是 R&D 人员、R&D 经费内部支出、R&D 经费外部支出，还是技术获取和改造费用，东北三省的国有及国有控股企业均占较高的比例，大多情况下比例在 70%以上，这表明国有及国有控股企业是东北地区创新投入的绝对主体。然而在创新产出端，占据很大比例的国有及国有控股企业并没有像创新投入端那样呈现出绝对的优势。从发明专利申请看，辽宁和黑龙江国有及国有控股企业占比均在 50%以下，新产品销售收入比例稍高，占 60%~80%；但在利润方面，只有黑龙江的国有及国有控股企业占利润总额的 70%以上，吉林仅占 42%，而辽宁的国有及国有控股企业利润极低。因此，相对创新资源而言，在对企业乃至区域经济发展至关重要的创新绩效方面，东北地区的国有及国有控股企业并未发挥绝对的主导地位的作用。

对于东北老工业基地产业发展而言，传统产业被国有及国有控股企业控制，而高新技术产业仍然是以国有及国有控股企业为主。虽然，东北地区在垄断产业领域尚有一些优势，但在全国竞争中优势正在逐步丧失，国有及国有控股企业的竞争优势也不明显。而在竞争性领域，由于国有及国有控股企业的主导，东北地区产业竞争力不强，尤其是很难与长三角、珠三角等市场化程度较高的地区的企业进行竞争。这些都与东北老工业基地国有及国有控股企业创新动力不足、创新效率偏低存在较大的关系。因此，国有及国有控股企业作为东北地区的名片和标签，如何支撑起东北老工业基地向创新驱动发展转型是亟须解决的问题。

（2）东北地区非国有企业尤其是中小型企业数量巨大，但非公经济活跃程度不高，还无法形成支撑老工业基地振兴的主要力量。

东北地区大型企业、国有及国有控股企业数量极少，但是它们控制了东北地区的绝大多数创新资源，剩下的绝大多数是中小型企业，尤其是以非国有及国有控股企业为主，且大多是私营企业，只能依靠很少的资源投入从事创新活动。东北三省小型企业均占80%以上，尤其是辽宁数量在全国靠前。也就是说，东北地区具有非公经济发展的企业基础，然而在资源投入方面这些企业还面临较多的困难。不管是R&D人员、R&D经费内部支出、R&D经费外部支出，还是技术获取和改造费用，东北三省都是少数的大型企业占绝对主导，比例大多在80%以上，中小型企业所占比例较低，尤其是数量最多的小型企业。

然而，从绩效端来看，大型企业并未起到绝对主导的作用，而中小型企业由于数量庞大，在创新绩效方面占据较大的比例。在发明专利方面，东北地区的中小型企业可以占到40%~50%；在利润方面，辽宁以小型企业为主，而吉林的中小型企业占到50%左右。但在最体现创新能力的新产品方面，东北三省还是以大型企业为主，中小型企业所占比重不足30%。因此，东北地区中小型企业的现状如下：均有的企业数量较大的基础，拥有较有限的创新资源，但是在创新绩效方面反而能占到较大的比重。

总之，东北地区的中小型企业，其中大多是非国有及国有控股企业，作为非公经济是东北老工业基地发展的重要组成部分之一，是有潜力成为支撑东北地区经济发展的重要力量的，但受限于东北地区的资源高度集中于大型国有及国有控股企业，非公经济的创新活跃程度不足，发展速度还比较慢，有待进一步提升。结合东北地区产业竞争力的成长也可以看出，以大型国有及国有控股企业为主、非公经济发展缓慢也是制约传统产业及高新技术产业实现跨越式发展的重要制约因素。

（3）东北地区政府支持主要以财政科技投入和税收优惠为主，但这些支持主要针对大型国有及国有控股企业，政策支持手段和对象有待调整。

在考察工业企业政府支持政策落实情况时，主要包括来自政府部门的科技活动资金、R&D费用加计扣除减免税及高新技术企业减免税，主要采用财政支持和税收优惠政策。在政策实施中，东北地区政府科技活动资金支持和R&D费用税收优惠支持力度都比较大，支持金额在全国都排名比较靠前。但在针对高新技术减免税上，东北三省支持力度又比较小，明显低于全国很多地区。但整体而言，东北地区对工业企业科技创新活动的支持力度还是比较大的。然而，这些支持的对象却又主要局限于大型企业、国有及国有控股企业。

具体而言，东北地区工业企业来自政府部门的科技活动资金主要支持大型企业，黑龙江甚至达到了95%；同时，政府科技活动资金主要流入了国有及国有控股企业，黑龙江甚至达到97%，辽宁和吉林也均在60%以上。这表明政府直接财政支持是东北政府支持企业发展采用的重要手段，但支持对象还主要是大型企业、国有及国有控股企业。在企业 R&D 费用税收优惠方面，从总额上看，东北地区对工业企业 R&D 费用的税收优惠支持力度比较大，吉林和辽宁在全国均排名前列，但同样主要支持大型企业。国有及国有控股企业是 R&D 费用税收优惠政策最大的受益者，不仅在减免税规模上排名前列，在所占比例上也均高于50%。在对高技术企业税收优惠方面，东北地区政府支持力度相对较小，且国有及国有控股企业所获优惠程度相对较小，辽宁和黑龙江占50%左右，而吉林仅占19%，表明在高技术企业方面，政府政策支持的很大一部分由非国有及国有控股企业受益，私营高技术企业在该方面获得了相当大的政策优惠。

综上，东北地区政府资金是工业企业从事创新活动的重要资金来源，但政府财政支持大多给了大型企业、国有及国有控股企业，然而，这些企业本来就相对缺乏创新动力或创新效率低下，政府资金直接大力支持更不利于激发企业创新的动力，也给其他类型企业造成了不公平的竞争环境。在税收优惠方面，研发费用税收优惠仍然是主要惠及大型企业、国有及国有控股企业，但非国有的高技术企业也能从高技术企业减免税中获益，表明高技术产业领域非国有企业得到了一定支持，这种支持有利于激发非国有企业创新的热情，同时有利于它们与国有及国有控股企业进行公平竞争。但总体上看，对国有及非国有企业政策支持手段和力度的不均衡会导致不同类型企业处于不公平的竞争环境，也不能从根本上推动以国有及国有控股企业为主体的产业创新能力的提升。

（4）东北地区以企业主体、产学研紧密结合的创新体系尚未完全建立，科技成果转化体系有待进一步完善。

东北地区拥有丰富的高校和研究机构资源，虽然从 R&D 人员和 R&D 经费投入上看，工业企业仍占最大的比例，但高校和研究机构同样也占相当的比重，基本处于40%~60%。从专利产出看更是如此，黑龙江和吉林的高校和研究机构所占比重高于工业企业所占比重，这表明东北地区高校和研究机构在创新体系运行中仍占据十分重要的地位。然而，东北地区高校、研究机构和工业企业之间的结合还较差。从工业企业 R&D 经费外部支出看，吉林和黑龙江的工业企业比较倾向于利用高校和研究机构的研发资源合作进行创新，而辽宁较差；但从东北地区专利合作网络结构看，与长三角地区相比，仍比较松散而且东北地区之间并未形成协同合作的机制，创新网络运行较差。同时，东北地区在全国技术交易网络中也处于边缘地位，三省之间的技术转移活动也较少，尚未建立起运行良好的科技成果转化体系。因此，如何建立产学研紧密结合并带动企业主体地位提升的创新体系仍是东北地区创新驱动发展亟须解决的重要问题。

此外，在研发价值链中，东北地区虽然对试验发展投入较多的人力和物质资源，但是相对于全国发达地区而言，基础研究、应用研究和试验发展的相对比例仍不够合理，在拥有大量高校和研究机构从事基础研究和应用研究的同时，应该进一步加大试验发展，推动基础研究成果的产业化和市场化。同时，在技术引进、消化吸收和再创新方面，东北地区也存在过于依赖技术引进（不管是外国技术引进还是国内技术购买）但轻视消化吸收的现象，而且相对而言技术改造的经费比重也存在提升的空间。

综上，在组织机构层面，东北地区大量的创新资源仍聚集在高校和研究机构，但产学研结合的情况并不理想，反映出高校和研究机构的大量成果并没有很好地实现市场价值；同时，东北地区存在严重的重引进、轻消化吸收现象，尤其是以国有及国有控股企业为代表，这导致产业发展过程中过于依赖技术引进，而很难进行自主创新，产业创新竞争力落后于人的局面。因此，打破高校、研究机构与工业企业充分合作的体制障碍，构建产学研紧密结合的创新体系，从而加速科技成果的转化。

（5）东北地区在知识产权体系建设及市场化进程方面进展较慢，创新环境有待进一步改善。

知识产权体系建设是工业企业从事创新活动的重要保障，从2003年东北老工业基地振兴战略实施以来，东北地区在知识产权保护和管理、知识产权服务方面已经取得了明显的进展。然而，整体上东北三省不管是专利执法还是商标执法在全国仍处于中下游水平，知识产权服务机构不管是数量还是提供的服务仍存在诸多问题，这些都不利于为工业企业营造一个良好的创新环境。

在市场化方面，东北三省在全国仍处于相对落后的位置，在政府与市场的关系、非国有经济的发展、产品市场的发育、要素市场的发育、中介组织发育和法律制度环境建设等方面都处于全国中下游。由于受计划经济体制影响较大，东北老工业基地市场化进展相对缓慢，这些从东北地区国有及国有控股企业掌控的资源程度可以看出。然而，与全国发达地区相比，市场化进程缓慢已经成为阻碍以国有及国有控股企业为支撑的东北地区实现创新驱动发展的重要因素。

第4章 东北老工业基地创新驱动发展政策演变分析

为了科学地制定符合东北老工业基地未来十年发展需求的振兴政策，必须从区域经济政策整体运行的视角，研究东北老工业基地振兴以来创新驱动政策的演变路径，以便为政策现状与发展需求的匹配性分析提供现实依据。

4.1 东北老工业基地创新驱动发展政策演变分析框架

为了揭示东北老工业基地创新驱动发展政策的演变趋势，进而为政策设计提供理论和现实依据，本节将文本挖掘、社会网络分析、统计分析等方法引入政策研究领域，建立东北老工业基地创新驱动发展政策总体分析框架，如图4.1所示。依据该框架，从政策力度、政策对象以及政策工具等方面对东北老工业基地创新驱动发展政策进行梳理分析。

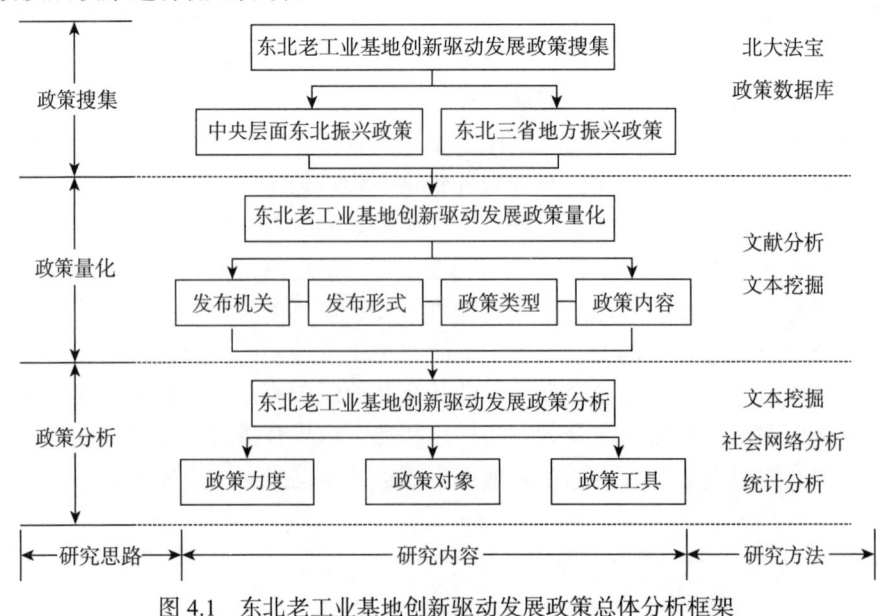

图 4.1　东北老工业基地创新驱动发展政策总体分析框架

公共政策分析可采取面向政策主体和对象的主观研究方法和面向政策文本的客观研究方法两种范式（刘凤朝和孙玉涛，2007）。主观研究方法以政策制定主体和调控对象的组织和个人为对象，通过访谈、问卷、案例研究等方式收集有关政策制定和实施的相关信息，以便对政策过程和效果进行评价分析。客观研究方法将政策对象作为一个复杂系统，从政策系统的整体出发，着眼于整体与部分、整体与结构和层次、结构与功能、系统与环境等方面的相互作用，以求得到优化整体目标的政策研究方法（彭纪生等，2008；刘凤朝和徐茜，2012）。从政策研究方法的功能特征和研究问题出发，在政策演化分析中主要采用客观研究方法，在政策需求研究中主要采用主观研究方法。

4.1.1 东北老工业基地创新驱动政策分析方法

在政策演化分析中，将文本挖掘、统计分析和社会网络分析等方法有机结合，首先利用文本挖掘技术的政策信息发掘功能，对样本政策标题和内容中的有效信息进行提取、量化，建立政策量化数据库，作为分析的基础；其次以文本挖掘抽取的样本数据为研究基础，通过数据统计和网络可视化图谱分析阐明促进东北老工业基地振兴政策的动态演化过程。

1. 文本挖掘方法

文本挖掘是帮助用户从大量文本中获取信息的工具，主要是从大量的、无结构的文本信息中发现潜在的数据模式、内在关联、发展趋势等，从中抽取出有价值的信息，并利用这些信息进一步分析对象事物的演化过程。典型的文本挖掘方法包括文本分类、文本聚类、概念/实体挖掘、生产精确分类、观点分析、文档摘要和实体关系模型。

任何一个单项政策或政策组合都是一个复杂的文本系统，该系统包含大量的概念、词汇或语句，也有诸多思想观点、价值判断或行动方案，同时还涉及政策制定主体和调控对象的相关信息。上述内容都从一个侧面反映出政策制定主体的意图、政策调控主要目标及政策实施的可能成效。因此，利用复杂系统科学方法和文本挖掘技术对政策文本进行分析，可以客观地揭示政策体系的状态和演化路径。本部分采用文本挖掘方法提取政策标题中的主题词，按不同地区、不同时间段建立主题词库，以此作为政策目标演化分析的数据样本。同时利用此方法对政策内容进行有效信息挖掘，并将抽取到的信息从发布机关、发布时间、政策类型、发布形式等方面进行量化，以此作为进一步分析的基础。

2. 社会网络分析方法

"社会网络"指的是社会行动者（social actor）及他们之间的某种关系。也可以说，一个网络是由多个点（社会行动者）和各点之间的连线（代表行动者之间的关系）组成的集合。社会网络分析对各种关系进行质的描述和量化，了解各节点之间的关联，揭示关系结构，其相关指标度表示连接两个节点的最短连线之和，它能充分反映节点之间的量化关系，其直观灵活的网络图因其可视化的独特优势受到众多学者的青睐。

公共政策不仅体现为文本内容，还是一个复杂的关系网络系统。政策系统中各种政策目标、政策工具、政策调控对象及政策主体间存在复杂作用关系。此外，政策主体与政策目标、政策目标与政策工具、政策工具与政策调控对象之间也存在相互关联，上述关系网络既决定政策系统的功能，也决定政策实施的路径选择。因此，将社会网络分析方法引入公共政策研究领域，将政策主体、政策目标、政策工具等作为网络节点，将不同主体间、不同目标间、不同工具间，以及主体与目标、目标与工具、主体与工具间的作用作为网络关系，通过节点特征和关系特征的分析，可以从系统视角形成对政策演化的分析与判断（周莹和刘华，2010；刘凤朝和徐茜，2012）。

本部分利用 UCINET 6.0 软件，采用网络可视化图谱技术和结构指标，来分析促进东北老工业基地振兴政策目标的动态演变。

3. 统计分析

统计分析是指运用统计方法分析对象有关的特征，从定量与定性结合上进行研究的活动。统计分析常指对收集到的有关数据资料进行整理归类并进行解释的过程。统计分析方法，按不同的分类标志，可划分为不同的类别，而常用的分类标准是功能标准，依此标准进行划分，统计分析可分为描述统计和推断统计。描述统计是指将研究所得的数据加以整理、归类、简化或绘制成图表，以此描述和归纳数据的特征及变量之间的关系的一种最基本的统计方法。描述统计主要涉及数据的集中趋势、离散程度和相关强度。推断统计是指用概率形式来判断数据之间是否存在某种关系及用样本统计值来推测总体特征的一种重要的统计方法。

单项政策或政策组合中包含着大量的概念、词汇或语句、思想观点、价值判断或行动方案等有价值的信息，通过文本挖掘方法能够将这些信息准确抽取出来，在此基础上利用统计分析方法将这些信息进行量化、统计，以便将政策中直观的、有价值的信息客观表达出来，并从定量的角度进行分析。因此，在政策文本研究中使用统计分析方法，可以从定量分析的角度客观揭示政策内容的演化路径。

本部分采用统计分析的方法，对政策量化后的数据样本进行定量与定性相结合的分析,考察促进东北老工业基地振兴政策力度、政策对象及政策工具的演化过程。

4.1.2 东北老工业基地创新驱动政策分析数据来源

本部分采用的数据来源于北大法宝政策数据库(简称北大法宝),包括2003~2013年中央发布的促进东北老工业基地振兴政策,东北三省发布的促进东北老工业基地振兴以及相关的法规和政策。

北大法宝创建于1985年,是目前国内最成熟、最专业、最先进的法律法规检索系统。北大法宝收录自1949年起至今的全部法律法规,包括中央法规司法解释、地方法规规章、合同与文书范本、中国港澳台法律法规、中外条约、法律动态等。截至2014年8月19日,该数据库收录中央法律司法法规217 808篇,地方法规规章791 281篇;该数据库收录的政策均来自立法认可的官方网站、政府公报、法规汇编,以及有关合作单位提供的文件;平均每日更新600余篇,法律、行政法规发布后3日内更新,中央文件发布后7日内更新,地方文件发布后15日内更新,标注法规时效性,注明时效变化原因;数据库收录的政策均经过电脑与人工校对,符合出版物质量标准,经过与政府公报文本的核对。北大法宝数据库在内容和功能上全面领先,已成为中国最早、最大的法律信息服务平台。

本部分利用北大法宝政策数据库,分别搜集中央发布的促进东北老工业基地振兴的相关政策,以及东北三省省级层面发布的振兴老工业基地政策。在中央政策层面,通过在"中央法规司法解释"政策库中,以"东北"为法规标题检索词,共得到235篇政策条目,通过仔细阅读筛选,最终得到2003~2013年45条与东北老工业基地振兴有关的政策。在东北三省省级层面,通过在"地方法律规章"政策库中,以"振兴"、"创新"、"科技"、"研发"、"产业"、"知识产权"、"人才"、"改革"、"国有"、"金融"、"企业"、"开放"、"税收"、"补贴"、"采购"及"市场"等作为标题关键词,分别检索辽宁、吉林和黑龙江与老工业基地振兴有关的政策。由于《中共中央、国务院关于实施东北地区等老工业基地振兴战略的若干意见》是在2003年10月发布实施的,东北各省跟进的政策措施实际上是在2004年开始展开,因此本部分主要关注东北地区2004~2013年发布实施的振兴政策。经过对政策标题和内容的阅读筛选,最终得到辽宁共119条政策,吉林共118条政策,黑龙江共88条政策。这样,中央和东北地方共有370条政策作为研究样本。

4.1.3 东北老工业基地创新驱动政策分析逻辑

为了清晰地揭示东北老工业基地振兴政策的演化路径,本部分从政策力度、政策对象、政策工具等方面对370条样本政策进行定性和定量分析。由于中央层面政策数量较少，不再区分时间段进行分析。对于东北三省出台的政策，把2004~2013年分为2004~2008年和2009~2013年两个阶段进行对比分析。

本部分采取以下步骤对政策文本进行量化和分析。首先，为了分析政策力度，识别出各条政策的发布机关和发布形式，研究样本中的政策是由全国人民代表大会（含常务委员会）、中共中央、国务院、各部委，以及东北三省省人民代表大会（含常务委员会）、省委、省人民政府、省委办厅局发布，以条例、行政法规、规划纲要、指导意见、通知等形式存在；进而根据政策的发布机构在政策制定和实施过程中的作用，将这些政策划分为A、B、C三个等级，其中全国人民代表大会（含常务委员会）通过的政策为A等级，中共中央、国务院发布的政策为B等级，各部委发布的政策为C等级。东北三省发布的政策依据中央政策分类标准，按省人民代表大会（含常务委员会）、省委及省人民政府、省委办厅局依次划分为a、b、c三个等级。然后，对政策发布机关进行统计，并采用网络分析方法考察政策发布机关之间的协同情况。

其次，通过阅读政策标题和内容，根据政策作用的对象，对政策进行分类。将把政策对象分为区域、产业、组织机构（企业、高校院所、中介机构等）、人才、科技创新及环境六类，并根据这些政策作用的对象对政策进行归类（刘华和孟奇勋，2009）。然后，通过提取各类政策中每条政策的主题词，运用社会网络分析法描述不同阶段各类政策内容的演变情况，从而对政策对象进行分析。

最后，为了分析政策工具的组合演变，把政策工具分为供给类、环境类和需求类政策，供给类包括财政支持、人才支持、基础设施、信息支持等；环境类包括战略规划、税收优惠、金融支持、知识产权、法规管制、行政措施、科技奖励等；需求类包括政府采购、贸易管制及服务外包等（赵筱媛和苏竣，2007）。通过浏览和阅读逐条政策文本，对每条政策中涉及的政策工具进行统计分析，并按照政策对象类别进行统计对比两个阶段的政策工具变化。在此基础上，还运用社会网络分析法对政策工具的组合使用情况进行分析。

另外需要特别说明的是，东北老工业基地是指东北三省（辽宁、吉林、黑龙江）和内蒙古的赤峰、兴安盟、通辽、锡林郭勒盟、呼伦贝尔，由于内蒙古部分地区的统计数据缺失，所以数据采集以东北三省为对象。

4.2 东北老工业基地创新驱动发展政策力度演变分析

政策力度是指政府实施宏观调控的效果和作用力。政策力度与政策制定主体的权力特征密切相关。政策力度演化分析是从政策制定主体和权力特征出发，研究国家和地方政府促进东北老工业基地振兴政策制定主体及政策形式的变化，其结果可为优化政策制定主体结构提供依据。

4.2.1 中央促进东北老工业基地振兴政策力度分析

中央促进东北老工业基地振兴政策文件发布的主体主要涉及全国人民代表大会（含常务委员会）、中共中央、国务院、各部委等，政策发布形式涉及规划、计划、决定、规定、办法、意见、通知、批复等多种形式。图4.2统计了45条中央促进东北老工业基地振兴政策的发布形式。

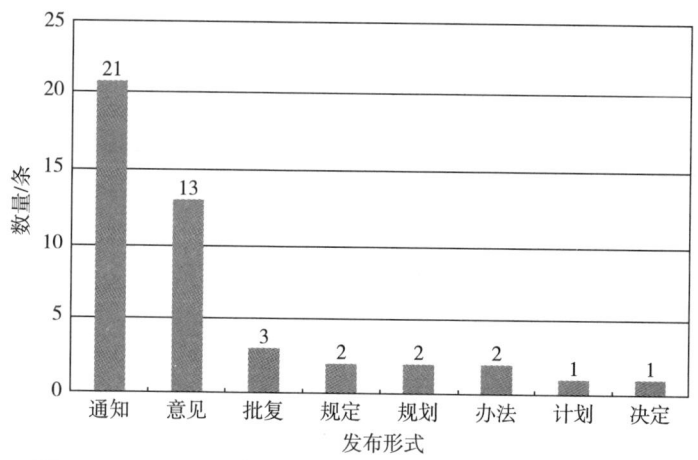

图 4.2　2003~2013年中央促进东北老工业基地政策发布形式

由图4.2可知，发布最多的政策形式是"通知"（21条），其次是"意见"（13条），其他形式相对较少。"通知"主要是指国务院各部委为了落实东北老工业基地振兴政策发布的具体政策，如有关所得税优惠政策的通知、东北地区等老工业基地领导小组组成人员的通知等；"意见"既有国务院直接发布的针对东北老工业基地振兴的实施意见，包括2003年发布的《中共中央、国务院关于实施东北地区等老工业基地振兴战略的若干意见》，以及2009年发布的《国务院关于进一步实施东北地区等老工业基地振兴战略的若干意见》，也包括国务院各部委针对东北老工业基地振兴某一特定方面的具体意见，如《国务院办公厅关于促进东北老工业基地进一步扩大对外开放的实施意见》及《建设部关于推进东北地区棚户区改造工作的指导意见》等。

多年来的政策实践证明，政策的力度和发布主体层级基本一致，鲜明的制定主体层级体现了政府管理体制严格的由上而下的特点。根据发布主体不同，将其划分为A、B、C三个等级，如图4.3所示。

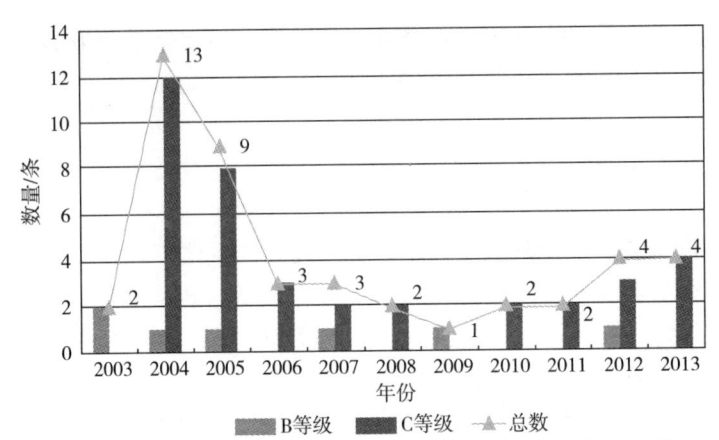

图 4.3 2003~2013年中央促进东北老工业基地振兴政策效力等级

根据图 4.3，2003~2013 年中央促进东北老工业基地振兴政策效力等级主要为 C，即主要是国务院各部委发布的配套政策，由国务院直接发布的 B 等级的政策较少，而 A 等级的政策根本没有。从时间上看，近几年振兴政策的数量和力度都有所下降，结合图 4.2 可知，中央政府针对东北老工业基地振兴出台的政策既在数量上呈下降的趋势，又在效力等级上偏低。

图 4.4 进一步描述了中央振兴东北老工业基地政策的有效性情况，可以看出，2003~2008 年紧跟老工业基地振兴战略出台的诸多政策目前都已经失效（45 条政策中有 16 条失效），这些大多是针对东北地区税务工作的政策，只有近几年出台的有效政策呈上升趋势。

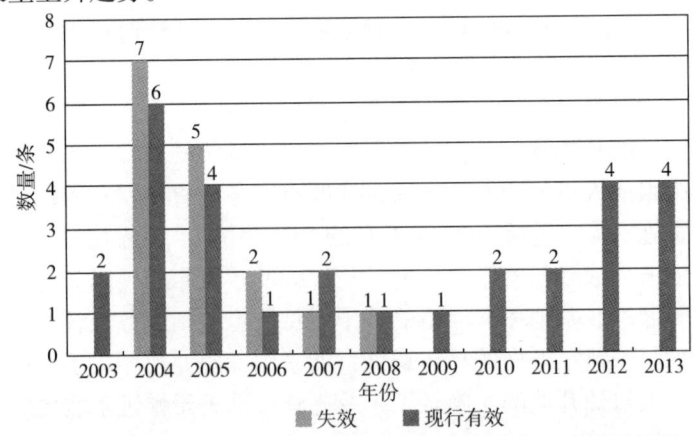

图 4.4 2003~2013年中央促进东北老工业基地振兴政策有效性

为了更清楚地描述中央各部门对东北老工业基地振兴的支持，图 4.5 统计了相关的政策发布部门，共有 17 个部门参与政策发布。财政部（18 条）和国家税务总局（15 条）是发布政策最多的部门，其次是国务院办公厅（7 条）、国务院（6 条）及国家发展和改革委员会（6 条）。财政部和国家税务总局为了落实国务院发布的振兴东北老工业基地政策，发布了诸多有关所得税、资源税、增值税的政策，且很多是联合发布的。图4.6绘制了联合发布政策部门的网络图谱，共有20条政策是两部门或多部门联合发布的，涉及10个部门，节点大小表示联合部门的多少，连线粗细表示发布政策次数多少。其中，财政部和国家发展和改革委员会是与其他部门联合发布政策最多的部门，但财政部不仅联合发布的部门多，联合发布的次数也多，尤其是与国家税务总局联合发布政策次数最多。

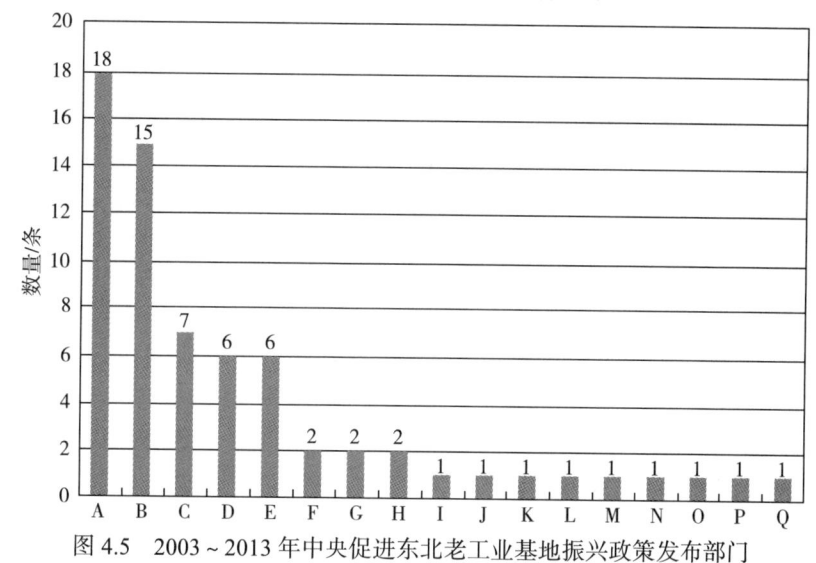

图 4.5　2003~2013年中央促进东北老工业基地振兴政策发布部门

A代表财政部；B代表国家税务总局；C代表国务院办公厅；D代表国务院；E代表国家发展和改革委员会；F代表建设部（已撤销）；G代表国家质量监督检验检疫总局；H代表农业部；I代表最高人民检察院；J代表国务院国有资产监督管理委员会；K代表国防科学技术工业委员会（已撤销）；L代表国家粮食局（含国家粮食储备局）；M代表国务院振兴东北办；N代表教育部；O代表人力资源和社会保障部；P代表农业发展银行；Q代表中国科学院

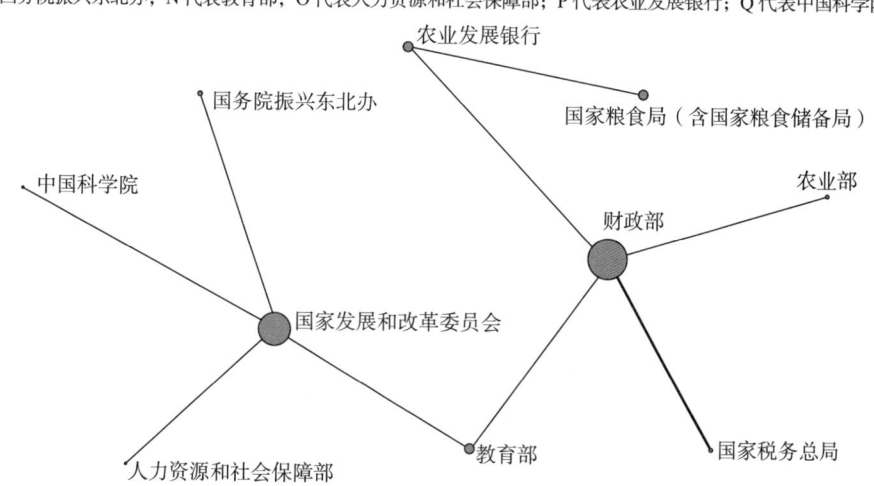

图 4.6　2003~2013年中央促进东北老工业基地振兴政策部门联合发布网络图谱

4.2.2 辽宁促进老工业基地振兴政策力度分析

如图4.7所示，2004~2013年，辽宁针对振兴老工业基地共发布119条政策，其中，以"通知"（39条）、"办法"（34条）和"意见"（29条）形式发布的最多。此外，还以"条例"形式发布了9条政策，包括技术市场、人才市场、权益保护、中小企业、专利等诸多方面，反映出辽宁在振兴老工业基地时的政策力度较大。从图4.8中也可以看出，辽宁出台的政策数量虽然存在一定波动，但每年均发布一定数量的政策，且2012~2013年有明显增长；从政策效力等级看，a等级虽然相对较少，但分散在不同年份时有发布，b等级和c等级政策相对均衡，省政府不断发布各类振兴政策，而各厅局也及时出台配套政策。从图4.9还可以看出，除了部分政策被修订外，失效政策很少，大多政策都是现行有效的，这保障了政策的稳定性。

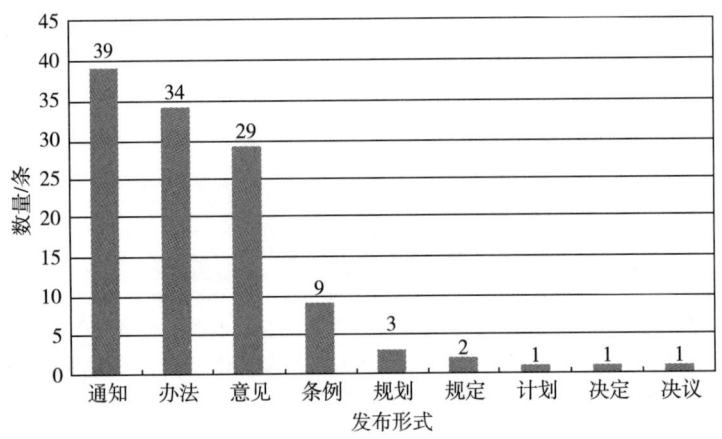

图4.7　2004~2013年辽宁促进老工业基地政策发布形式

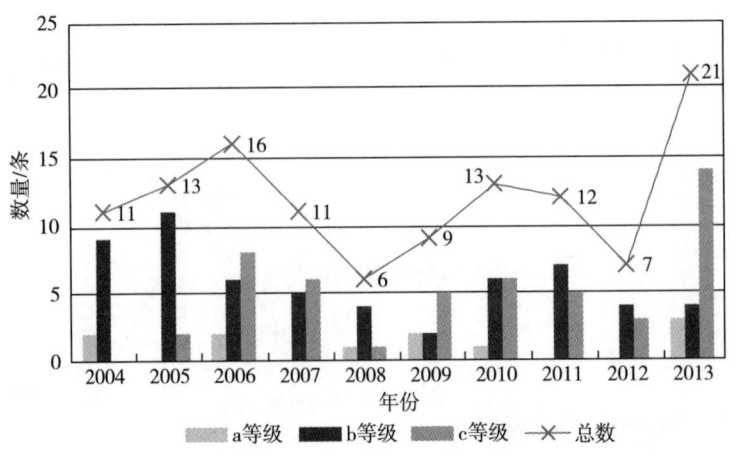

图4.8　2004~2013年辽宁促进老工业基地政策效力等级

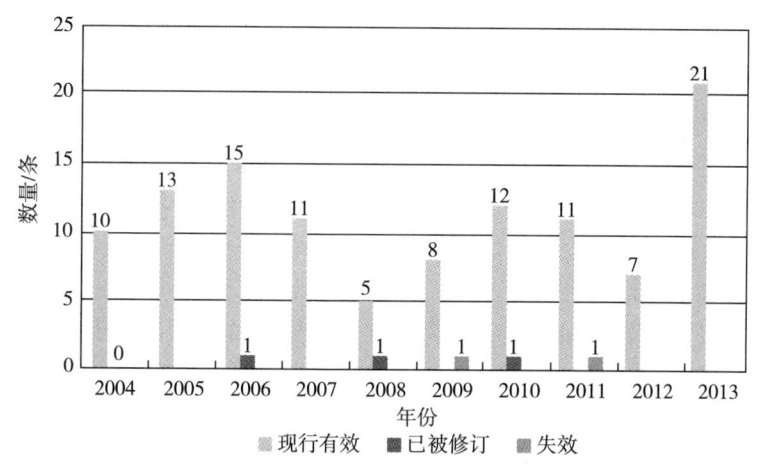

第 4 章 东北老工业基地创新驱动发展政策演变分析

图 4.9 2004~2013 年辽宁促进老工业基地政策有效性

通过进一步统计各类政策发布部门（图 4.10），可以看出共涉及 27 个政府部门。其中，辽宁省政府是发布政策最多的部门（58 条），其次是辽宁省财政厅（25 条）、辽宁省人民代表大会（含常务委员会）（11 条）及辽宁省科学技术厅（10 条），而其他各厅局发布的政策比较零散。

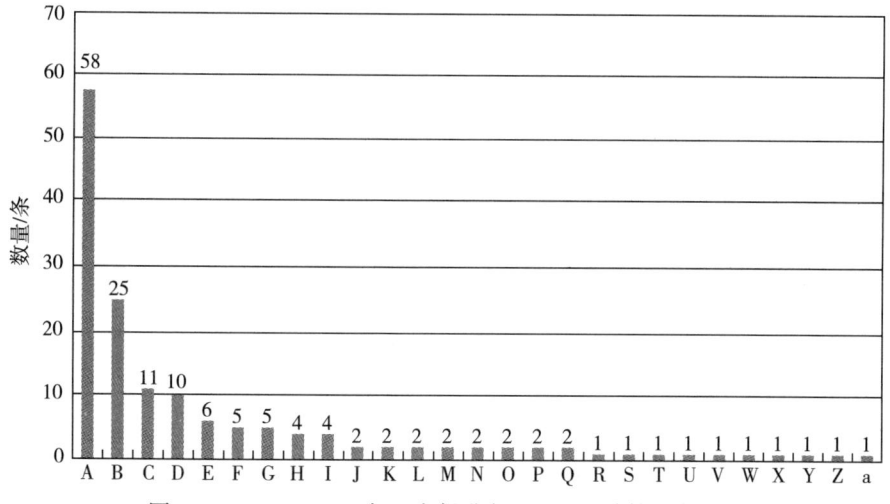

图 4.10 2004~2014 年辽宁促进老工业基地政策发布部门

A 代表辽宁省政府；B 代表辽宁省财政厅；C 代表辽宁省人民代表大会（含常务委员会）；D 代表辽宁省科学技术厅；E 代表辽宁省人民政府国有资产监督管理委员会；F 代表辽宁省人力资源和社会保障厅；G 代表辽宁省知识产权局；H 代表辽宁省地方税务局；I 代表辽宁省教育厅；J 代表辽宁省对外开放工作领导小组；K 代表辽宁省发展和改革委员会；L 代表辽宁省国家税务局；M 代表辽宁省经济和信息化委员会；N 代表辽宁省农村经济委员会；O 代表辽宁省人事厅；P 代表辽宁省中小企业厅；Q 代表中共辽宁省委员会；R 代表辽宁省动物卫生监督管理局；S 代表辽宁省工商行政管理局；T 代表辽宁省国土资源厅；U 代表辽宁省环境保护局；V 代表辽宁省经济委员会；W 代表辽宁省林业厅；X 代表辽宁省农业厅；Y 代表辽宁省水利厅；Z 代表辽宁省卫生厅；a 代表辽宁省信息产业厅

在发布的 119 条政策中，共有 23 条政策是多部门联合发布的。由图 4.11 可以看出，只有辽宁省人民代表大会（含常务委员会）、辽宁省政府、辽宁省卫生厅、辽宁省国土资源厅以及辽宁省环境保护局是单独发布政策，其他 22 个部门均有联合发布政策。其中，辽宁省财政厅是与其他部门联合发布政策最多的部门，且与辽宁省科学技术厅联合发布政策最多，政策涉及各类科技专项资金的管理，但需要注意的是，辽宁省财政厅往往是与其他部门两两联合发布政策，而从图 4.11 中可以看到两个多部门联合发布的小团体，第一个涉及辽宁省国家税务局、地方税务局、人力资源和社会保障厅、工商行政管理局、国有资产监督管理委员会及科学技术厅；第二个涉及辽宁省人事厅、林业厅、水利局、农村经济委员会、动物卫生监督管理局等。这表明辽宁省在支持老工业基地振兴过程中，部门间联合发布政策数量占到总数的 19%，各政府部门存在较多的沟通和协调，并通过联合发布政策扩大了政策的作用范围和影响效果，有利于政策力度的增强。

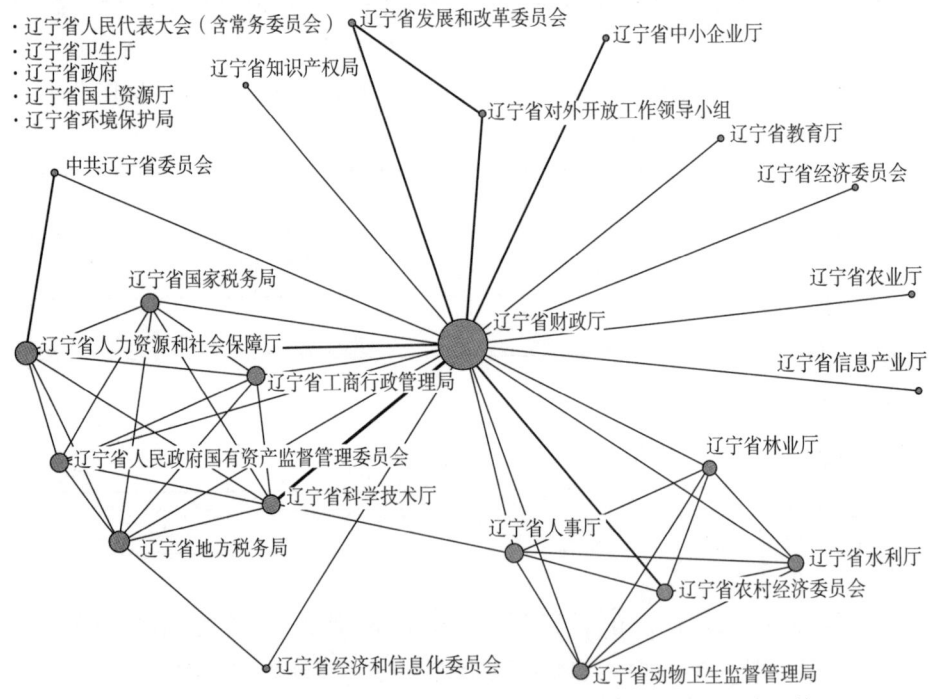

图 4.11　2004~2013 年辽宁促进老工业基地政策部门联合发布网络

4.2.3　吉林促进老工业基地振兴政策力度分析

如图 4.12 所示，2004~2013 年，吉林共发布 118 条振兴老工业基地政策，与辽宁在政策数量上相当。其中，大多是以"意见"（46 条）和"通知"（45 条）的形式发布，其次是"办法"（9条）和"计划"（8条），其他形式较少。因此，从政策发布形式上看，吉林政策力度有待提升。从图4.13也可以明显看出，吉林发布政策a等级很少，大多政策都是b等级，即由吉林省政府发布，同时吉林省各厅局发布的c等级政策也较少，明显对省政府政策的配套不足，这种情况在近些年才稍有改善。从图4.14可以看出，2004～2013年吉林发布的政策基本都是现行有效的，在政策稳定性上有充分的保障，但还缺少更高效力等级的政策工具，政策的约束性较低。

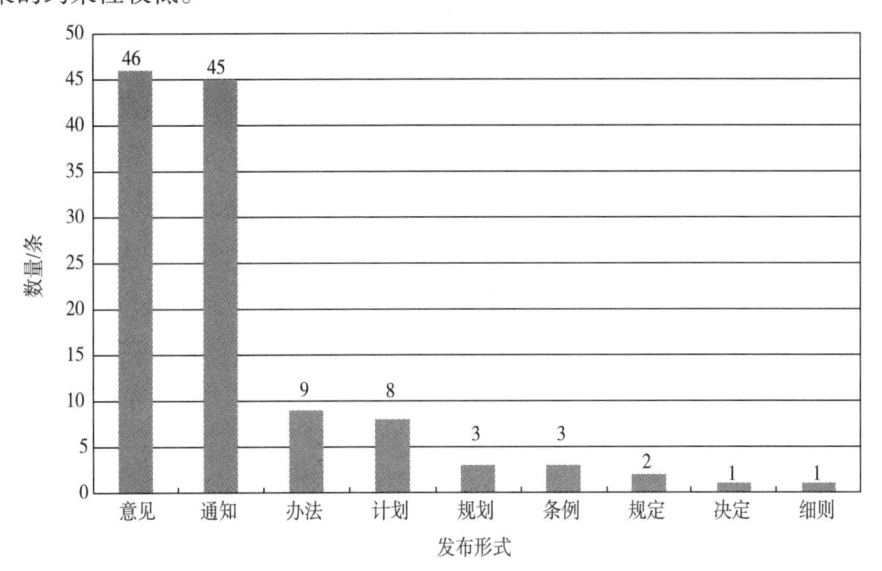

图4.12 2004～2013年吉林促进老工业基地政策发布形式

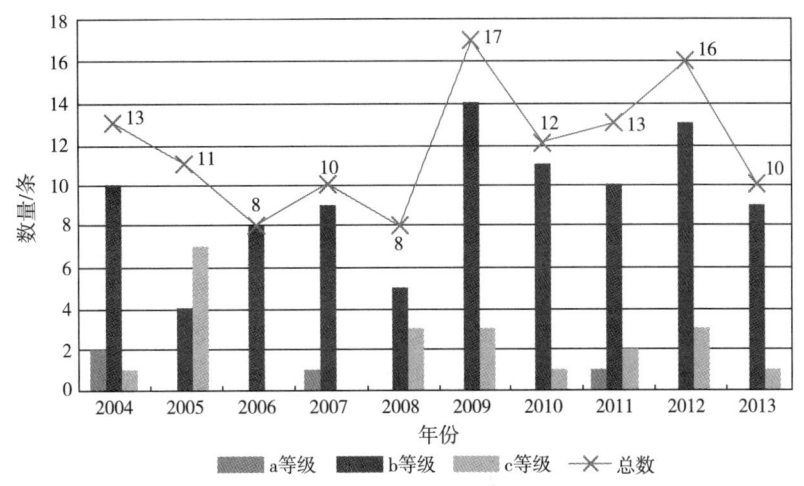

图4.13 2004～2013年吉林促进老工业基地政策效力等级

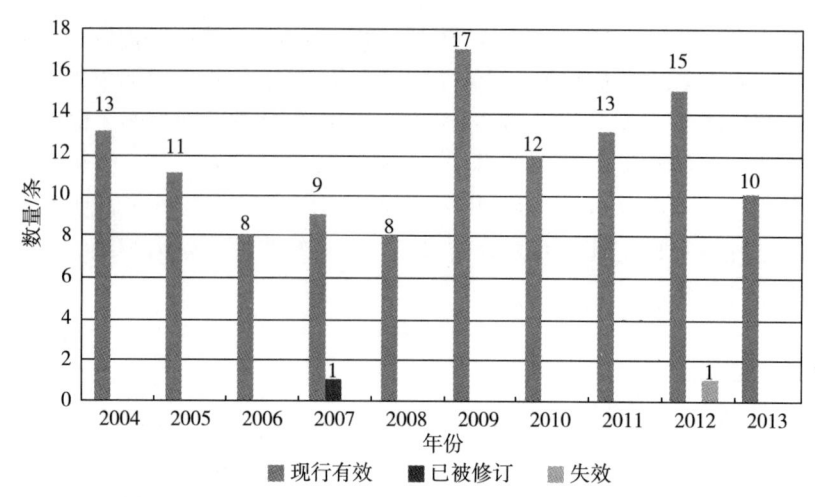

图 4.14　2004～2013 年吉林促进老工业基地政策有效性

如图 4.15 所示，从吉林发布政策的各政府部门看，也印证了政策效力等级的分析，大多政策都是由吉林政府发布（93 条），其他只有 8 个政策发布部门，而且其他各厅局发布配套政策极少，这与辽宁呈现明显的反差。同时，在 118 条政策中，仅有 3 条政策是部门间联合发布政策，涉及吉林省国家税务局、地方税务局、科学技术厅、财政厅等（图 4.16），政府各部门之间的协调合作较少，大多是单打独斗，这与辽宁的情况也截然不同。在政策效力等级不足的情况下，各政府部门的单打独斗也势必会影响政策的执行效果和力度。

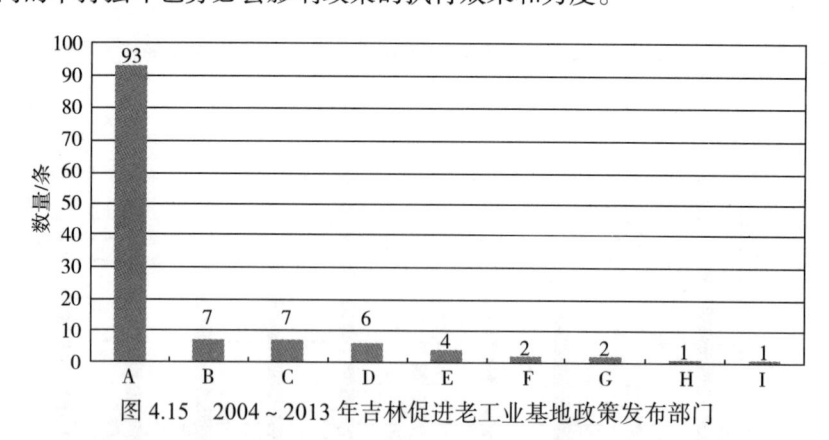

图 4.15　2004～2013 年吉林促进老工业基地政策发布部门

A 代表吉林省政府；B 代表吉林省地方税务局；C 代表吉林省国家税务局；D 代表吉林省科学技术厅；E 代表吉林省人民代表大会（含常务委员会）；F 代表吉林省财政厅；G 代表吉林省教育厅；H 代表吉林省人力资源和社会保障厅；I 代表吉林省人民政府国有资产监督管理委员会

- 吉林省教育厅
- 吉林省人民代表大会（含常务委员会）
- 吉林省人民政府国有资产监督管理委员会
- 吉林省政府

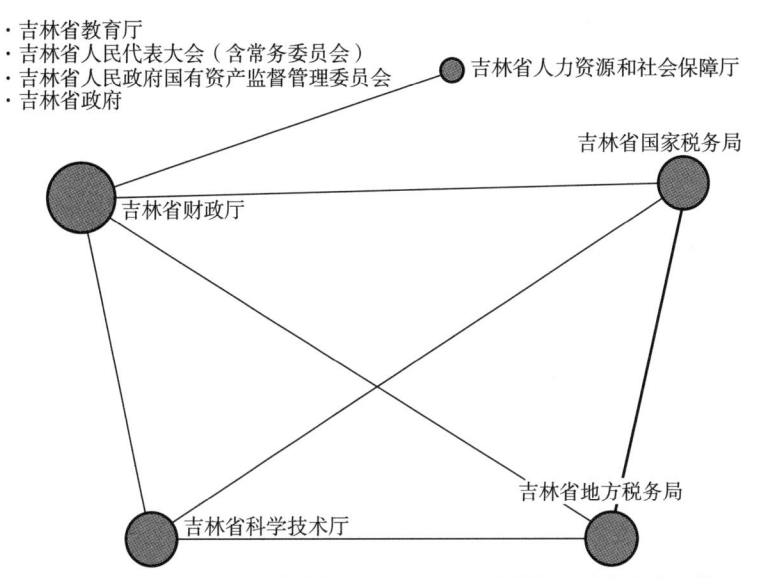

图 4.16　2004~2013 年吉林促进老工业基地政策部门联合发布网络

4.2.4　黑龙江促进老工业基地振兴政策力度分析

如图 4.17 所示，2004~2013 年黑龙江共发布 88 条振兴老工业基地政策，比辽宁和吉林稍少，政策形式包括通知、办法、意见、条例、规划、计划、规定、决定以及细则。其中，以"通知"（34 条）、"办法"（26 条）和"意见"（14 条）形式发布的政策最多，其他政策均较少。

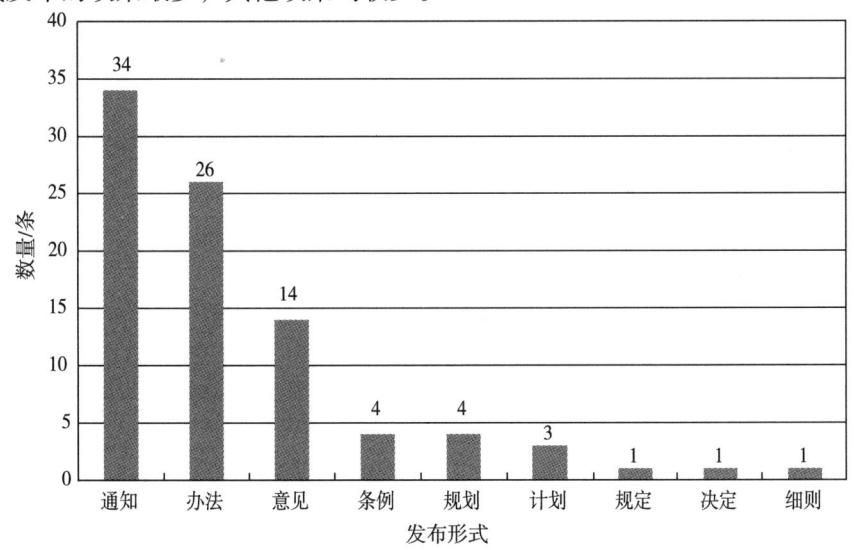

图 4.17　2004~2013 年黑龙江促进老工业基地政策发布形式

由图 4.18 可知，2004~2013 年黑龙江振兴老工业基地振兴的政策数量基本呈稳步递增的趋势，这与辽宁的波动、吉林的基本稳定呈现不同的态势。这些政策中，a 等级的政策明显偏少，尤其是近些年几乎没有发布，大多是 b 等级和 c 等级的政策，且二者也呈增长的趋势；其中，c 等级政策的数量稍高于 b 等级政策，表明在省政府发布政策的基础上，各厅局积极地发布了相关配套政策。由图 4.19 可知，2004~2013 年黑龙江政策也基本稳定，除了少数被修订外，大多都是现行有效的。黑龙江虽然在政策数量、效力等级等方面还稍弱，但在振兴老工业基地促进政策方面呈现良好的态势。

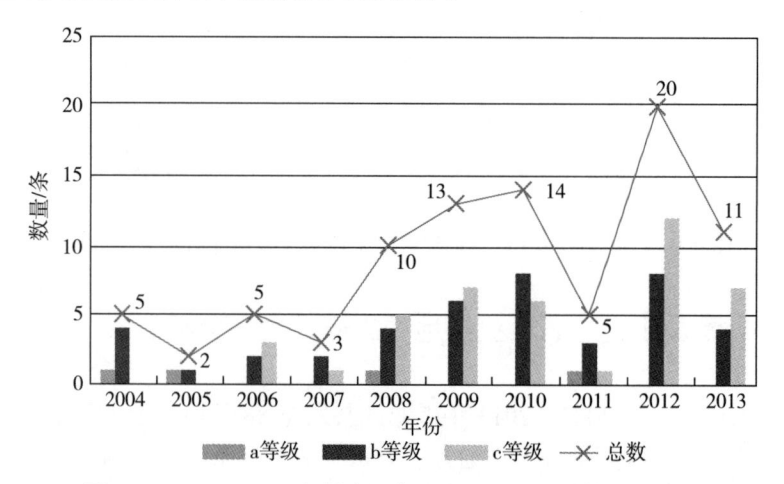

图 4.18　2004~2013 年黑龙江促进老工业基地政策效力等级

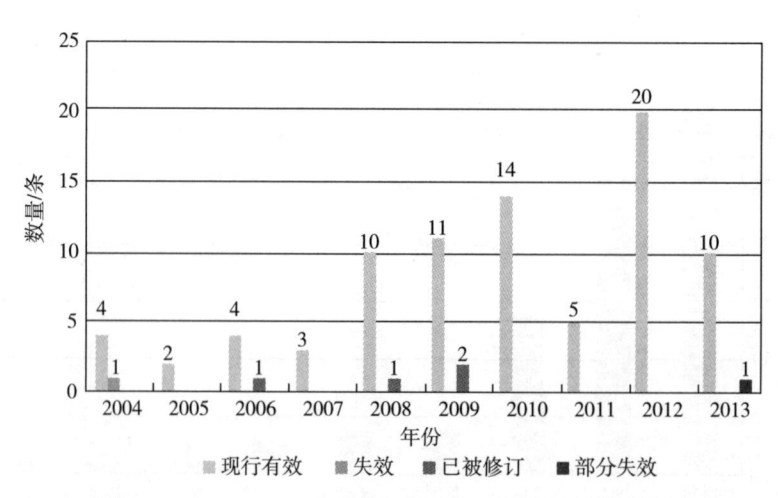

图 4.19　2004~2013 年黑龙江促进老工业基地政策有效性

如图 4.20 所示，从政策发布部门看，黑龙江振兴政策涉及 24 个部门，但大多政策都由黑龙江省政府发布（42 条），几乎占了政策总量的一半；其他部门只有省财政厅、科技厅、地方税务局及工业和信息化委员会发布了一定数量的政策，大多部门仅发布了零散的少数政策。从部门间的联合看，88 条政策中只有 12 条政策是联合发布的，从图 4.21 可以看出，在这 12 条联合发布政策中，几乎所有的政策发布部门均参与其中，形成了一个各政府部门相互交织的网络，其中，黑龙江省财政厅、商务厅、国家税务局比较突出，同时还存在诸如工业和信息化委员会、国土资源厅、地方税务局、发展和改革委员会等联系数相当的部门。总之，黑龙江的政府部门联合发布网络既明显强于吉林的缺乏网络，又与辽宁的网络存在一定差异，各部门间的联系和交互更为广泛，体现为多部门联合发布政策较多，这有利于扩大政策的影响范围。

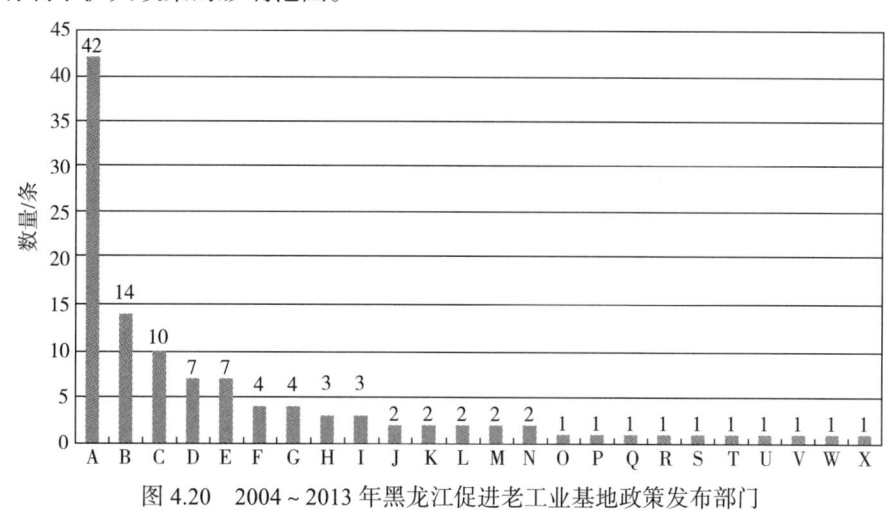

图 4.20　2004~2013 年黑龙江促进老工业基地政策发布部门

A 代表黑龙江省政府；B 代表黑龙江省财政厅；C 代表黑龙江省科技厅；D 代表黑龙江省地方税务局；E 代表黑龙江省工业和信息化委员会；F 代表黑龙江省人大（含常委会）；G 代表黑龙江省人民政府国有资产监督管理委员会；H 代表黑龙江省工商行政管理局；I 代表黑龙江省知识产权局；J 代表黑龙江省国家税务局；K 代表黑龙江省教育厅；L 代表黑龙江省科学技术委员会；M 代表黑龙江省农业委员会；N 代表黑龙江省商务厅；O 代表黑龙江省发展和改革委员会；P 代表黑龙江省国土资源厅；Q 代表黑龙江省国有企业改革办公室；R 代表黑龙江省环境保护厅；S 代表黑龙江省监察厅；T 代表黑龙江省经济委员会；U 代表黑龙江省人力资源和社会保障厅；V 代表黑龙江省人事厅；W 代表黑龙江省信息产业厅；X 代表中国人民银行哈尔滨中心支行

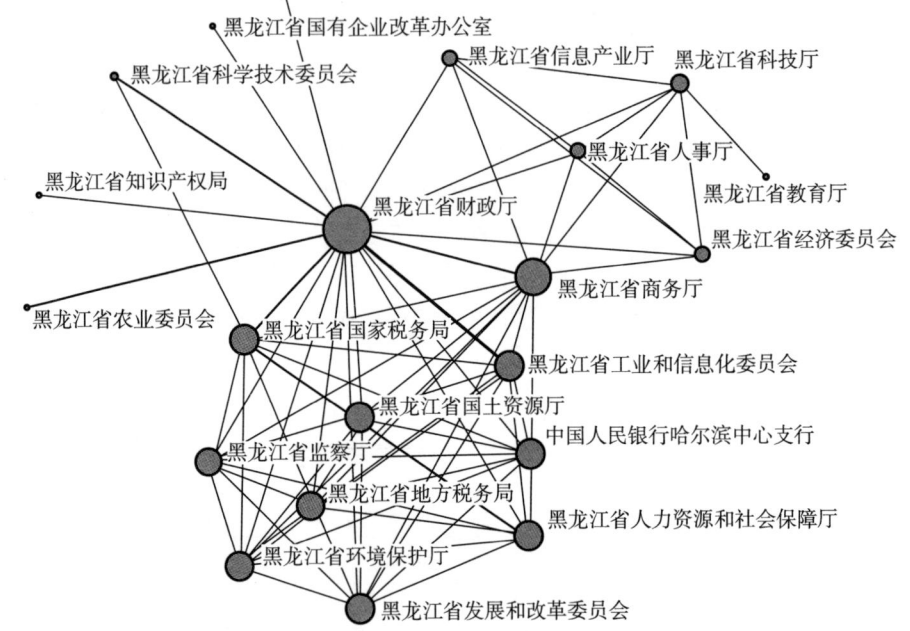

图 4.21　2004～2013 年黑龙江促进老工业基地政策部门联合发布网络

4.2.5　东北老工业基地振兴政策力度演变趋势总结

1. 中央促进东北老工业基地振兴政策力度演变趋势

2003 年实施东北地区等老工业基地振兴战略以来，虽然在战略规划方面，中央积极发布振兴战略实施意见，并后续出台了东北地区振兴规划、东北振兴"十二五"规划等，在宏观上给予了政策支持。但整体上看，中央促进东北老工业基地振兴政策力度有下降的趋势，尤其是与振兴前五年相比，近几年的政策数量、发布形式及效力等级方面都有所下降。除了以国务院名义发布的实施意见外，大多政策都是国务院各部委发布的配套政策。在各类配套政策中，尤其是以税收优惠政策为主，而这类政策大多具有时间限制，一段时间后大都失效，导致中央针对东北老工业基地振兴的配套政策有很多已经失效。此外，在各类政策发布部门中，财政部和税务部门是发布政策最多的部门，其他职能部门配套政策相对较少，导致东北老工业基地振兴政策不能很好地落地。

总之，老工业基地现象作为我国从计划经济向市场经济转变，从要素驱动向创新驱动转变中的历史事实，不是东北地区所特有的，国家从中央层面出台促进东北地区科技和经济发展的相关政策对于我国老工业基地振兴的全局推进具有极其重要的战略意义。中央层面出台的政策体现了由一般的规定、意见向战略和规划的提升，体现了国家振兴东北老工业基地的战略意志，大大提高了相关政策的约束力和执行力。然而，战略规划不仅要有明确的目标内涵，还需要有诸多配套政策的跟进。东北老工业基地振兴战略规划的实施还有待调动更多中央政府的政策资源，以及推动地方政府制定更多相关支持政策。

2. 东北三省促进老工业基地振兴政策力度演变趋势

就东北三省而言，辽宁、吉林和黑龙江的政策力度演变趋势呈现出一定的差异性。辽宁在东北三省中发布政策数量和效力等级最高，并且表现出了由政府规划、战略向地方法规的提升。同时，省政府发布政策与各委、办、厅、局发布政策逐渐呈现出协同的局面，各部门间不但在政策数量上有所匹配，而且还较多地通过联合发布保障了政策的作用范围，这有利于保障政策执行过程的顺畅性。吉林和黑龙江在政策效力等级方面稍低，以法规形式发布的政策相对较少。其中，黑龙江省政府和各委、办、厅、局发布政策的配套和协调性较高，各部门间倾向于通过沟通和协调联合发布政策。但是，吉林主要是以省政府发布政策为主导，各委、办、厅、局的跟进和配套存在明显不足，而且各部门间的协调较少，这也影响了政策的影响范围。

总之，从东北三省发布政策力度看，并未呈现出政策力度一致上升的趋势，吉林和黑龙江政策力度都有待增强，而且从发布部门及部门间的协调性来看，为了提高政策影响范围和执行效果，各省政府以及各委、办、厅、局发布政策的配套性和协调性有待进一步提升。

4.3 东北老工业基地创新驱动发展政策对象演变分析

政策对象是指公共政策发挥作用时所指向的对象，即政策所规划、指导、调整的各类活动，以及从事这些活动的企业、机构或个人等。政策对象也称为政策客体，即公共政策主体就哪些问题制定政策。政策对象分析就是指通过分析政策针对的问题及其变化，从而反映东北老工业基地振兴政策主要内容的演变。

4.3.1 中央促进东北老工业基地振兴政策对象分析

由于中央促进东北老工业基地振兴政策共有 45 条，数量相对较少，因此在分析政策目标时不再区分时间段，而是综合看政策的调控对象。通过梳理中央针对东北老工业基地振兴的政策，发现政策对象共有三类，即区域、产业和组织，大多政策是针对东北地区区域整体的政策，区域类政策有 31 条，其次是针对以企业为主的各类主体的政策，共有 9 条，最后是产业类政策，只有 5 条。

为了清晰地描述这三类政策对象及其涉及的主要内容，课题组通过提取不同类别政策题目的主题词，绘制主题词网络，如图 4.22 所示。

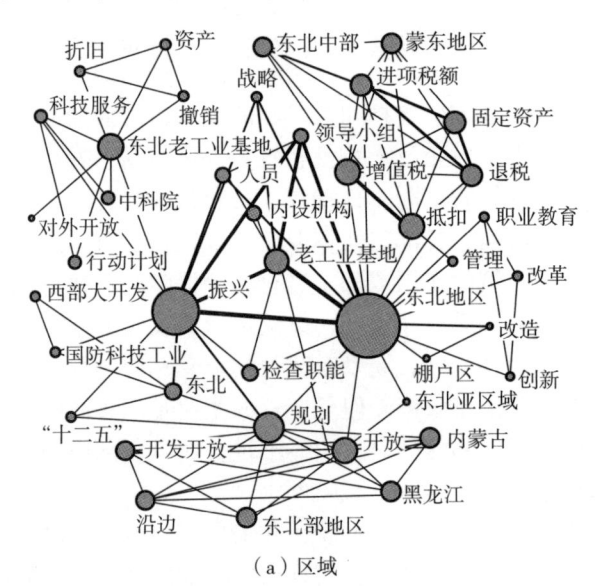

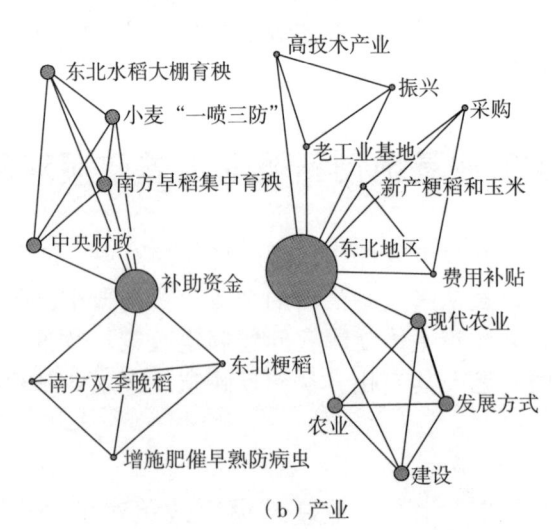

(a) 区域

(b) 产业

第 4 章 东北老工业基地创新驱动发展政策演变分析

(c) 组织

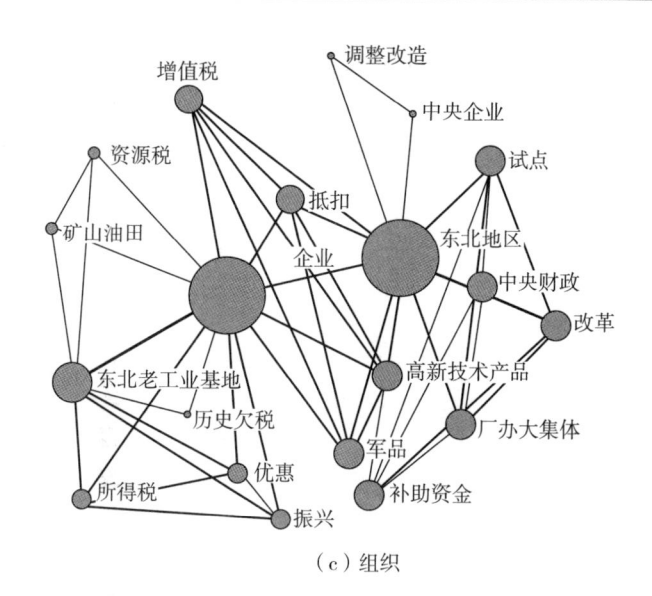

图 4.22 2003~2013 年中央促进老工业基地政策对象网络图谱

由图 4.22 可以看出,为了振兴东北老工业基地,中央以区域为政策对象出台了诸多针对东北地区的政策。具体而言,针对东北地区主要出台了以下几方面的政策:一是直接的振兴政策,这也是中央发布政策的出发点,主要以战略规划为主。中央为了振兴东北地区等老工业基地,于 2003 年出台了实施老工业基地振兴战略的若干意见,明确提出要通过振兴实现东北地区等老工业基地经济和社会全面、协调和可持续发展;2009 年出台了进一步实施振兴战略的若干意见,提出总结振兴工作实践经验,进一步充实振兴战略的内涵,及时制定新的政策措施,推进东北地区等老工业基地全面振兴。国防科学技术工业委员会、最高人民检察院、国家质量监督检验检疫总局等部门配套出台了为振兴老工业基地服务的相关政策。此后,中央还相继出台了东北地区振兴规划及东北振兴"十二五"规划等战略规划。二是减轻税收负担,为了振兴东北老工业基地,中央政府出台了大量的有关减轻税收负担的政策,包括所得税优惠、增值税抵扣、豁免历史欠税等。三是推进东北地区面向东北亚区域开放,提升东北地区在东北亚区域的竞争力。

中央以产业为政策对象出台的政策相对较少,主要是中央通过财政补助等方式保障东北地区水稻、玉米等作物的生长及现代农业发展方式的建设。而以组织机构为政策对象出台的政策主要是通过税收优惠手段促进企业的发展,同时加强以中央企业为主的国有企业体制改革,激发企业的创新活力。

4.3.2 辽宁促进老工业基地振兴政策对象分析

通过把辽宁促进老工业基地振兴政策分为 2004~2008 年、2009~2013 年两个时期，统计每个时期针对不同政策对象的政策数，如图 4.23 所示。

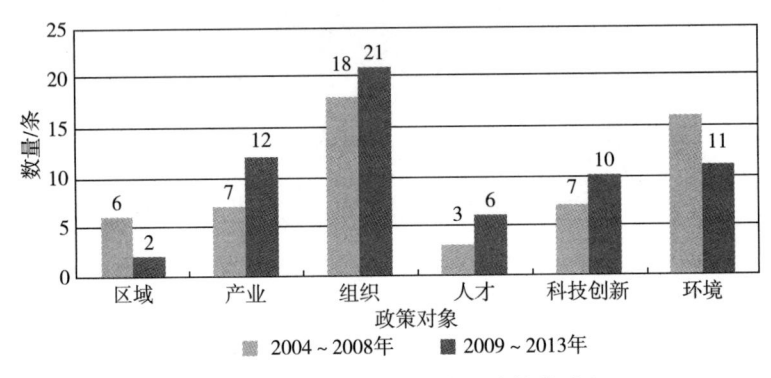

图 4.23 辽宁针对不同对象的政策数对比

可以看出，辽宁出台的政策多是针对组织，包括企业、高校、研究机构、中介机构等组织主体，其次是环境，再次是产业和科技创新，最后是人才和区域。从趋势上看，只有区域和环境类政策数有所下降，其他都有所增加。为了更具体地描述两个阶段的政策对象变化，图 4.24 和图 4.25 分别绘制了辽宁 2004~2008 年、2009~2013 年政策对象图谱。

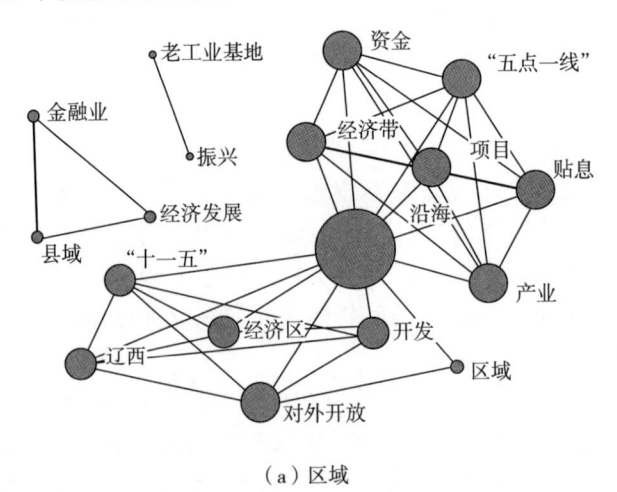

（a）区域

(b)产业

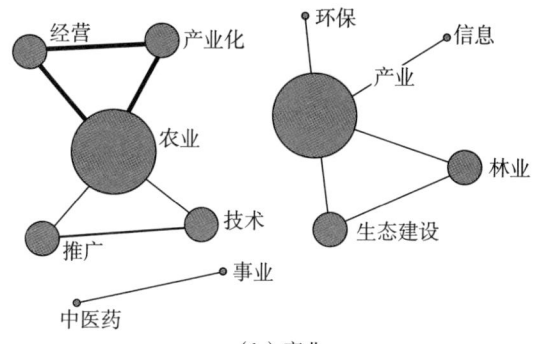

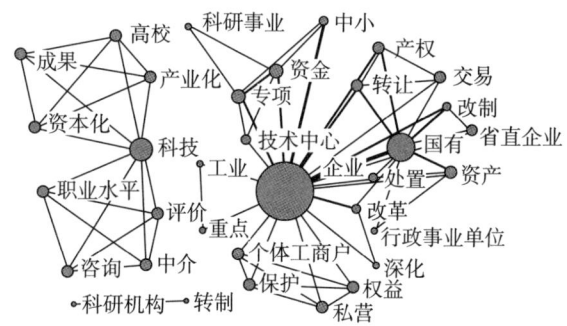

(c)组织

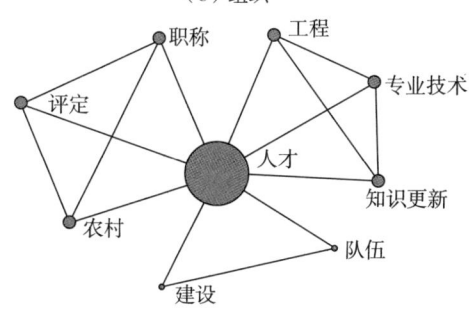

(d)人才

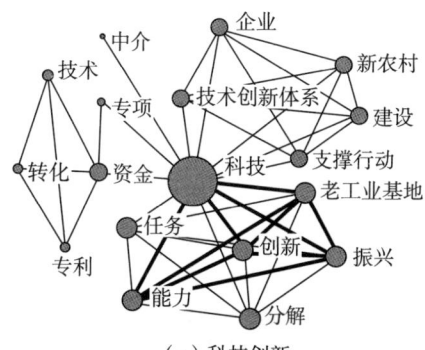

(e)科技创新

(f) 环境

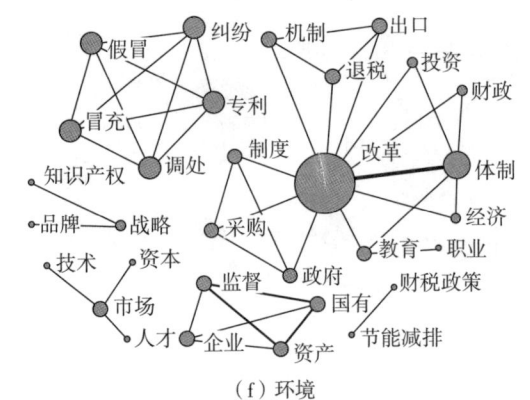

图 4.24　2004~2008 年辽宁政策对象网络图

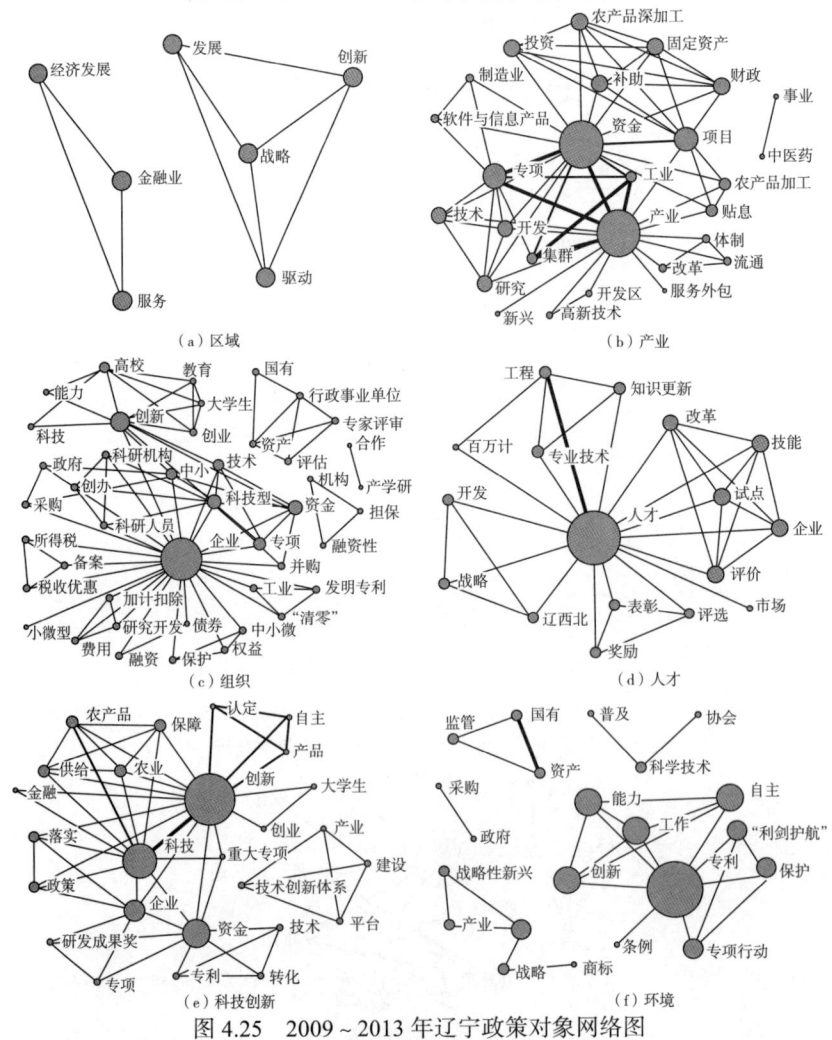

(a) 区域

(b) 产业

(c) 组织

(d) 人才

(e) 科技创新

(f) 环境

图 4.25　2009~2013 年辽宁政策对象网络图

2004~2008年，辽宁省共出台57条政策。在区域层面，辽宁主要出台了振兴老工业基地政策，并以沿海"五点一线"、经济区等对象，出台了促进区域经济发展和对外开放的支持政策。针对产业，重点发布了有关发展信息产业、环保产业、林业、中医药事业及农业的支持政策。在针对组织的政策中，辽宁主要出台了围绕国有企业、科研机构、行政事业单位改革的政策，同时还针对科技中介咨询及高校成果转化出台了支持政策。围绕人才队伍、知识更新、职称评定等目标，构成了针对人才建设的支持政策。针对科技创新，主要出台了有关科技创新体系建设、创新能力提升及专利技术转化的支持政策。在环境方面，辽宁出台了推进教育、投资、财政、经济等体制改革的政策，完善技术、人才及资本市场的政策，以及围绕专利纠纷、品牌战略等知识产权体系构建的支持政策。

2009~2013年，辽宁共出台62条政策。针对区域整体层面的政策有所减少，但出台了创新驱动发展战略规划，标志着辽宁发展思路和发展方式的转变。针对产业，辽宁这一阶段更关注诸如高新技术产业、战略性新兴产业、软件与信息产品制造业、服务外包产业的发展，明显看出高新技术产业是这一阶段重点支持的目标。在组织层面，围绕企业，尤其是中小企业，形成了投融资体系建设目标，不仅包括政府层面的专项项目资金支持、财政投资补助等，也包括企业债券融资、融资性担保机构建设等方面，更侧重企业发展的环境构建；同时，以促进科研机构科研人员创办科技型企业、高校创新创业等为目标，构成了这一阶段的产学研合作支持政策。对于人才，这一时期更注重实施人才开发战略，关注人才评价和奖励体系的改革和完善等，显然比2004~2008年有更系统的政策支持体系。对于科技创新，包括自主创新产品认定、创新政策落实、技术创新体系建设等，都明确要加强自主创新能力建设。针对环境的政策中，这一阶段更关注专利、商标等知识产权战略的实施和实际行动，体制机制改革方面力度有所减弱。

与2004~2008年相比，2009~2013年政策针对的对象变化并不大，然而各类政策对象包含的政策内容呈现明显的变化。加强自主创新能力建设、推动高新技术产业发展、完善投融资体系构建、加强产学研合作等是政策发展的方向，表明辽宁老工业基地振兴逐渐由以体制机制改革、发展传统产业为主，转变为以自主创新为导向的创新驱动发展为主。同时，对高层次人才的重视一直是振兴政策的目标，而且随着老工业基地振兴的深入，政策更为关注有利于人才发展的市场环境建设。

4.3.3 吉林促进老工业基地振兴政策对象分析

图4.26统计了每个时期针对不同政策对象的政策数，2004~2008年吉林出台了最多针对组织主体的政策，2009~2013年针对组织的政策保持不变，但这一时期针对产业的政策明显增加，针对科技创新、环境的政策也有所增长。相对而

言，针对区域、人才的政策始终较少。

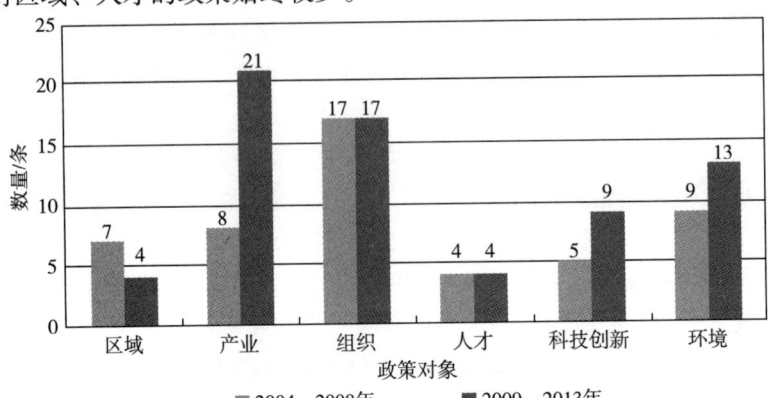

图 4.26 吉林针对不同对象的政策数对比

图 4.27 和图 4.28 分别绘制了 2004~2008 年、2009~2013 年两个时期吉林政策对象网络图谱。

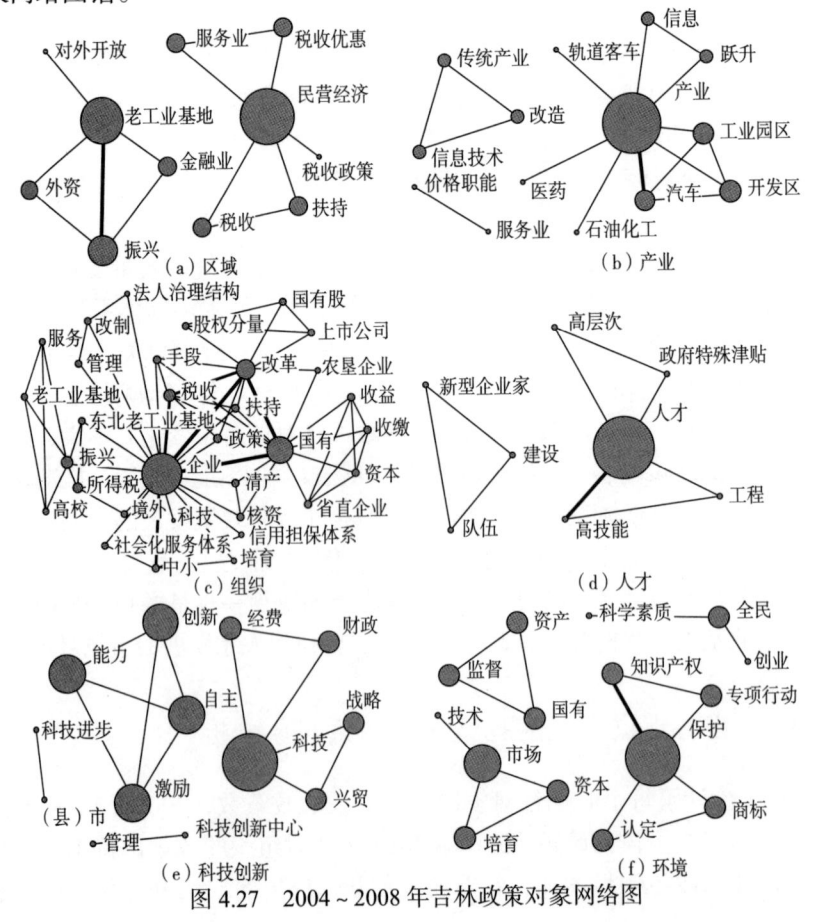

图 4.27 2004~2008 年吉林政策对象网络图

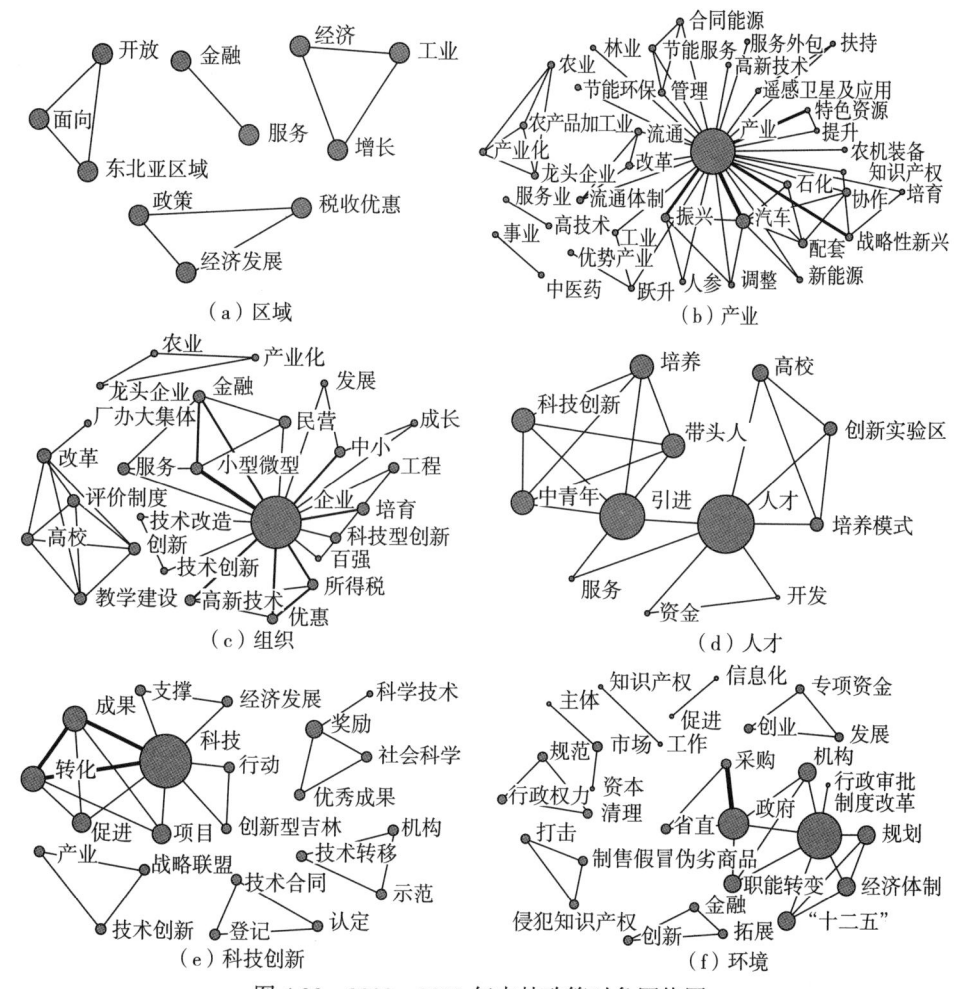

图 4.28 2009～2013 年吉林政策对象网络图

2004～2008 年，吉林共出台 50 条政策。在区域层面，主要针对老工业基地振兴，出台了《吉林省人大关于振兴吉林老工业基地的决定》，并相应出台了一些为振兴目标服务的政策，主要包括税收扶持和对外开放。在产业层面，这一时期产业政策既围绕传统产业的发展和改造，又重点强调汽车、轨道客车、医药、信息等高技术产业的发展。针对组织，吉林重点强调国有企业的改制等问题，同时针对企业发展强调进行财政和税收支持；在加强中小企业培育和高校服务老工业基地振兴方面也出台了相应的政策。在人才方面，主要支持高技能人才和新型企业家的建设。针对科技创新，吉林强调对提升自主创新能力进行激励，并实施科技兴贸战略。针对环境建设，吉林侧重知识产权战略的实施及技术、资本等市场的培育。

2009~2013年，吉林共出台68条政策。在区域层面，政策主要关注经济发展，采用了税收和对外开放的措施。吉林针对产业出台了较多的政策，重点发展的产业包括高新技术产业、战略性新兴产业、汽车产业、节能环保产业、遥感卫星及应用产业、农机装备产业、林业及特色资源产业，可以看出吉林对产业发展政策支持的范围大幅增加，且明显地更为关注高新技术产业的发展和布局。针对组织，企业创新体系建设中更为关注典型企业，如百强企业、科技型创新企业的发展；同时，对中小型微型企业、民营企业的发展也更为重视，提供了专项资金、税收优惠等方面的支持。在人才建设中，吉林这一时期更关注中青年带头人的引进，以及人才培养模式的探索等。针对科技创新，吉林更强调科技成果转化目标，加强优秀科技成果的奖励、技术合同的认定、成果转化的项目支持等。在环境建设方面，吉林更为关注政府职能改革，强调政府简政放权，同时还关注经济体制等方面的改革；此外，还加强了知识产权工作的强度和力度。

总之，吉林振兴政策对象演化的特点如下：产业发展、体制机制改革、企业创新体系建设、科技成果转化等逐步成为政策关注的焦点，不同类型政策对象关注的目标呈现出一定变化，整体上看吉林政策目标逐步更为关注创新驱动型产业发展，以及制约企业和产业发展的体制机构约束。

4.3.4 黑龙江促进老工业基地振兴政策对象分析

由图4.29可知，黑龙江出台的政策主要针对组织、产业及环境，且针对这三类对象的政策在明显增加，尤其是针对各类组织主体和环境建设的政策增长最快。但针对区域、人才和科技创新的政策相对较少。

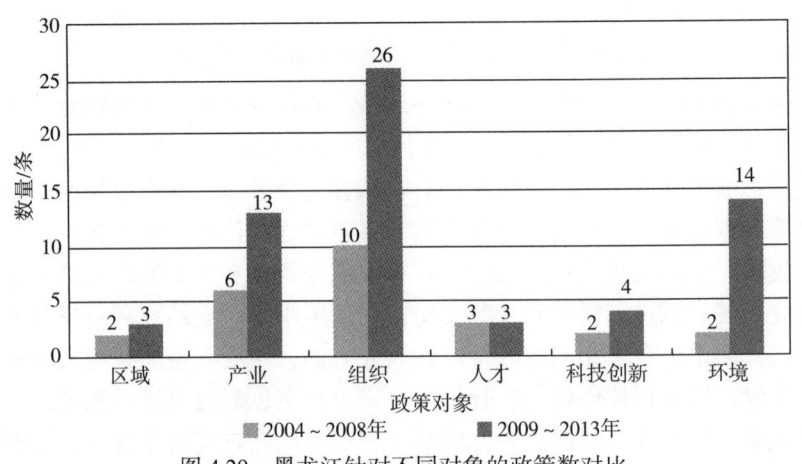

图4.29 黑龙江针对不同对象的政策数对比

图 4.30 和图 4.31 分别绘制了 2004~2008 年、2009~2013 年两个时期黑龙江政策对象网络图谱。

(a) 区域

(b) 产业

(c) 组织

(d) 人才

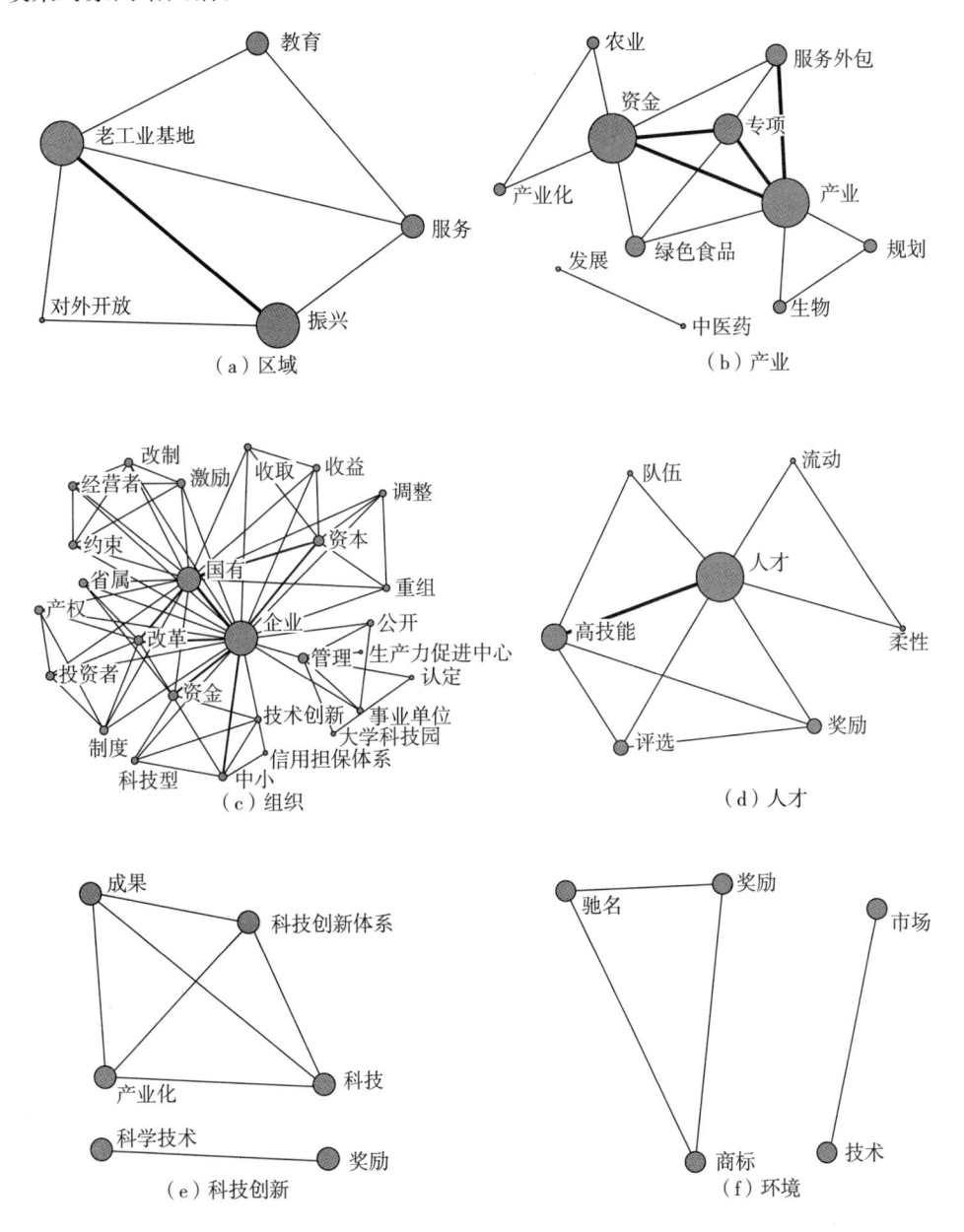

(e) 科技创新

(f) 环境

图 4.30　2004~2013 年黑龙江政策对象网络图

(a）区域   (b）产业

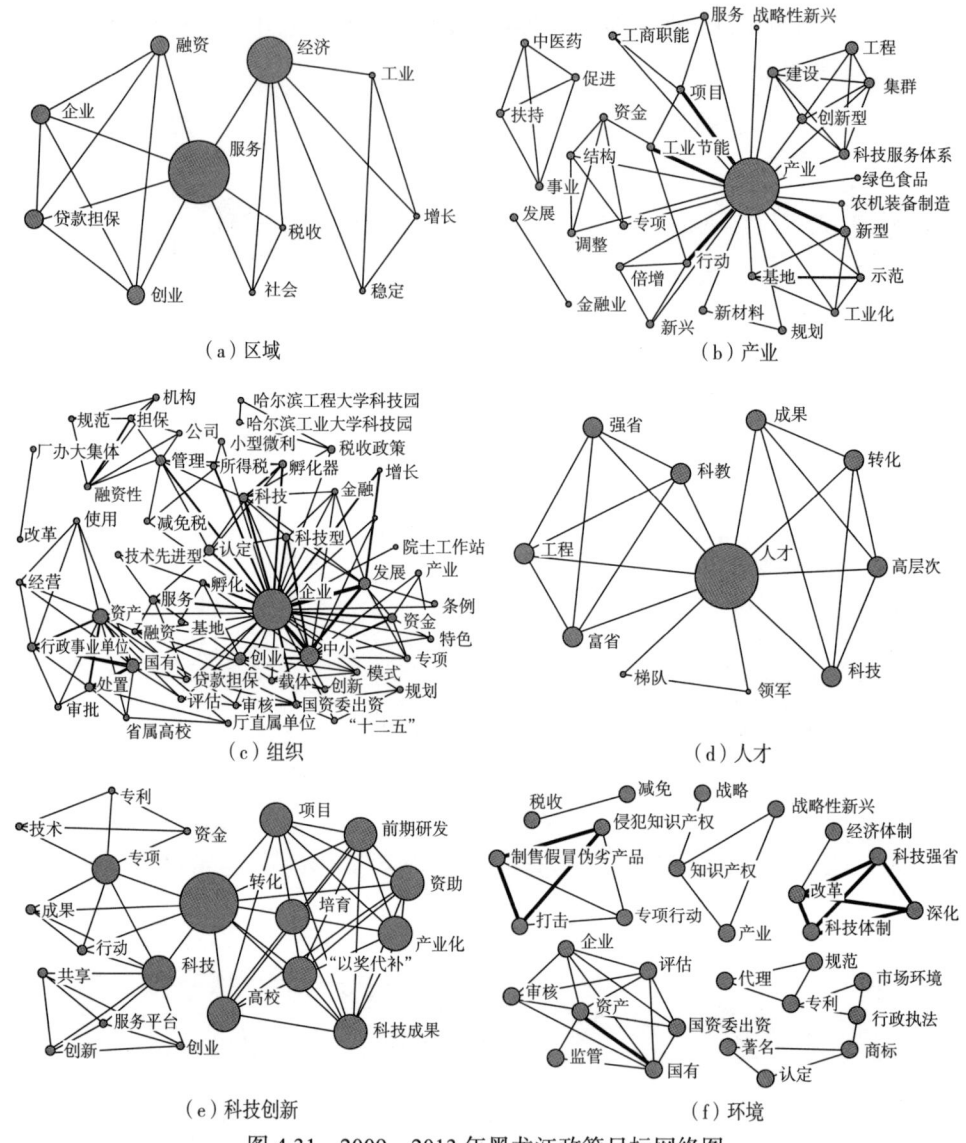

(c）组织   (d）人才

(e）科技创新   (f）环境

图 4.31 2009~2013 年黑龙江政策目标网络图

2004~2008 年，黑龙江共出台 25 条政策，显然在这一时期对老工业基地振兴政策的跟进较慢。在区域层面，主要出台了通过教育和对外开放为老工业基地振兴服务的政策。在产业层面，黑龙江侧重农业、生物产业、绿色食品、服务外包等产业的发展。在组织层面，黑龙江主要从国有体制改革入手，出台了有关国有资本、国有产权改制等方面的政策。在人才层面，主要以高技能人才队伍的评选和奖励为支持对象。在科技创新方面，黑龙江主要支持科技创新体系的建设。在环境层面，黑龙江主要针对技术市场和知识产权战略进行了政策支持。

2009~2013年,黑龙江共出台63条政策,显然针对各类对象的政策都有明显增加。在区域层面,黑龙江税收、融资等手段要更好地促进老工业基地经济发展。在产业层面,黑龙江这一时期针对更大范围的产业,包括战略性新兴产业、新材料产业、农机装备制造产业、绿色食品产业等,同时侧重产业集群的建设和发展。在组织层面,企业创新体系更侧重服务平台、孵化器、大学科技园、院士工作站等载体的建设,使企业创新体系更为完善;同时,也十分重视针对各类组织国有资产的监管、处置权、审批权的改革等。在人才方面,这一时期更重视高层次领军人才在富省、强省中的作用。在科技创新方面,更加强调对高校等科技成果转化的支持,并致力于建设公共服务平台等。在环境方面,黑龙江开始在知识产权体系、科技体制及经济体制改革、市场环境监管等方面加大政策支持力度。

总之,黑龙江振兴老工业基地政策对象演化的基本特征如下:随着振兴战略的深入实施,黑龙江政策对象范围不断扩大,尤其是企业创新体系、产业发展两个板块,是黑龙江政策支持的重点。同时,在环境建设方面,黑龙江有了巨幅提升,为产业和企业发展提供了良好的市场环境。

4.3.5 东北老工业基地振兴政策对象演变趋势总结

1. 中央促进东北老工业基地振兴政策对象演变趋势

2003年以来,中央针对东北老工业基地振兴的政策主要体现在区域整体层面上,尤其是以战略规划为主,这是中央自上而下引导和支持东北老工业基地振兴的最主要政策措施。这种针对东北区域的宏观规划包含诸多政策内容,如体制机制创新、产业结构优化升级、资源型城市转型、对外开放等,并随着振兴战略实施的深入,不断调整政策对象和范围。然而,这些政策往往是在宏观上给予指导,在具体实施过程中还需要大量针对产业、组织机构等对象的政策。目前来看,中央针对东北老工业基地振兴的政策有很大一部分是在区域整体上,尤其是税收负担减免方面,而针对具体产业、组织机构改革的政策在中央层面还较少。显然,中央在进一步实施振兴战略时应该更加关注针对具体对象的政策制定和发布。总之,中央出台的政策以区域、产业和企业为对象,主要以区域层面的振兴战略规划为主要内容,通过加强对产业和企业的税收优惠,以及国有企业体制改革等支持振兴战略的实现。

2. 东北三省促进老工业基地振兴政策对象演变趋势

相对中央层面的政策而言,东北三省发布的政策针对区域、产业、组织、人才、科技创新及环境等诸多方面,整体上呈现出一定的演变规律。

就东北三省政策对象演变的驱动机制来看，东北三省政府紧密围绕国家战略的实施制定适合本省的区域政策，使国家战略目标转化为区域发展的具体目标。具体而言，中央只是在宏观战略规划方面给予指导，东北三省则针对规划中的各个方面出台具体的政策，以保证各政策对象可以受益。例如，东北三省都针对各类组织主体、产业发展及创新环境出台了大量政策，但针对每类对象出台的政策又各具针对性。可以说，各省的区域政策对象都充分考虑了本省的实际，尽可能体现区域发展特色，并有所创新。从这种意义上说，东北三省区域政策对象演化是国家战略实施与区域发展实践需求共同驱动的结果。

从东北地区政策对象着力点演变路径看，产业升级、组织创新能力提升及创新环境优化是东北老工业基地振兴不同阶段政策实施的基本着力点。在东北老工业基地振兴起步阶段，政策着力点定位于产业升级和结构优化，产业结构升级和结构优化既夯实了老工业基地发展的物质基础，也为技术创新创造了需求空间和组织载体。在产业升级和结构优化的基础上，以国家中长期科学和技术发展规划实施为契机，老工业基地振兴政策基本着力点向提升自主创新能力转换，通过体制机制改革提升自主创新能力，改变老工业基地产业发展的对外技术依赖，掌握产业发展的主动权。此外，精简政府职能、加强知识产权保护、推进技术、人才及资本市场等环境建设逐步成为东北三省振兴老工业基地新的政策着力点。

4.4 东北老工业基地创新驱动发展政策工具演变分析

政策工具是达成政策目标的手段。政策工具及其组合演化分析主要是分析国家和地方政府促进东北老工业基地振兴各项政策主要运用的政策手段以及这些政策的组合状况。在对政策对象进行梳理和分析的基础上，本部分主要统计针对各类政策对象采用的具体政策工具，从而识别东北老工业基地针对不同政策对象实施的政策手段的变化情况。

为了对东北地区区域政策进行系统梳理，借鉴已有的关于政策功能特征的相关研究，将宏观政策分为供给型政策、需求型政策和环境型政策三大类。供给型政策工具更多地表现为政策对促进东北老工业基地振兴的推动力，是指政府通过对人才、资金、物质、信息等的支持，推动老工业基地振兴。供给型政策工具可以细分为财政支持、人才培养、基础设施、信息支持等。环境型政策工具更多地表现为政策对促进东北老工业基地振兴的保障力或支撑力，是指政府通过财税金融、税收制度、法规管制等政策，为促进东北老工业基地振兴提供有力的社会环境。环境型政策工具可以细分为战略规划、税收激励、金融支持、知识产权、法规管制、行政措施、科技奖励等。需求型政策工具是指通过政府采购、贸易管制、服务外包等手段促进企业的创新需求,从而拉动东北老工业基地振兴,主要表现为引导力或拉动力。

4.4.1 中央促进东北老工业基地振兴政策工具分析

中央促进东北老工业基地振兴政策的政策工具如表4.1所示。

表4.1 2003~2013年中央促进东北老工业基地振兴政策的政策工具

政策类型	政策工具	区域/条	产业/条	组织/条	总数/条	合计/条	比例/%
供给型	财政支持	0	3	1	4	7	14
	人才支持	0	0	0	0		
	基础设施	2	0	0	2		
	信息支持	1	0	0	1		
环境型	战略规划	8	2	0	10	42	86
	税收优惠	11	0	6	17		
	金融支持	1	0	0	1		
	知识产权	0	0	0	0		
	法规管制	6	0	2	8		
	行政措施	6	0	0	6		
	科技奖励	0	0	0	0		
需求型	政府采购	0	0	0	0	0	0
	贸易管制	0	0	0	0		
	服务外包	0	0	0	0		

从总数上看,中央发布的政策大部分采用环境型政策工具,占总数的86%,其次是供给型政策工具,占总数的14%,没有需求型政策工具。在环境型政策工具中,税收优惠占绝大部分,有17条政策采用的是税收优惠工具,其次为战略规划、法规管制和行政措施,其他政策工具较少。中央在发布振兴东北老工业基地战略以后,主要在税收政策方面对老工业基地给予支持,大力促进重点行业、企业快速发展。随着东北地区振兴进程的推进,政府主要出台了一些新的战略规划来指导东北老工业基地振兴的继续开展。在供给型政策工具中,财政支持、基础设施、信息支持均有涉及,但政策工具数量较少,且主要是财政支持。总体来看,随着东北地区老工业基地振兴的推进,中央并没有及时跟进相关的政策工具,各类政策工具的运用也不好,很多政策工具都未涉及,仍有很大的政策操作空间。

从区域、产业和组织三类政策对象来看,中央出台针对区域的政策主要采用战略规划和税收优惠,但法规管制和行政措施也有涉及,用来保障老工业基地振兴政策的实施;产业政策主要采用了财政支持的手段,而组织层面主要针对企业采用了税收优惠和法规管制。

此外，在政策工具组合方面，由图 4.32 可知，税收优惠、金融支持、法规管制、信息支持和基础设施建设存在组合，即同一条政策中同时出现了这几种政策工具，但大多政策还是以一种单独的形式出现，如战略规划、行政措施等。

- 财政支持
- 人才支持
- 战略规划
- 知识产权
- 行政措施
- 科技奖励
- 政府采购
- 贸易管制
- 服务外包

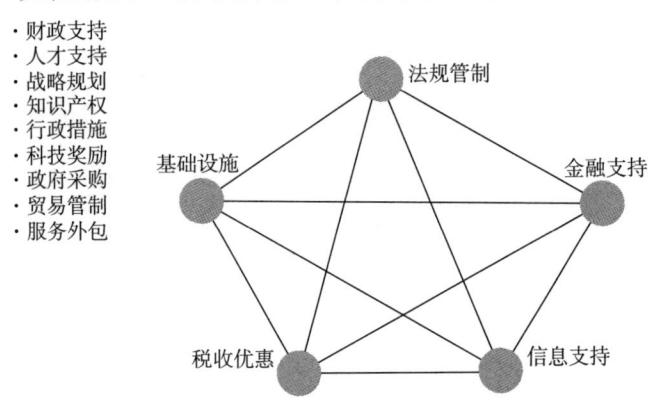

图 4.32　中央促进东北老工业基地振兴政策工具组合网络

4.4.2　辽宁促进老工业基地振兴政策工具分析

表 4.2 和表 4.3 统计了辽宁促进老工业基地振兴政策工具的变化情况。

表 4.2　2004~2008 年辽宁促进老工业基地振兴政策工具

政策类型	政策工具	区域/条	产业/条	组织/条	人才/条	科技创新/条	环境/条	总数/条	合计/条	比例/%
供给型	财政支持	3	5	5	0	3	1	17	35	29.9
	人才支持	0	4	3	2	2	1	12		
	基础设施	0	1	2	0	1	0	4		
	信息支持	0	1	1	0	0	0	2		
环境型	战略规划	2	3	1	0	1	5	12	76	65
	税收优惠	1	3	4	0	4	2	14		
	金融支持	2	4	4	0	2	1	13		
	知识产权	0	1	1	0	1	3	6		
	法规管制	2	0	12	1	2	5	22		
	行政措施	0	1	2	0	0	0	3		
	科技奖励	0	1	0	0	3	2	6		
需求型	政府采购	0	1	0	0	2	3	6	6	5.1
	贸易管制	0	0	0	0	0	0	0		
	服务外包	0	0	0	0	0	0	0		

表 4.3　2009~2013 年辽宁促进老工业基地振兴政策工具

政策类型	政策工具	区域/条	产业/条	组织/条	人才/条	科技创新/条	环境/条	总数/条	合计/条	比例/%
供给型	财政支持	0	5	4	1	1	1	12	28	27.5
	人才支持	0	3	1	4	1	1	10		
	基础设施	0	2	1	0	0	0	3		
	信息支持	0	0	1	0	1	1	3		
环境型	战略规划	1	1	3	0	2	0	7	69	67.6
	税收优惠	0	3	5	0	0	0	8		
	金融支持	1	5	4	0	2	2	14		
	知识产权	0	0	2	0	0	6	8		
	法规管制	0	4	7	2	7	5	25		
	行政措施	0	2	2	0	0	1	5		
	科技奖励	0	0	1	0	0	1	2		
需求型	政府采购	0	0	2	0	0	3	5	5	4.9
	贸易管制	0	0	0	0	0	0	0		
	服务外包	0	0	0	0	0	0	0		

2004~2008 年，大部分是环境型政策工具，占总数的 65%，其次是供给型政策工具，占总数的 29.9%，最少的是需求型政策工具，仅占总数的 4.9%。在环境型政策工具中，各类政策工具均有所运用，其中，法规管制运用最多，其次是税收优惠、金融支持、战略规划。在供给型政策工具中，财政支持和人才支持是主要的手段，同时辽宁重点完善基础设施建设、技术服务体系建设和人才队伍建设，为振兴老工业基地提供保障。在需求型政策工具中，主要通过政府采购拉动企业创新的动力。

就不同政策对象而言，区域层面涉及财政支持、战略规划等政策手段，通过制定一系列的战略规划，明确辽宁老工业基地振兴的重点任务，规划重点发展产业，进行经济体制、财政体制、投资体制的改革等。针对产业，采用的政策工具较多，包括财政支持、人才支持、战略规划、税收优惠、金融支持等，可以说辽宁振兴老工业基地政策很大程度上是靠产业政策支撑，采用各种政策工具及其组合来为产业发展保驾护航。在组织层面，也涉及各类政策工具的组合，其中法规管制、财政支持、税收优惠、金融支持仍是主要手段，主要是利用税收激励及金融支持营造良好的市场环境激励企业进行技术创新等。在针对环境的政策中，主要涉及战略规划、法规管制等。

2009~2013 年，环境型政策工具仍然占主导，且比例有所上升，而供给型政策工具和需求型政策工具比例有所下降。环境型政策工具中，最多的仍是法规管制，其次则是金融支持，而战略规划、税收优惠及知识产权运用次数基本相当。可以看出这一阶段以金融支持、知识产权为代表的环境型工具运用明显增多，营造良好的市场环境是这一阶段实行的重要措施。供给型政策工具仍以财政支持和人才支持为主,需求型政策工具主要还是政府采购。总体来看,这一阶段供给型政策工具有所减弱,而侧重市场环境的环境型政策工具有所增强,需求型政策则变化不大。

在针对各类政策对象的政策手段中,针对产业的政策运用较多的财政支持和金融支持政策,政府直接干预的趋势越来越明显。在针对组织的政策工具中,法规管制始终是运用最多的政策工具,其次是税收优惠和金融支持,这些政策工具中政府的作用始终十分突出。在环境建设中,供给型、环境型和需求型政策手段都有所运用,这有利于区域创新环境的改善。

图 4.33 和图 4.34 分别是 2004~2008 年、2009~2013 年辽宁促进老工业基地振兴政策工具组合网络,除了贸易管制和服务外包外,其他政策工具之间均存在组合,即同时在同一条政策中运用。从网络节点大小及连线粗细程度看,这两个阶段中财政支持、人才支持、金融支持及税收优惠都是最为突出的政策工具,表明这四类政策工具与其他政策工具组合最多,而且这四类政策工具彼此之间的组合也最频繁。整体上看,辽宁政策工具组合较多,且 2004~2008 年比 2009~2013 年还紧密;从具体政策工具看,这两个阶段差异不大,其中,战略规划在 2009~2013 年与其他政策工具组合更多,而法规管制与其他政策工具组合更少。

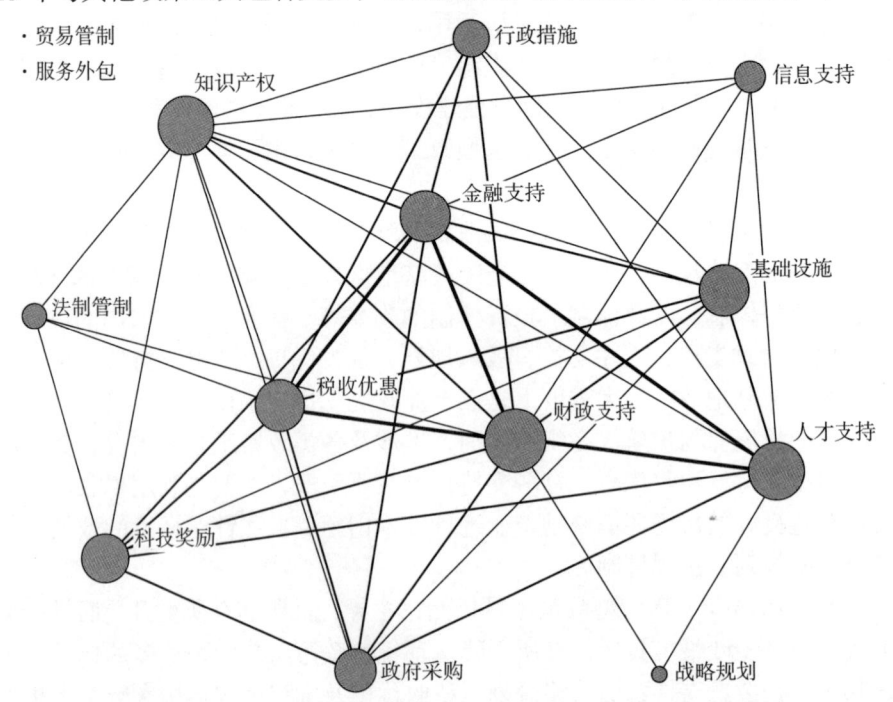

图 4.33　2004~2008 年辽宁促进老工业基地振兴政策工具组合网络

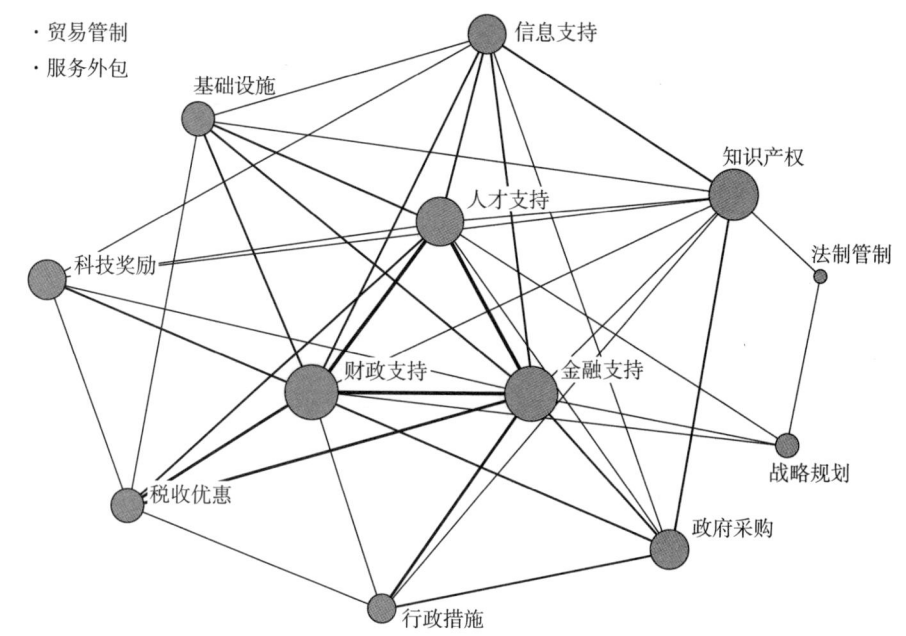

第 4 章　东北老工业基地创新驱动发展政策演变分析　163

图 4.34　2009~2013 年辽宁促进老工业基地振兴政策工具组合网络

4.4.3　吉林促进老工业基地振兴政策工具分析

表 4.4 和表 4.5 统计了吉林促进老工业基地振兴政策工具的变化情况。

表 4.4　2004~2008 年吉林促进老工业基地振兴政策工具

政策类型	政策工具	区域/条	产业/条	组织/条	人才/条	科技创新/条	环境/条	总数/条	合计/条	比例/%
供给型	财政支持	1	7	2	0	2	1	13	26	29
	人才支持	1	2	1	4	0	1	9		
	基础设施	0	1	0	0	0	0	1		
	信息支持	2	0	1	0	0	0	3		
环境型	战略规划	1	3	5	0	2	3	14	59	65
	税收优惠	5	6	8	0	1	0	20		
	金融支持	1	5	3	0	0	0	9		
	知识产权	0	1	0	0	1	3	5		
	法规管制	0	0	3	0	2	2	7		
	行政措施	2	0	1	0	0	0	3		
	科技奖励	0	0	0	0	1	0	1		
需求型	政府采购	0	1	0	0	1	1	3	5	6
	贸易管制	1	0	0	0	1	0	2		
	服务外包	0	0	0	0	0	0	0		

表 4.5 2009～2013 年吉林促进老工业基地振兴政策工具

政策类型	政策工具	区域/条	产业/条	组织/条	人才/条	科技创新/条	环境/条	总数/条	合计/条	比例/%
供给型	财政支持	1	7	7	0	0	0	15	24	20.5
	人才支持	0	2	1	4	0	0	7		
	基础设施	0	0	1	0	0	0	1		
	信息支持	0	0	1	0	0	0	1		
环境型	战略规划	1	12	3	0	2	1	19	84	71.8
	税收优惠	2	7	9	0	1	0	19		
	金融支持	2	8	7	0	1	2	20		
	知识产权	0	2	0	0	0	2	4		
	法规管制	0	0	2	1	4	4	11		
	行政措施	0	3	0	0	0	3	6		
	科技奖励	0	2	0	0	3	0	5		
需求型	政府采购	0	0	4	0	1	2	7	9	7.7
	贸易管制	0	0	0	0	0	1	1		
	服务外包	0	1	0	0	0	0	1		

2004～2008 年，吉林振兴政策中大部分是环境型政策工具，占总数的 65%；其次是供给型政策工具，占总数的 29%；最少的是需求型政策工具，占总数的 6%。在环境型政策工具中，税收优惠和战略规划占了绝大部分，其次是金融支持、法规管制和知识产权保护。在供给型政策工具中，财政支持占了绝大部分，其次是人才支持，而信息支持和基础设施建设较少。在需求型政策工具中，主要是政府采购和贸易管制，说明这一阶段吉林通过扩大对内对外开放促进加工贸易转型升级，以及加大政府采购力度促进企业创新需求。

对于不同政策对象，2004～2008 年吉林针对区域主要采用了税收优惠政策，而针对产业的发展，则采用了多种政策工具组合，主要通过给予财政支持、税收优惠、金融支持等为将吉林老工业基地建设成国家重要的新型工业基地注入动力，加快汽车产业、石油化工产业、农产品加工、现代中药和生物药、光电子信息等高新技术产业等基地建设。在组织层面，吉林通过制定一系列的税收优惠政策，并利用一系列战略规划和金融支持手段刺激企业释放存量要素潜能快速发展，同时通过法规管制和行政措施营造良好创新环境也发挥了一定的作用。针对科技创新，吉林采用了需求型政策工具，包括政府采购和贸易管制等手段增强企业的创新需求。

2009～2013 年，吉林环境型政策工具数量和比例都有大幅提升，比例达到 71.8%；需求型政策工具也有所增加，达到 7.7%；供给型政策工具比例由 29% 下降为 20.5%。在这一阶段,吉林环境型政策工具仍然起到绝对的主导作用,战略规划、税收优惠及金融支持作用基本相当。供给型政策仍以政府支持为主,但整体呈现由供给型政策工具向需求型政策工具转变的状态,说明吉林加大了对促进企业创新需求的重视程度,其中,需求型政策工具中以政府采购为主,加强了对政府采购的规范管理,同时也加强了服务外包对企业创新的促进。

在针对各类政策对象采用的手段中,2009~2013 年吉林针对产业的战略规划导向更加明显,政府试图通过一系列规划主导和支持战略性产业的培育和发展。针对组织采用的需求型政策工具增强,更加侧重政府采购对企业创新的拉动作用。而针对科技创新和环境建设采用的政策手段均变得更为丰富,都加强了环境型工具的作用。总之,这一阶段,吉林立足于现有支柱、优势产业基础,通过一系列政策组合促进产业结构向轻型化发展,试图通过体制、机制创新,走新型工业化道路,实现产业创新和科技创新。

图 4.35 和图 4.36 分别是 2004~2008 年、2009~2013 年吉林促进老工业基地振兴政策工具组合网络,除了服务外包外,其他政策工具之间均存在组合。政策工具组合网络整体上比辽宁松散,核心节点比较突出,2004~2008 年、2009~2013 年都表现为财政支持、税收优惠及金融支持。2004~2008 年,信息支持、基础设施以及法规管制处于网络的边缘,与其他政策工具组合较少,而 2009~2013 年这些政策工具虽然仍处于网络边缘,但与其他工具之间的组合数及联系程度明显增强,这表明吉林在 2009~2013 年政策工具的运用更为完善,不同政策工具之间的组合也更合理。

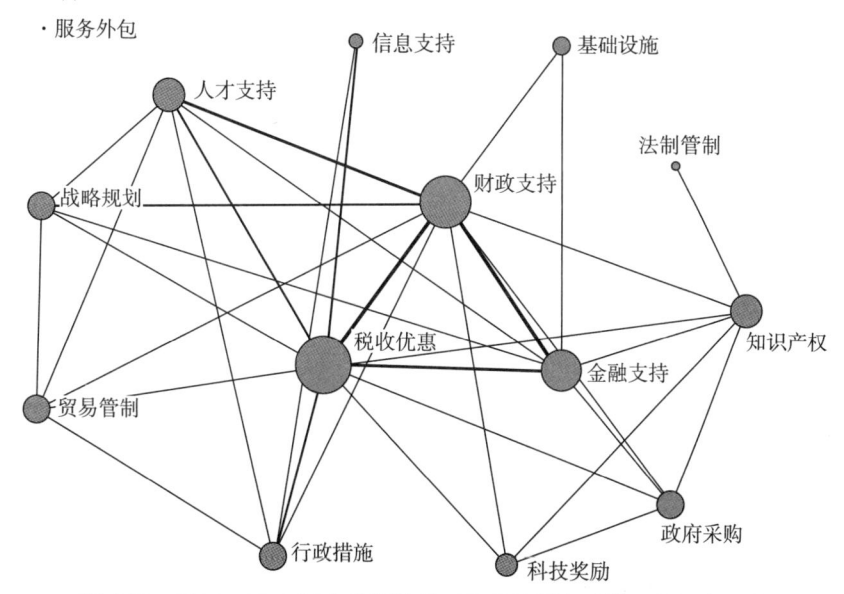

图 4.35 2004~2008 年吉林促进老工业基地振兴政策工具组合网络

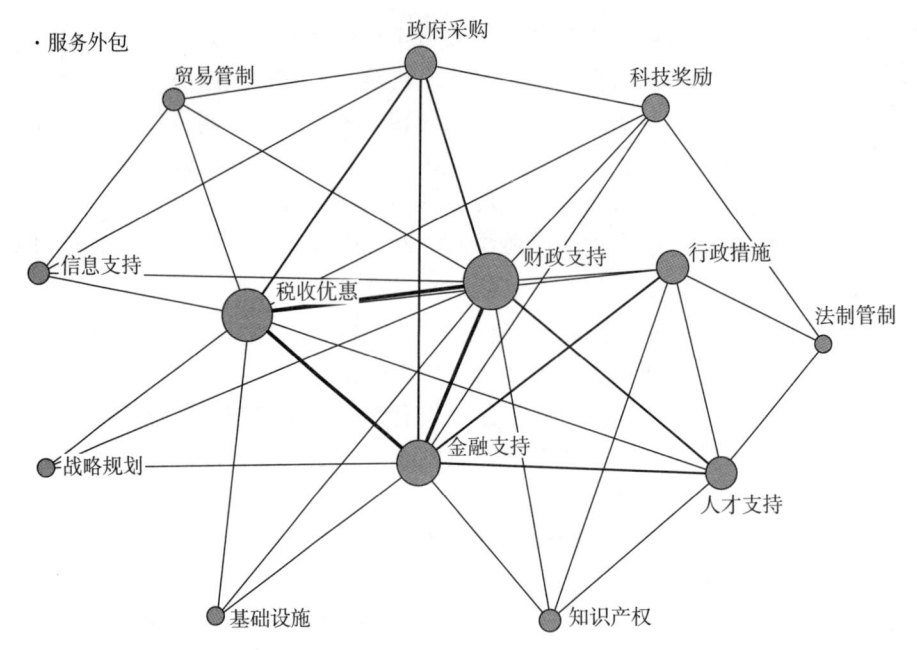

图 4.36　2009~2013 年吉林促进老工业基地振兴政策工具组合网络

4.4.4　黑龙江促进老工业基地振兴政策工具分析

表 4.6 和表 4.7 统计了黑龙江促进老工业基地振兴政策工具的变化情况。

表 4.6　2004~2008 年黑龙江促进老工业基地振兴政策工具

政策类型	政策工具	区域/条	产业/条	组织/条	人才/条	科技创新/条	环境/条	总数/条	合计/条	比例/%
供给型	财政支持	0	1	0	0	1	0	2	8	20
	人才支持	0	2	0	3	1	0	6		
	基础设施	0	0	0	0	0	0	0		
	信息支持	0	0	0	0	0	0	0		
环境型	战略规划	2	1	1	0	0	0	4	29	72.5
	税收优惠	0	1	0	0	1	0	2		
	金融支持	0	2	1	0	1	0	4		
	知识产权	0	1	0	0	1	0	2		
	法规管制	0	4	8	1	1	1	15		
	行政措施	0	0	0	0	0	0	0		
	科技奖励	0	0	0	0	1	1	2		
需求型	政府采购	0	0	0	0	1	0	1	3	7.5
	贸易管制	0	0	0	0	0	0	0		
	服务外包	0	2	0	0	0	0	2		

第 4 章 东北老工业基地创新驱动发展政策演变分析

表 4.7 2009~2013 年黑龙江促进老工业基地振兴政策工具

政策类型	政策工具	区域/条	产业/条	组织/条	人才/条	科技创新/条	环境/条	总数/条	合计/条	比例/%
供给型	财政支持	1	4	4	0	1	0	10	19	20
	人才支持	0	2	1	2	0	1	6		
	基础设施	0	1	0	0	0	0	1		
	信息支持	0	0	1	0	1	0	2		
环境型	战略规划	1	3	1	1	1	2	9	69	72
	税收优惠	2	3	8	0	0	2	15		
	金融支持	1	3	7	0	0	0	11		
	知识产权	0	0	0	0	0	8	8		
	法规管制	0	4	12	1	1	2	20		
	行政措施	1	2	1	0	0	0	4		
	科技奖励	0	0	0	1	0	1	2		
需求型	政府采购	0	3	2	0	0	3	8	8	8
	贸易管制	0	0	0	0	0	0	0		
	服务外包	0	0	0	0	0	0	0		

2004~2008 年，黑龙江发布振兴政策较少，且大部分是环境型政策工具，占总数的 72.5%，其次是供给型政策工具，占总数的 20%，最少的是需求型政策工具，占总数的 7.5%。在环境型政策工具中，法规管制占了绝大部分，其次是战略规划和金融支持，其他政策工具较少。由于黑龙江长期存在市场化程度低、缺乏发展活力的问题，黑龙江在这一阶段通过制定一系列的战略规划，明确重点发展产业，利用一系列金融支持等手段刺激企业快速发展，增强市场竞争能力，并且加强法规管制力度，确保一系列促进政策能够如期落实。在供给型政策工具中，主要是人才支持政策，黑龙江主要通过加强对人才的培养、引进和激励等，提高人力资源在老工业基地振兴中的作用。需求型政策工具在黑龙江所占比例较低，主要是服务外包和政府采购，由于黑龙江具有较强的对外贸易优势，尤其是发展对俄经济技术合作的优势明显，贸易管制发挥了重要作用。黑龙江通过充分发挥资源、地缘和产业优势，利用国内和国际两个市场，扩大对内对外开放，建设全国对俄开放，链接欧亚、东北亚产业金融聚集的大平台。这一时期，由于政策数较少，政策工具也主要是针对产业和各类组织主体。

2009~2013 年，各类政策工具数量明显大幅提升，但从比例看，各类政策工具变化不大。环境型政策工具仍是主导，占总数的 72%；而供给型政策工具和需求型政策工具比例也几乎未变。环境型政策工具中，法规管制和税收优惠政策工具使用最多，税收手段已经成为这一阶段黑龙江推动老工业基地振兴的重要工具；

其次是金融支持、战略规划和知识产权,这一阶段除了战略规划和金融支持手段外,以知识产权保护为主的手段也大幅改善了黑龙江的创新环境。供给型政策工具中,这一阶段财政支持最为突出,黑龙江开始加强通过财政支持促进一些处于停滞或萎缩状态的传统产业顺利释放存量要素潜能,推动传统产业向高新技术产业转型发展。需求型政策工具中,这一阶段以政府采购为主,增强了政府采购对企业创新的驱动。

这一时期,随着振兴政策的增多,针对产业和组织的政策工具中采用了包括财政支持、税收优惠、金融支持及政府采购在内的多种工具组合。同样的,针对环境建设的各类政策中,知识产权、法规管制、政府采购等多类政策工具的使用,也大大改善了黑龙江创新驱动发展的外部环境。

图 4.37 和图 4.38 分别是 2004~2008 年、2009~2013 年黑龙江促进老工业基地振兴政策工具组合网络。2004~2008 年,政策工具组合网络比较松散,很多政策工具都是单独发挥作用的,网络中的核心节点是金融支持、税收优惠和人才支持政策,其次是财政支持和知识产权。2009~2013 年,网络紧密程度有所增强,大多政策工具都存在政策组合情况,各政策工具之间的组合明显增多,这表明黑龙江在发布政策时,开始更多地考虑政策工具组合的运用,从而全面推动政策的落实。此时,网络中的核心节点是税收优惠、金融支持和财政支持,人才支持和政府采购也与其他政策工具组合较多。

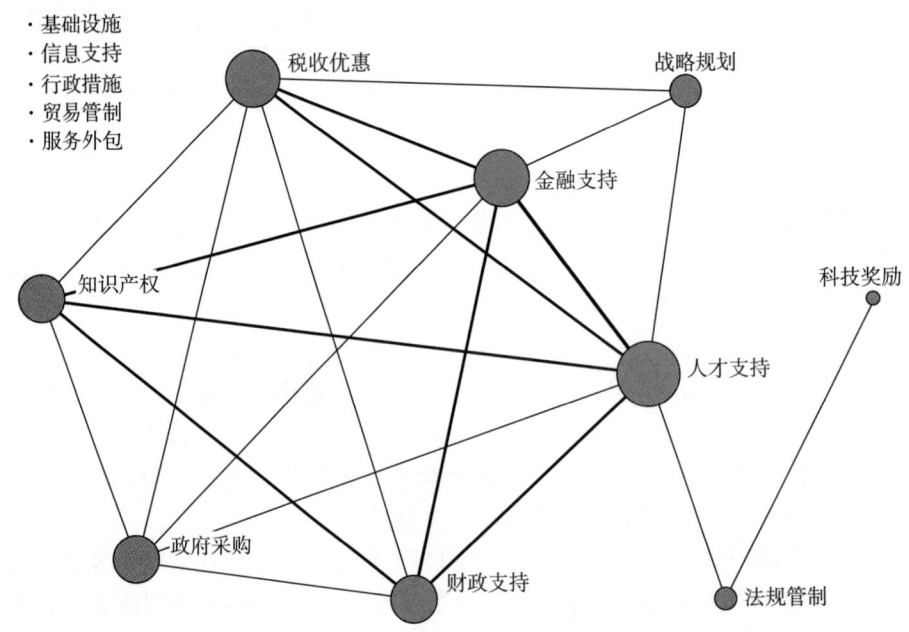

图 4.37　2004~2008 年黑龙江促进老工业基地振兴政策工具组合网络

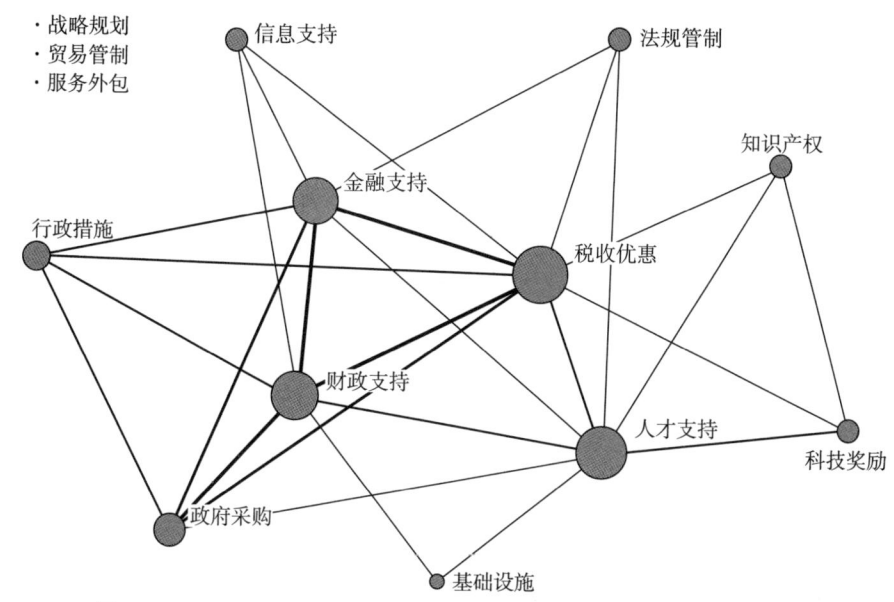

图 4.38　2009~2013年黑龙江促进老工业基地振兴政策工具组合网络

总体来说，东北三省使用的政策工具呈现出环境型政策主导、供给型向需求型政策转变的趋势。这说明在营造良好政策氛围和市场环境的基础上，政府职能发生了明显改变，在 2004~2008 年政府主要通过给予资金、人才、信息等方面的支持，推动老工业基地振兴，在 2009~2013 年政府更多地通过促进企业的创新需求，帮助企业由要素驱动向创新驱动转变，拉动老工业基地振兴。

4.4.5　东北老工业基地振兴政策工具演变趋势总结

1. 东北地区区域政策工具类型演化趋势

政府文本梳理和内容分析结果显示，东北地区区域政策工具呈现出环境型政策为主，但供给型政策减少、需求型政策增多的趋势。供给型政策的基本特征如下：政府政策以增加资源投入为导向，主要运用财政、人才、基础设施支持政策等手段，同时政府调控的目标亦有明显的供给特征，即着力将企业培育成新技术、新产品和新工艺的供给者或创造者。供给型政策的缺陷是忽视了需求在经济发展和技术创新中的作用。实际上，社会尤其是企业对新技术、新产品、新工艺的需求是经济发展和技术创新的不竭动力。企业一旦产生对新技术、新产品、新工艺的强大需求，就会驱动其自身和其他企业进行技术创新。需求型政策以激发企业的技术需求为着眼点，而环境型政策通过营造良好的市场竞争环境引导企业产生技术需求，从而形成对创新的拉动。

就东北地区而言，政府在供给型政策和环境型政策方面进行了大量努力，环境型政策的主导表明政府试图通过政策环境、市场环境的营造，通过良好环境建设使企业对创新产生内在需求。但整体上，这些环境型政策还主要是靠强有力的税收和金融政策实现，仍具有较强的政府供给特征，在市场环境建设方面还有待加强。此外，东北地区的需求型政策还较少，不能直接对企业创新需求起到拉动作用。总之，如何从以政府供给为主的供给型政策工具转变为激发企业创新动力的环境和需求型政策工具仍是东北地区今后实施振兴政策时要权衡和考虑的议题。

2. 东北地区区域政策工具运用方式演化趋势

政策工具及其组合是实现针对不同政策对象实现政策目标的基本手段。随着政策对象的演化，东北地区政策工具选择逐步从直接调控政策工具向间接调控政策工具转变，政策工具组合则从以资源投入为主的直接政策工具向以环境建设为主的间接政策工具转变。直接投入的政策工具以产业为载体，以政府直接投入引导企业投入，具有明显的投资驱动特征，其缺陷是忽视了企业创新能力的成长。间接投入以企业为载体，着眼于企业创新能力的持续成长，主要是通过公平的市场竞争环境的营造，打破行业垄断，建立基于市场的价格形成机制。在计划经济体制惯性依然存在，国有企业对部分行业的垄断尚未完全打破的条件下，企业持续创新能力和自主知识产权创新、运用和转化还难以落到实处。因此，必须不失时机地推进东北区域政策工具选择和组合从直接化向间接化的方向转变。

如果说从供给型向需求型转变强调的是企业创新动力机制的完善，那么从直接支持向间接引导的转变着眼的是企业创新能力的持续成长。从直接政策工具向间接政策工具的转变主要体现在政府以实体资源投入为主的政策向引致、导向型政策的转变，其结果是企业的市场行为越来越规范，竞争意识越来越强，创能力持续成长。只有这样，东北老工业基地才能向创新驱动发展的方向转型。

第 5 章　东北老工业基地创新驱动发展政策需求调研

5.1　东北老工业基地创新驱动发展调研方案设计

为了深入了解当前东北老工业基地创新驱动发展的现状及存在的问题，探讨东北老工业基地创新驱动发展的政策需求，从而为东北老工业基地振兴下一个十年的促进政策的制定提供参考。

本章对东北老工业基地的企业、高校、研究机构和政府部门进行了广泛调研，通过问卷和座谈研讨，对东北老工业基地创新驱动发展的问题及需求进行分析。本部分首先，阐述东北老工业基地创新驱动发展调研方案；其次，对调研资料进行整理分析和提炼，建立东北老工业基地创新驱动政策需求备选集，以便为政策设计提供依据。

政策分析方法可以分为两种，一是面向政策主体及客体的主观分析方法；二是面向政策文本的客观分析方法。由于政策需求的产生是政策主体与政策客体矛盾运动的结果，因此本部分主要采取面向政策主体和客体的主观研究方法，以政府政策制定部门和作为政策服务（调控）对象的企业、高校及研究机构、产业园区等为主要对象，通过座谈、实地考察等方法了解东北地区创新驱动发展现状，征求未来振兴的政策需求等信息（刘凤朝等，2010），以便为下一步东北老工业基地创新驱动发展政策设计提供借鉴。

本次调研选取了东北地区最具代表性的四个城市作为对象，包括辽宁的大连和沈阳、吉林的长春和黑龙江的哈尔滨，调研对象包括政府部门、企业、高校及研究机构。其中，政府部门选择了各省科技厅、发展和改革委员会等部门作为调研对象，企业选择了各省创新能力较为突出的企业，涵盖国有企业、民营企业、外资等企业类型，高校及研究机构选择了各省创新资源丰富、创新实力突出的高校和研究机构。座谈会参与单位名单见表5.1。

表 5.1 座谈会参与单位名单

地区	单位属性	单位名称
辽宁	政府部门	辽宁省科技厅、发展和改革委员会
	企业	大连重工、瓦轴、大连机车、大连环宇、大连奥托、沈鼓、特变沈变、沈阳机床、北方重工、沈阳远大、远大压缩机、蓝英集团、东软
	高校及研究机构	大连理工大学、大连海事大学、大连工业大学、大工-沈鼓研究院、东北大学、沈阳工业大学、沈阳自动化研究所、沈阳金属研究所
	产业园区	大连高新区、大连双D港、沈阳浑南高新区、鞍山激光产业园、本溪生物医药产业园、法库陶瓷产业园
吉林	政府部门	吉林省科技厅、发展和改革委员会
	企业	长春轨道客车股份有限公司、一汽启明、大成、金赛药业、恒隆科技、吉大正元、新产业光电子公司
	高校及研究机构	吉林大学、长春理工大学、中科院长春分院、长春应用化学研究所、长春光学精密机械与物理研究所
	产业园区	长春国家光电子产业基地、长春国家生物产业基地
黑龙江	政府部门	黑龙江省科技厅、发展和改革委员会
	企业	哈电、703所、九洲电气、工大博实、工大软件
	高校及研究机构	哈尔滨工业大学、哈尔滨工程大学、黑龙江省科学院、中国科学院哈尔滨产业技术创新与育成中心
	产业园区	哈尔滨高新区、大庆高新区

在确定调研对象的基础上，通过梳理国家和东北三省相关创新政策，阅读有关东北老工业基地发展的相关文献，并征求国家发展和改革委员会东北振兴司的意见，形成针对政府部门、企业、高校及研究机构的调研提纲，并在前期调研基础上对调研提纲进行调整，最终的调研提纲见附录。调研提纲主要涉及政府部门政策制定和实施过程中的问题及未来的政策需求，企业、高校及研究机构在科技创新活动中面临的主要问题及未来的政策需求。

调研工作在2014年7月开展，分别在大连、沈阳、长春和哈尔滨召开了座谈会，并对典型企业、高校及研究机构进行实地考察，就东北老工业基地创新驱动振兴的现状、存在问题及政策需求进行研讨。调研主要采用座谈会的方式，通过与政府相关部门、企业、高校及研究机构从事创新管理的工作人员或技术骨干面对面地交流，深入探讨东北老工业基地创新驱动振兴的实际情况，收集第一手材料，作为发现潜在问题、认识现有问题、寻找解决方案的重要途径。

5.2 东北老工业基地创新驱动发展面临的主要问题

通过与东北三省的企业、高校、研究机构、产业园区及政府部门座谈，了解东北老工业基地创新驱动发展存在的问题，既包括各部门自身创新活动中存在的问题,也包括各部门对东北地区整体存在问题的认识。本部分主要分五个方面梳理东北老工业基地创新驱动发展面临的主要问题,包括东北地区创新环境面临的主要问题、政府部门面临的主要问题、企业发展面临的主要问题、高校及研究机构面临的主要问题及产业园区发展面临的主要问题。

5.2.1 东北地区创新环境面临的主要问题

(1)东北地区创新意识薄弱,创新文化氛围不足。

东北地区过去的优势成为现在创新的束缚,缺乏创新文化氛围,缺乏创新的意识和动力。在计划经济时代,东北地区积累了大量的优势资源和产业,在石油化工、交通运输装备及大型装备制造产业等领域产生了大量具有实力的国有企业。然而,在近些年的发展中,东北地区国有企业的思想意识并未转变,缺乏创新意识,在被同领域民营企业赶超的时候,还往往以"老大"自居。很多国有企业的技术负责人闭关自守、思想固化,抱着"无过就是功"的心态,不愿意进行创新,导致企业缺乏创新的动力。

与我国南方地区相比,作为计划经济时代烙印很深的东北地区,创新(创业)的文化氛围不足,导致缺乏有远见、有创新意识的企业家(王星,2007)。东北地区尽管出台政策鼓励高校或研究机构进行科技成果转化,但在实际中各高校或研究机构对教师或科研人员创新往往持不鼓励的态度,从思想意识上不支持认可,甚至认为他们"不务正业",这打击了教师或科研人员把科技成果产业化进行创新创业的积极性。在这种情况下,虽然东北地区拥有大量的高校和雄厚的科研资源,但很多科技成果往往被拿到南方地区进行转化,产生"孔雀东南飞"的现象。

(2)东北地区不具备区位优势,无法吸引和留住国内外人才。

东北三省地处我国北方,由于气候相对恶劣,尤其是黑龙江,在基本的区位自然环境方面较难吸引国内外人才,东北地区高校及研究机构的科研人员也向南方地区流失严重,黑龙江很多研究机构甚至出现严重空编的现象。此外,在工薪待遇方面,东北地区对人才的吸引力也远低于北京、上海、广州、深圳,企业与东部沿海城市企业特别是部分民营企业的收入报酬有差距,不利于人才的引进,特别是高端管理、技术、研发人才。不管是国有企业(如沈鼓),还是民营企业(如沈阳蓝英集团、大连环宇、吉林恒隆科技),都认为高端人才缺乏是制约企业创新和发展的重要因素。然而,东北地区针对高端人才或企业紧缺人才的优惠政策较少,甚至在高端人才落户、外国人才企业参股、高端人才所得税征收方面还存在一定的制度障碍。即使有的民营企业(如吉林恒隆科技)给出较高的薪酬也很难吸引优秀的人才留在东北,南方地区的人才政策环境显然要优于东北地区。

（3）东北地区科技金融不发达，企业创新融资面临一定困难。

东北地区金融类的科技服务中介机构较少，风险投资机构、私募基金、专利评估机构等服务机构不发达，使科技成果与金融机构结合不够紧密，限制了科技成果转化，制约了科技成果产业化进程。相比而言，南方地区的风险投资机构比较发达。哈尔滨工大软件公司认为，企业从事创新活动主要在创新融资方面具有一定的困难，而风险投资是克服融资困难的有效途径，创新活动存在融资困难的中小型企业及部分大型企业都需要风险投资。希望政府制定并实施相关政策鼓励进行高科技风险投资，改善风险投资环境。

然而，一些政府部门、高校及科研机构也认为，商业性的社会风投很难对东北地区企业的创新融资发挥真正的作用，由于这些机构追逐利润，目的就是赚钱，而不是推进技术的发展和创新成果的产业化。因此，一旦这些风投介入，便会找专家对技术、企业家等因素进行各种评估，它们更愿意出钱买成果，然后进行包装转手卖钱，很少能真正帮助中小型企业进行成果转化。因此，东北地区的科技金融还需要政府参与进行引导。

（4）东北地区知识产权保护薄弱，创新环境有待进一步改善。

很多高校及企业认为，东北地区的创新环境有待进一步改善，尤其是知识产权保护有必要大力加强。瓦轴集团提出，中国轴承产业大量粗放式的、达不到经济规模的小型企业不断涌现，存在着严重的假冒伪劣、侵犯知识产权、恶意竞争、市场秩序混乱等问题，对自主创新的新产品缺乏推广应用的环境。沈阳压缩机认为企业不愿加大 R&D 经费投入的根本问题是知识产权和专利保护不够，企业往往投入巨额经费研发新产品后，还未给国家贡献利润，研发成果就已被不法竞争者窃取。由于这些不法竞争者没有 R&D 经费投入，在销售价格方面具备先天优势，后果显而易见，所以做好知识产权保护是政府应该严抓重管的事情。

5.2.2 东北地区政府部门面临的主要问题

（1）东北老工业基地振兴政策思路有待转变。

经过十多年的振兴，东北老工业基地振兴的政策思路有必要进行调整，来适应东北地区经济发展方式的转变。东北地区振兴前十年往往以项目为载体拉动产业发展，经济发展方式并未实现向创新驱动转变，未来十年应该着眼于机制重建，通过提升企业自主创新能力，实现东北地区的结构优化。政府更应该注重"花钱买机制"，发掘东北创新驱动发展的新机制、新模式，然后给予大力支持。此外，有政府部门认为，过去十年的东北振兴将大量的项目给予辽宁，对吉林和黑龙江给予的支持相对较少，存在政策支持不均衡的现象。还有专家表示，以往的东北振兴过于关注国有企业，忽视民营企业在振兴中的作用和地位，而民营企业面临市场竞争的压力，为了生存往往更有动力创新，因此未来的政策导向要避免仅仅关注国有企业，要同时兼顾或明确民营企业的作用。

（2）东北老工业基地振兴缺乏特殊的区域性政策。

东北政府部门、高校、研究机构及企业代表普遍认为，东北地区缺乏特殊的区域性政策，没有形成政策"洼地"。2003年国家实施东北老工业基地振兴战略以来，国家层面没有大的政策和行动，现有政策往往停留在喊口号层面，没有从具体的措施中感受到实质性的政策变化。国家给予的针对东北地区的特别政策较少，很多政策已经在全国普惠化，不能吸引全国资金、人才等创新资源向东北流动，无法激发东北地区的创新动力和活力，从而很难实现东北老工业基地振兴的跨越式发展。

（3）东北地区创新激励政策执行效率低，各政府部门存在沟通和协调问题。

东北政府对创新驱动发展很重视，在各方面给予了诸多激励政策，但是实际中政策的落实情况较差。例如，辽宁为了促进产学研合作，要求企业与高校共同申请项目实现协同创新，企业要把项目经费的30%拨给高校。然而，在实行过程中，国有企业往往不认可高校的科研能力，只是借助高校申请项目经费，给予高校的经费更是敷衍了事，根本达不到政策促进产学研合作的初衷。又如，国家和地方政府出台的各类政策都鼓励高校或企业进行科技成果转化，然而科技成果转化过程中涉及的评估、备案、审批等流程十分复杂，且要花费较长时间，政策在实际执行中往往打击高校或企业科技成果转化的积极性（袁晓东，2006）。这样，很多激励政策只是限于表面上的支持，达不到预期的效果。

此外，虽然东北地区出台了很多有关创新激励的政策，但很多政策停留在纸上，不清楚与哪个部门承接，政策不落地。在具体实施过程中，各政府部门间存在沟通和协调问题，政策执行效率较低（李靖和张舜禹，2013）。其中，涉及较多的是税务部门，由于省科技厅、发展和改革委员会等部门针对企业、高校及研究机构的激励政策很多都涉及税收减免，但是在具体实施时税务部门不予以执行，导致政策无法落地。例如，由于国家对政府部门简政放权，取消了关于R&D费用加计扣除的审批权，本来目的是方便企业享受研发优惠政策，然而地方税务部门由于审批权的取消，不敢认定R&D费用扣除的范围，企业反而无法享受研发优惠政策，这恰恰是各政府部门间沟通和协调不畅的问题。又如，黑龙江的《技术市场管理条例》规定，可以提取技术合同奖酬金计入成本，奖励给有突出贡献的人员，然后再计算所得税，但税务部门不认可。以上事实直接影响到政府的公信力，因此如何使一项政策通过各部门的协调真正落地是东北地区政府部门应该关注的问题。

（4）各政府部门用于引导技术成果转化的资源分散，无法发挥集聚效应。

东北地区用于引导技术成果转化的资金分散在科技厅、工业和信息化部、发展和改革委员会等多个部门，按照技术成果的不同阶段独立支持，难以对成果形成从源头到产业的持续引导和扶持，资金使用的效益不高；政府按照职责进行部门划分的方式与现阶段成果转化的迫切需求不相匹配，信息检索、成果鉴定、技术交易等服务分散在各独立部门，未能形成以科技成果转化为核心的专门的综合服务机构，对技术成果的服务引导缺少顶层规划，效率不高。

5.2.3　东北地区企业发展面临的主要问题

（1）东北地区企业风险意识较差，国有企业缺乏创新动力。

东北地区很多企业风险意识很差，在创新活动中不愿意冒险，缺乏主动追求先进技术的意识。在与高校及研究机构合作中，这种情况表现尤为突出。吉林大学代表发现，吉林大学与本地企业合作较少，在接触过程中，这些东北企业就想直接将技术买来使用，想尽快投入生产实现销售。然而，高校掌握更多的是隐性知识，高校及研究机构的成果多处于实验室阶段，企业不愿意冒险在这种情况下合作创新。由于东北地区的央企和地方国有企业较多，长春应用化学研究所发现大型国有企业不愿意与研究机构合作，尤其是石化企业，它们由于垄断性质肯定能赚钱，因此不惜价钱购买进口技术，不愿意承担额外的技术风险。

作为老工业基地，东北地区有很多大型国有企业，这些国有企业大多处于垄断地位，没有市场压力，导致缺乏创新的动力。一些企业闭关自守，不注重培养和引进人才，产品更新换代慢，对新产品不感兴趣甚至抵触。相对而言，民营企业为了生存和发展，必须对市场更敏感，更加重视客户体验，因此需要根据市场变化，不断创新、更新产品，才能在市场竞争中立于不败之地。以哈尔滨工大软件公司为例，该企业的创新动力来源于政策导向、市场推动和技术牵引等，抓住国家大力发展民生领域、智慧城市、云计算、移动互联网和信息安全的契机，打造哈尔滨市电子政务云等创新产品。

（2）东北地区企业在核心零部件方面对国外进口依赖较多，自主创新能力有待提升。

虽然东北地区在大型装备等技术方面取得重要进展（如沈鼓），但在很多关键零部件方面还受制于人，大多依赖于国外进口，自主创新能力有待提升。例如，长春轨道客车虽然在轨道客车车体技术、轨道客转向架技术、列车网络控制系统等方面不断取得突破，但在核心技术和先进制造工艺技术方面仍存在受制于人的问题。一汽启明作为我国汽车电子行业的领头企业，核心芯片领域受制于国际厂商，在产业规模不足阶段，上游芯片、元器件的议价能力不够。九洲电气的产品主要以电力电子技术为主，核心技术分为核心软件、核心控制芯片和功率器件，其中只有核心软件具有自主产权，硬件部门基本完全依赖进口。因此，九洲电气提出希望政府出台政策鼓励那些完全国产化的研制项目，并将主体放到产品的生产企业和直接用户，高校和研究机构做技术支撑。

近年来，一些企业开始推进核心技术的国产化，但仍在某些特定零部件领域存在技术瓶颈，不得不依赖进口。例如，哈电集团近年来坚持专注主业，持续提升核心竞争力，在做强做优上下功夫，大力推进基础配套能力建设，持续加强关键部件、基础工艺攻关，积极推广国产化材料应用，助力装备制造行业整体发展。截至2014年，超超临界汽轮机全部实现国产化，超超临界锅炉国产化率已达90%以上（部分P92等高端材料的大口径管和循环泵、阀门等配套件因用户指定要进口），汽轮发电机除转子护环（600兆瓦以上等级）要进口外，其余部件和材料均已实现国产，国产化率为95%以上。重型燃机综合国产化率为75%以上，但高温部件研制由于外方技术壁垒，仍处于技术瓶颈。

（3）企业在首台（套）自主创新产品示范应用方面还存在诸多障碍。

东北地区企业在国产化替代进口产品进入市场方面困难重重。以沈鼓为例，从2000年国家提出西气东输建设工程，沈鼓密切关注市场需求，通过合作生产、自主研发等方式，开展了天然气长输管线压缩机国产化研发，直到2009年才得到用户的认可，签订国产化研制合同，于2012年研制成功并通过厂内联机试验后，才签订正式订货合同。也就是说，历时十年，在管线压缩机的国产化道路上，才得到首台（套）示范应用。

同样的，瓦轴集团在产品结构向替代进口产品转型过程中，首台（套）进入非常困难。一方面表现在部分中高端主机客户偏好国外轴承，对以瓦轴为代表的国产轴承持不信任态度，要求先有业绩，不给瓦轴产品进行国产化试装的机会；另一方面由于轴承虽为工业装备核心部件，但其价值占整机价值比例较小，部分企业坚持采用进口轴承，市场进入比较困难。大连机车厂表示，国有企业在国内市场上不敢用瓦轴的产品，主要是怕出问题，企业负责人不愿承担风险，即便用国外的产品同样会出问题，企业也更愿意采购国外知名企业的产品。实际上，瓦轴的部分产品质量完全没有问题，反而在出口到海外市场的机车上使用了瓦轴的产品，国内市场却不敢用，这需要政府部门来呼吁和支持。此外，在首台（套）示范应用项目方面，瓦轴由于以生产轴承为主，轴承属于精密机械基础件，是主机的配套企业，很难享受到国家首台（套）的相关政策支持。

很多企业都认为，首台（套）自主创新产品的示范应用问题，主要是用户的认可问题，缺乏风险分担机制，自主创新产品，特别是首台（套）设备缺乏严格的质量保证体系和风险规避机制是用户不放心使用的重要原因之一。因此，企业呼吁政府进行引导，加强对国产化首台（套）示范应用在市场进入时的支持，打消用户的疑虑。

（4）国有企业在激励科技人员方面存在一定的制度障碍。

在使用和留住人才方面，国有企业往往存在一定的体制障碍。例如，由于国有企业内部薪酬福利有一定标准，大幅突破标准有一定困难，很难在待遇上留住高端人才；国有企业不像民营企业在个人持股方面那么灵活，因此从国有企业跳槽到民营企业的现象经常发生。此外，在人事体制方面国有企业也存在一定问题，如很多国有企业需要划分工人岗和干部岗，而两种岗位之间很难有交叉，这导致对刚招聘的大学生只能给予工人岗，这对于其职称评定及以后的职业发展均产生一定的阻碍，不利于企业的人才培养，沈鼓、北方重工等国有企业均反映了这一问题。

（5）产学研技术创新联盟运行存在一定问题，企业从中获益有限。

大多参与座谈的企业均参与了技术创新联盟，虽然联盟运行取得了一定的效果，但东北地区的技术联盟还存在诸多问题。长春光学精密机械及物理研究所认为，目前的产学研技术创新联盟主要存在两方面问题：一是合作项目经费少，无法完成协同攻关和新产品研发。政府给予少量资金，只能作为引导资金，产品研发需要到联盟外寻找更多的资金支持，因此联盟吸引力不够，有些只是共同申报项目而已，尚未形成协同攻关的长效合作机制。二是缺少联盟运行经费。作为联盟牵头单位或组织单位，政府不给予专门组织经费，联盟开展活动少，合作交流不活跃。归根到底，目前联盟的根本问题是缺少有效的运行机制。中国科学院哈尔滨产业技术创新与育成中心认为，目前东北地区很多联盟只是形式上的联合，而不是真正意义上的产学研合作组织，实质性内容不多；成员间沟通频率较低，忙于完成各自的任务分工。技术创新联盟主体的复杂性，导致对联盟的管理可能涉及多个行业、多个组织、多个部门的协调和管理，从而导致联盟管理的复杂性。联盟管理委员会发挥的作用有限，对联盟事物的执行和管理力度不够，造成组织松散，运行效率低。

5.2.4　东北地区高校及研究机构发展面临的主要问题

（1）高校及研究机构现有评价体系不利于激发科研人员创新活力。

东北地区高校及研究机构的评价体系存在一定问题，不利于激发科研人员的创新活力。从高校、研究机构对科研人员的考核与评价机制看，存在重视基础研究与原始创新，轻视应用研究与成果转化；重视成果鉴定和报奖，轻视成果产业化和商业化的情况。部分机构甚至在业绩考核、职称晋升等方面完全不考虑成果转化和社会服务，导致高校及研究机构一刀切地主要以论文和专利数量为导向，抑制了科研人员的成果转化和服务社会的积极性；同时，由于往往以专利数量为导向，申请人往往在不考虑专利应用的情况下就开始进行专利申请,较少考虑其未来的市场价值,因而专利质量低,后续转化困难,维持期短等一系列问题,不能从根本上促进高水平专利的产出,也无法从源头上解决知识产权转化困难的问题(肖尤丹和苏竣,2010)。

以长春光学精密机械及物理研究所为例,大多以国防军工科研任务为主,科研任务繁重。只有一部分科研人员从事民品开发,并关注于发表论文和申报专利,对科研成果是否转化不是很重视。科研人员习惯于承担国家纵向科研任务,而不愿花大力气进行科技成果推广应用,不善于从目前企业急需开发的新产品及急需攻关的难题寻求课题。另外,由于科研人员过度追求技术指标,缺乏市场观念,研发产品转化慢,也丧失很多商机。

(2)高校及研究机构与企业的协同创新存在诸多问题。

大多高校及研究机构认为,科技与经济两层皮的问题在东北地区仍普遍存在,产学研合作机制仍未完全打通。首先,目前高校、研究机构与企业的合作,普遍存在着形式大于内容、签约不少但实质合作内容和成效不多的现象。实际中只有依托项目形式的合作比较实在,其他的合作都流于形式,难以产生实质性的创新成果。这导致产学研合作很多时候仍然停留在一事一议的低层次合作阶段,难以从原始创新开始,确定产业化目标,形成自主创新、获得自主知识产权技术的合力和优势。

其次,高校及研究机构的技术成果存在实用性不强,与企业实际技术需求脱节的情况,不能很好地与市场需求对接。长春光学精密机械及物理研究所认为,现阶段的科研项目由于在最初的研究和选题上缺少市场方面的人员参加,对市场需求因素考虑较少,选题往往偏重技术与理论,造成科研成果与市场脱节。沈阳金属研究所认为,科研人员更愿意承担国家的项目,而工业企业提出的问题往往比较实际而且复杂,且无法上升到国家经费支持的层面,因此企业真正需要的事情没人做。

再次,沈阳自动化研究所认为,东北地区产学研合作还面临科技研发的信息不对称,缺少必要的中介服务体系,缺少产业化的专门人才,缺乏对产业化的激励机制等。沈阳航空航天大学表示,当前产学研合作面临的主要问题还是在于沟通渠道较少,研究机构和高校不了解产业的技术需求,产业也不知道研究机构和高校能提供什么,高校立项的科研项目无法紧扣社会发展和企业需求,导致了科技成果众多但转化率低的尴尬局面。风险投资机构和中介机构也很难真正了解高校可转化的科技成果,同时,高校及研究机构往往缺少产业化运作能力及资金支持,因此很难依靠自身力量进行科技成果的产业化。

最后,科技成果从诞生到转化为商品,一般要经历三个阶段,即研究开发、中试、批量生产。按照国外的经验,这三个阶段需要的资金比例为1∶10∶100,

我国对中试和批量生产阶段的资金投入不足、高校和研究机构缺乏对产业化的激励机制等，也是造成大量科技成果停留在实验室，无法产业化的重要原因。长春光学精密机械及物理研究所也认为，中试条件和资金制约着科技成果的转化。该研究所中的不少技术含量高的科研成果，由于经费短缺，自身投入资金搞二次开发的能力有限，一般都是找企业免费使用，企业还往往不愿意。缺乏中试基地、配套设备、技术条件和资金等，使得研究所的科技成果往往是只见水平不见效益。

（3）高校及研究机构科技成果转化还存在一定体制机制障碍。

高校及研究机构的知识产权成果均属于国有资产无形资产的范畴，在进行科技成果转化时，需要经历复杂的评估、备案、审批等流程，涉及教育部、中国科学院、财政部、国务院国有资产监督管理委员会等各个部门，需要花费大量的时间和精力，这影响了科技成果转化的效率。同时，国有资产的收益权中关于利益如何分配也没有明确的说法，导致科研人员及其团队获得的收益较少，知识产权转化的利益驱动作用不明显，科研人员往往没有进行科技成果转化的积极性。虽然严格的国有资产管理对于防止国有资产流失起到了一定作用，但也使高校和研究机构所错失了很多机会，不利于高校和研究机构科技成果转化。

吉林省科技厅认为，高校及研究机构中的科技人员的职务发明处置权不明确，造成发明人转化单位专利成果不积极，往往热衷于私下交易，限制了高校及研究机构推动专利成果转化的热情。长春光学精密机械及物理研究所提出，在股权转让、技术入股方面，由于国家政策限制，吉林不属于国家四个自主创新示范区，目前还无法实施股权奖励，不能有效地激励科研人员进行创业，而且规定不允许领导干部入股，更是抑制了高级科研人员的创业热情。哈尔滨工业大学认为，目前在科技成果转化的过程中缺少相应的政府部门或机构对成果的经济效益进行权威的评估，国有资产的处置受到制约。同时，现行的高校财务制度与科技成果转化的奖励制度不匹配，成果转化的奖励不能直接给予科研人员，制约了科研人员从事成果转化活动的积极性。

（4）高校及研究机构成果就地转化较差，与地方经济发展结合不强。

虽然东北地区的高校及研究机构掌握了丰富的科技资源，然而这些科技资源产生的科技成果就地转化较差。东北高校及研究机构很多都是"国家队"，它们一方面从国家可以拿到很多项目，有足够的资金从事创新活动，甚至使本地科研单位反而拿不到那么多的项目；但另一方面，这些"国家队"研究机构产生的科技成果在本地转化较少，在东北地区形成的人才和技术反而都输出到其他地区，导致并不能很好地为地方经济发展服务。大庆市发展和改革委员会认为，东北地区的高校及研究机构的重要科研仪器等资源存在地企分割、单位所有的问题，由于观念和管理体制障碍，油田大企业和高校内部的科技资源仍然存在封闭、分散、保守现象，这制约了科技资源的开放共享，体制外的企业很难利用，造成科技资源的浪费，因此很多科技资源有待进一步整合开放共享。

此外，高校及研究机构不能很好地服务于地方经济发展，也与东北地区经济发展比较落后、相关产业发展缓慢有很强的关系。长春光学精密机械及物理研究所与吉林本地的企业合作就较少，主要是由于吉林光电子企业规模普遍较小，且多以元件、器件及零组件为主，缺少影响范围广、辐射带动强的整机项目和行业"龙头"企业，使得产业上下游配套集聚度不够。多年来，吉林省内企业很少有到长春光学精密机械及物理研究所寻找技术成果和技术合作的。哈尔滨市政府认为，科研成果就地转化能力较弱，主要原因是受经济发展落后的影响，哈尔滨市除了几个重点产业外，工业发展还相对落后，科研成果找不到生产企业，更缺少配套企业，这使一些市场前景非常好的科研成果不得不转而南下。因此，应该鼓励支持高校、研究机构科研人员投身地方经济建设，促进科技成果就地转化。

5.2.5 东北地区产业园区发展面临的主要问题

（1）东北地区各个产业园区都在加快建设各类创新服务平台，但平台的运行机制有待探索，运行效果还有待提升。

东北地区各级政府已经认识到东北振兴以项目为驱动的方式应该转变,其中,搭建各类创新服务平台是重要的举措之一。2013年开始，辽宁陆续出台了《辽宁省产业技术创新体系建设方案》和《辽宁省产业技术创新平台建设管理办法》,致力于建设以高校和研究机构为主体的产业共性技术创新平台，以企业为主体的产业专业技术创新平台和以社会化服务为内涵的产业技术创新综合服务平台，构建围绕产业链、部署创新链、完善资金链、整合人才链、提升经济与社会价值的"4+1"链式产业技术创新体系。2013年，吉林省科技厅认定了吉林省合成橡胶中试中心、吉林省生态环境高分子材料中试中心、吉林省专用聚烯烃中试中心、吉林省中药材精深加工中试中心、吉林省通化药业中试中心、吉林省动植物有效成分提取中试中心、吉林省生物制药中试中心、吉林省高分子材料中试中心8个中试中心为省级中试中心，向社会开放运行，建立市场化的中试技术服务机制。

各类产业园区也均积极地搭建相应的特色创新服务平台。例如，沈阳高新区建立了知识产权综合服务、科技投融资、云计算中心等12个公共技术和服务平台。大连高新园区建成以服务软件开发应用为主的各类公共技术服务平台16个。辽宁激光科技产业园依托哈尔滨工业大学、华中科技大学、辽宁科技大学及创业服务中心建立4个公共技术研发和测试平台。长春光电子产业基地2009年搭建了工程技术服务平台，建设了光电信息产品中试加工服务中心、光电信息产品模具加工及专用设备技术服务中心、光电信息产品系列模组中试生产服务中心、新型光电元器件加工检验测试中心。

然而，在实际运行中，这些政府支持的平台还存在诸多问题。由于规划、布局、资金投入、运行机制的局限性，有些服务资源是一些单位独有的，社会共享度不高，造成利用效率差、资源浪费等问题，无法形成集成优势，亟待进一步整合完善。有很多平台不主动为园区内外的企业提供服务，园区内的企业也很少利用平台资源进行研发等，平台最后往往只是作为一个形式而存在，沦为摆设，运行效果很差。调研中发现，目前这种服务平台作为第三方的检测功能运行良好，研究开发、技术转移、成果转化等各个功能实现较差。长春光电子产业基地负责人认为，虽然公共服务平台为基地内光电信息企业和产品提供服务 31 类，合计 32 万多件产品的样件、小试、中试、批量服务，但是平台运行中如何解决建设、发展资金？谁来主建？主营什么？如何权衡平台社会效益和经济效益的关系？这些都是需要进一步探讨的问题。因此，公共创新服务平台这种形式是否能满足东北振兴的需求，以及平台应该以什么样的机制运行才能达到最佳的效果仍是有待深入探讨的议题。

（2）东北地区战略性新兴产业缺乏龙头企业，无法形成引领和集聚效应。

东北地区虽然科技资源丰富，但大多并未体现在企业上，很多具有优势科技资源的战略性新兴产业领域缺乏龙头企业，导致产业发展缓慢。以吉林省光电子产业为例，吉林是国内光电子产业起步较早的地区之一，拥有较好的技术优势和产业基础。在光电子领域集聚着中国科学院长春光学精密机械及物理研究所、长春应用化学研究所、吉林大学和长春理工大学等一批高水平的研究机构和高校，具有雄厚的技术基础和研发能力，取得了一批具有自主知识产权的创新成果，在国内占有重要地位和作用。2004 年 6 月，国家发改委正式批复长春为国家光电子产业基地。经过近些年的发展，吉林光电子产业仍存在规模较小、缺乏龙头企业的情况。与吉林几乎同时起步的武汉光电子产业基地，目前的发展已经远远超过长春光电子产业基地。缺少"龙头"企业已经成为制约吉林光电领域技术创新和成果转化的一个非常重要的因素。目前，吉林仍存在先进的高端技术在中国科学院长春光学精密机械及物理研究所，而产业分布在长春经济技术开发区，技术的市场化存在较大阻碍。

吉林的生物医药产业也存在类似的问题。与国内其他 21 个国家生物产业基地对比，长春国家生物基地的发展步伐还较慢，主要存在以下几方面的问题：企业规模小，龙头企业少；集聚性较差；技术创新能力弱，产品同质化，缺乏原创药；产学研结合衔接得不好，科研成果难以转化。因此，除了给予生物医药专业性产业政策以外，应该培育大型的龙头企业，建立系统的实效鼓励和奖励机制，鼓励和支持优势企业通过兼并、联合、重组和扩建等形式，走集聚区域化发展的道路。

此外，东北地区各产业园区有必要突出产业特色，做大做强优势产业，以现有的知识产权、关键和共性技术为基础，不断完善产业链上下游，吸收具有自主知识产权、能支撑和带动产业基地发展的关键和共性技术的优秀企业，带动特色产业整体跨越。加快龙头企业的培育，实现骨干企业在现有基础上的数量级倍增。同时，加强企业之间产业联系的紧密程度，使上下游形成很好的配套体系，充分发挥产业的集聚效应。

5.3 东北老工业基地创新驱动发展的典型模式

通过对东北三省的实地调研和座谈，本节总结了东北老工业基地创新驱动发展的几类典型模式。

5.3.1 产学研合作模式探索：沈鼓-大工研究院

沈鼓-大工研究院于 2005 年 7 月 8 日挂牌，于 2006 年 5 月 10 日正式启动。大连理工大学与沈鼓集团合作历史悠久，基础雄厚。从 1982 年开始，沈鼓集团就成为大连理工大学本科生毕业设计和实习的基地；大连理工大学校领导与沈鼓集团领导多次带队互访，组织教师和科技人员对企业的技术问题进行诊断，与企业联合进行技术攻关和创新；2002 年 9 月，还成立了"沈阳鼓风机厂国家级技术中心大连理工大学技术分中心"。之后经过精心运作，成立了"沈鼓-大工研究院"。

沈鼓-大工研究院经过七载改革，形成了以"机制改革为基础、资源整合为手段、科技创新为目标"的机制体制改革整体思路，具体如下。

（1）运行管理机制。中心共性技术平台以高校负责，教授为主体。专用研究院以企业负责，产品开发骨干为主体，执行企业化规范与管理。中心推行校企高层定期交流机制，联合对重大事件做出决策；推行平台管理专职化机制，互派专职管理人员实施交叉管理。

（2）人事管理体制。研究院采取"流动不调动"的开放式人事管理模式。校企双方共同派人入驻研究院，执行跨体系人才管理与考评。研究院成员主要包括企业派驻、学校专职和社会招聘三类人员，执行统一管理，实行科研专家互聘，且聘用机制灵活，并享受"特区"政策。校企双方均认可中心聘任期间工作业绩，并保留原单位享有的相应权益和福利。

（3）人才培养机制。研究院以"复合型、应用型、研究型"人才为培养目标，通过校企专家互聘、科研实践一体化等方式联手做实人才联合培养任务。研究院独立制定人才培养方案，注重创新思维、创新能力和实践教学的一体化培养，共同为社会、为企业培养出具有实战经验的一流科研骨干、人才梯队。同时，研究院针对研究任务，定期开展本科生驻厂实训、企业技术骨干短期培训和硕士班培养等工作，缩短企业急需人才的培养流程，解决学校教育与社会需求脱节的瓶颈问题，切实提升企业员工综合技术素养与水平。

（4）科研管理模式。为凝练企业科研难题，实现校企科研力量的深度融合，研究院科研任务以国家需求和企业任务为导向，同时要求研究院的高校专家必须完成驻厂调研时间任务（不低于3个月/年）。研究院的基础研究和技术开发，均强调规范管理和实时绩效，有的放矢地发挥多学科交叉潜力，缩短科技产业化流程，大幅度提升成果转化效率。研究院鼓励校企联合承担国家部委的重大科研任务，尊重成果与知识产权的校企权益归属。

（5）资源整合与配置。为实现校企双方间资源有效整合与共享共建，校企双方开放实验室、图书馆、加工检验、产品生产等资源；同时为进一步强化研究院建设，校企共同对研究院投入建设经费，实现共建。

（6）财务监管模式。研究院依托牵头高校进行财务管理，独立建账，专款专用。研究院科研经费和平台运行费用支出享受高校科研特区优惠政策，其运行与绩效津贴发放由组成单位共同监督；联合承担国家科研课题经费使用遵照国家有关规章制度执行，确保经费使用高效、合理。

（7）考评激励机制。研究院遵循"按岗考核、绩效挂钩"的竞争原则，推行特区考评体系，校企双方均特设提职指标和绿色通道，特事特办。研究院人员的考核及晋职评聘以聘任期间完成研究院任务绩效、研究院建设综合表现等内容为主，校企双方认可中心考评结果，落实研究院派驻人员绩效评价与考核，并对贡献突出人员给予精神与物质绩效奖励。

（8）文化机制建设。定期组织科研交流与科研文化活动，聘请专家讲座，提升中心成员科研素养；强化学科交叉与团队交流，促进科研方向拓展，提高研发工作效率；关心年轻同志生活及个人发展，促使中心人员凝心聚力共同为中心发展、人才培养和学科建设做出贡献。

自沈鼓-大工研究院成立以来，累计开展科研项目136项，直接应用于企业生产实践。校企联合承担国家科研课题，总科研经费达1.5亿元。"大型乙烯装置用裂解气压缩机关键技术及装备"项目获得国家科技进步二等奖，联合申报的"核主泵制造的关键技术"和"机械装备再制造的基础科学问题"项目获得国家"973"计划项目支持，相关领域的研究还获得国家"863"计划项目和国家支撑计划项目的支持。共发表论文80余篇。获得机械工业联合会科技进步一等奖1项、三等奖2项，辽宁省科技成果转化一等奖2项，沈阳市科技进步二等奖3项、三等奖1项。申报专利5项。

通过沈鼓-大工研究院平台合作，沈鼓集团多项重大产品填补国内空白，突破核心技术，如百万吨乙烯压缩机组、天然气长输管线压缩机、大型煤化工压缩机、核电机组用泵四大核心产品,均实现了性能高效、结构可靠、材料优异、制造精良。百万吨乙烯压缩机组核心技术被行业誉为"摘得压缩机皇冠上的明珠",使沈鼓集团跻身世界压缩机行业前三名。

2006~2012年,研究院通过科技援企,相关技术助推沈鼓集团实现销售收入77.6亿元,利税7.27亿元,为用户创造数千亿元的经济效益,社会效益同样显著,如核二级泵的研制成功,平抑了国外同类设备的价格。沈鼓集团核电装备国产化的重要突破终结了国外的长期垄断。

5.3.2 科技成果转化机制探索:远大科技创业园

远大科技创业园由沈阳远大企业集团、沈阳市科技局、沈阳市经济和信息化委员会共同投资组建,初期注册资金1.25亿元,于2013年10月开园。远大科技创业园为知名控股集团——沈阳远大企业集团聚力打造的国际化"生产性服务业的公共服务平台"。远大科技创业园集合"外国专家、制造业基地、科研团队和海归"四大专业技术人才力量,率先实行科技研发与产业运营的分离和独立的市场化运作。远大科技创业园率先实行知识产权公司化、收益个人化和科研人员共有制,以公共服务平台的思路发展科技,在为企业自身提供有偿技术研发的同时,也为其他企业提供咨询等技术相关服务,真正实现科技引领市场,再造制造业,创建东北科技源。

远大集团发现,在科技引领发展的过程中,研发机构在各产业集团内部设置的体制使科技人员的潜能得不到充分发挥。为解决这个问题,在深入分析企业的技术创新体制和机制、借鉴发达国家先进创新经验的基础上,企业提出:科研与生产分离,让专业的人干专业的事,实行科研公司化,知识产权公司所有化、收益个人化、创新团队多元化的企业技术创新机制。企业大胆将各产业集团的研发机构分离出来,注册成立了远大科技园有限公司,第一个进行了将科技成果作为主打产业的尝试。一是将科技研发与产业集团并行,消除了体制障碍,使科技人员的研发活动不再受产业集团的制约。二是平等的市场地位使科技成果的市场化运作成为可能。三是在科技园内部率先推出了"承认知识产权私有化和知识产权个人终身受益"机制,这就为科技人员发挥潜能营造了一个实现自身价值的平台。在这一平台上,科技人员要想使自己的研发成果市场化,就必须贴近技术前沿、贴近市场需求。

远大科技园实行公司化运营,通过对产品、技术进行专项创新研发,科研成果有偿转让给各产业化制造公司,科研公司依靠成果转让收益进行运营和发展。科研公司实行董事会领导下的开发经理负责制。董事会对开发经理进行业绩考核,并根据考核结果进行任免和调整。

远大科技创业园围绕"知识私有化、成果商品化、终生受益制、产权资本化"的全新体制、机制,来吸引和留住高端人才,最大限度地激发科研人员的潜能,使科研人员的智慧变成个人的财富,从而带动企业乃至全社会的技术进步与发展,真正实现"创新、创业、创富"。远大研发中心的科研成果及知识产权为科研公司所有,将科研成果及知识产权商品化,可以有偿转让、授权使用,并通过优化管理和运营,使其产生最大的价值。科研人员在其科研成果转化产品的全生命周期内始终获得收益。这样的激励机制必将使科研人员致力于追求创新价值,主动创新。

远大科技园通过灵活的创新机制"筑巢引凤"吸引了各具特色的科研带头人。科技园凭借现代化的科技园区和独具魅力的创新体制机制现已招募了多名行业尖端人才及科技领军人物,如在业界享有盛名的环境工程研究院院长李雄浩博士,在振动领域卓有建树的德国归国专家韩旭博士和新加坡制造技术中心博士后赵凤,电力电子技术领域专家清华大学电气工程博士郑艳文,以及曾担任德国某著名跨国企业技术总裁的柯蓝博士也加入远大科技园并任总裁一职等。该领域世界顶级人才的加入为远大科技园的发展奠定了坚实的基础。

5.3.3 技术创新平台打造:机器人产业技术创新战略联盟

2014年8月31日,由沈阳新松机器人自动化股份有限公司作为理事长单位的机器人产业技术创新战略联盟在沈阳正式揭牌,该联盟旨在打造创新平台,形成技术合力和知识产权保护体系,提高我国机器人企业的市场竞争能力和生存能力。

机器人在制造业中具有重要的战略地位和巨大的发展潜力,其研发、制造、应用是衡量一个国家科技创新和高端制造业水平的重要标志。机器人产业技术创新战略联盟汇集了国内机器人生产厂商、高校、科研机构、知识产权机构及市场需求客户五大群体。联盟将以工业机器人、服务机器人为突破口,通过联合攻关突破机器人共性核心技术,并将技术成果进行市场化转变,研发机器人系列产品,不断提升中国机器人技术水平,做大做强我国机器人产业。

根据沈阳市科技局发布,截至2014年11月24日,机器人产业技术创新战略联盟已经汇集国内38家单位,形成了从政府顶层设计到实际用户需求的产业技术创新体系,有效提升了我国机器人产业核心竞争力。

(1)"私人定制"拓宽机器人应用领域。

机器人产业技术创新战略联盟成立以来,完成了工业机器人、移动机器人、洁净机器人、服务机器人研究与产品开发,为机器人的应用拓宽了范围。

目前，沈阳新松公司与北京航空航天大学、中国科学院沈阳自动化研究所等单位联合开发的点焊、弧焊、搬运等机器人系列产品，在一汽轿车、华晨金杯、海信集团等企业完成了示范应用，进一步丰富了国内机器人产品的种类。截至 2014 年，共有 30 余种型号的机器人，产品性能达到国际领先技术水平。

"机器人联盟"还关注服务机器人的研制。已形成老年陪护机器人、儿童娱乐机器人、迎宾展示机器人、餐厅服务机器人系列化产品。部分产品已在东北大学、北京四季青敬老院等示范应用。

（2）汇聚作用进一步完善产业链和产业布局。

作为机器人产业技术创新战略联盟理事长单位，沈阳新松联合成员单位中国科学院沈阳自动化研究所、大连理工大学等共同承担了辽宁省科技创新重大专项"智能型搬运与加工机器人"，共同开发出了 500 千克工业机器人。这款机器人集视觉技术、力觉技术、智能路径优化技术、智能远程监控技术等多种智能技术于一身，是国内首台大负载工业机器人，在国产机器人领域实现了全新的突破。

根据沈阳新松公司的消息，作为联盟的官方线上旗舰平台——中国机器人产业网已经正式上线。其开辟的在线商铺，实现了机器人的在线交易。该平台汇集了机器人产业技术创新战略联盟内优秀的技术及市场资源，力求在联盟技术成果转化、供求关系搭建、行业信息解读上提供有力的支撑，也是截至 2014 年业内仅有的一个真正意义上的 B2B2C（business to business to customer）平台。"目前，联盟成员企业都已入驻中国机器人产业网，通过网站已达成项目十余项。"沈阳新松公司相关负责人介绍，充分利用机器人产业技术创新战略联盟平台的汇聚作用，在可期的未来，将进一步完善我国机器人产业链和产业布局。

5.3.4 公共创新服务平台建设：黑龙江省工业技术研究院

黑龙江在实践中发现，高校科技成果转化的问题主要表现在以下五个方面：①高校和企业体制上的天然障碍，决定了二者在科技成果转化中存在空白地带；②高校的成果转化机制不完善，科研人员的激励机制与创新体系建设要求不匹配；③政府用于引导技术成果转化的资源分散，无法发挥集聚效应；④高校缺少专职的技术研发人员，科研实力难以转化为生产力；⑤重点实验室、工程研究中心、校企联合研发中心缺少经费投入，未能形成持续、良性的运行。

为了解决高校及研究机构科技成果转化难的问题，黑龙江依托哈尔滨工业大学与政府联合建设了综合性的公共创新服务平台——黑龙江省工业技术研究院，突破体制障碍，不断完善成果转化的机制，推动科技成果转化。

黑龙江省工业技术研究院将面向黑龙江产业化与工程技术创新发展的需求，充分挖掘黑龙江以哈尔滨工业大学为代表的科技资源，建立一种新的管理体制和运行机制，打造符合黑龙江区域特点的高水平工业技术研究与支撑平台，形成"政产学研金介"结合的一体化联盟框架结构。黑龙江省工业技术研究院紧密依托哈尔滨工业大学和省内相关高校和科研机构的科技力量和渠道，广泛开展与国际企业进行技术交流与合作，紧密结合技术和资金以推进产业发展，从而为黑龙江经济建设提供行业的系统技术支撑，创生高新技术产业，特别是在打破国际技术封锁、培育和开发黑龙江战略产业方面，发挥不可代替的作用。

2013年7月，黑龙江省工业技术研究院由省政府批复了300个科研事业编制和每年的运行经费，围绕黑龙江的产业发展，结合优势学科资源，全力打造机器人及智能装备、超精密加工及测试技术、新材料技术、能源与动力装备、环保及资源综合利用、新一代信息技术、军转民7个工程技术研发平台及仪器设备共享平台，对不断地把学校的科研成果引进黑龙江省工业技术研究院进行中试及孵化，将实验室成果转化为产品成果，从而填补成果转化的空白地带；汇聚政府、企业、金融机构的资金，形成对成果转化的全链条支持；黑龙江省工业技术研究院与科技部门建立合作关系，在孵项目通过黑龙江省工业技术研究院即可享受成果发布、企业需求检索、投融资支持、技术交易支持等服务，为技术成果转化打造了优越的软环境；300个事业编制有效地解决了高校技术研究人员的短缺，释放了教师的科研生产力。

截至2013年年底，黑龙江省工业技术研究院在孵项目16项，新落地转化项目17项。其中，科技成果吸引投资成立新企业开展的产业化项目7项，孵化了7家高科技企业，吸引社会资本投资2.27亿元；科技成果转移至现有企业形成新的产业化项目11项，吸引企业投资1.37亿元；服务黑龙江企业技术改造和升级352家，项目431个，经费7340万元；支撑相关企业的产品新增工业产值达240.32亿元。

5.3.5 区域发展协同创新平台建设：辽宁重大装备制造协同创新中心

1. 辽宁重大装备制造协同创新中心简介

辽宁重大装备制造协同创新中心（Collaborative Innovation Center of Major Machine Manufacturing in Liaoning）是由大连理工大学牵头，协同东北大学、沈阳工业大学、大连交通大学、西安交通大学、沈鼓集团、北方重工集团有限公司、大连华锐重工集团股份有限公司、瓦房店轴承集团有限责任公司8家单位共同组建而成的区域发展类协同创新中心。

辽宁重大装备制造协同创新中心的建设使命如下：紧密围绕油气长距离输送、核能开发、交通与引水、海洋能源开采等工程的重大需求，探索高校可持续创新的长效机制和企业原始创新能力快速提升的新途径，突破高端压缩机组、百万千瓦级核电站核主泵、大型硬岩掘进机、海洋工程浮式起重机等重大装备核心技术，协同研制出国际领先的重大装备产品，力争建设成国际知名的重大装备研发与技术创新基地、领军人才和高端技术人才汇聚和培养基地，从而显著提升辽宁重大装备的自主创新能力和国际竞争力，加速制造企业及其产品进入国际一流行列，实现由"中国制造"到"中国创造"的跃变。

在辽宁省委、省政府及教育厅和科技厅的大力支持下，辽宁重大装备制造协同创新中心形成了独具特色的政产学研合作模式，汇聚了一批创新资源，支撑辽宁重大装备制造协同创新中心的国家及省部级研究基地包括3个国家重点实验室、5个国家级技术研究中心、3个国家技术转移中心、3个海外研发平台和20个省部级重点实验室。截至2014年辽宁重大装备制造协同创新中心已到位人员115人，其中科研人员106人、管理服务人员9人。协同创新中心科研人员中有中国科学院院士1名（钟万勰）、中国工程院院士1名（郭东明）、"国家千人计划"教授2名（张洪潮、张璧）、长江学者特聘教授4名（贾振元、雷明凯、董闯、刘黎明）、国家"973"计划项目首席科学家3名（张洪潮、雷明凯、贾振元）、国防"973"首席科学家1名（韩清凯）、国家杰出青年科学基金获得者4名（郭东明、席光、雷明凯、刘黎明）和教育部新世纪优秀人才17名。

辽宁重大装备制造协同创新中心的未来四年发展目标如下：①建成世界知名的重大装备制造研发、创新人才培养和人才聚集基地，形成多学科交叉融合的重大装备制造学科群；②突破高端透平压缩机、百万千瓦级核电站核主泵、大直径敞开式硬岩掘进机、巨型浮式起重机等重大装备的核心技术，研制出一系列具有国际领先水平的重大装备；③助推两三家辽宁重大装备制造企业代表性产品进入世界行业前3强，使辽宁成为世界级装备制造基地。

2. 协同创新中心组件方式及主要分工

1）组建方式

辽宁重大装备制造协同创新中心以国家重大工程需求为导向，以"政府主导、校企协同、创新驱动、引领区域"为原则，以国家急需的重大装备及其关键技术突破为协同创新的主要目标，紧密协同辽宁区域内相关高校和装备制造龙头企业而组建。大连理工大学为牵头单位，东北大学、沈阳工业大学、大连交通大学和沈鼓集团为核心协同单位,西安交通大学、北方重工、大连重工和瓦轴承集为主要参与单位,辽宁重大装备制造协同创新中心组建方式如图 5.1 所示。辽宁重大装备制造协同创新中心下设共性技术创新平台、专用技术创新平台和行政管理服务平台,辽宁重大装备制造协同创新中心组织框架如图 5.2 所示。

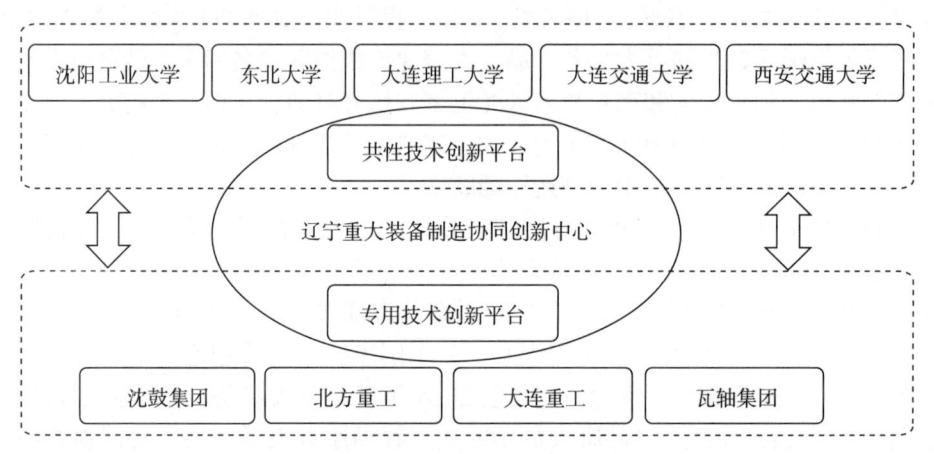

图 5.1 辽宁重大装备制造协同创新中心组建方式

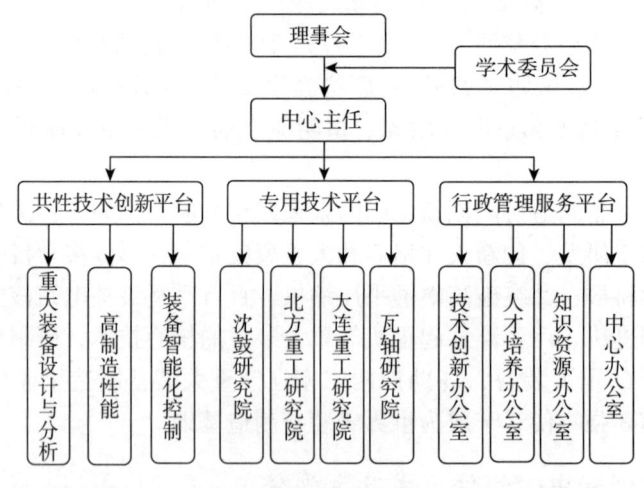

图 5.2 辽宁重大装备制造协同创新中心组织框架

共性技术创新平台主要包括重大装备设计与分析、高性能制造、装备智能化控制 3 个研究领域,承担重大装备在设计、制造和控制方面的基础理论与共性技术研究,支撑重大装备研发源头创新。

专用技术创新平台包括沈鼓研究院、北方重工研究院、大连重工研究院和瓦轴研究院 4 个专用技术研究院。该平台作为中心与企业的桥梁纽带，以突破企业在产品研发过程中面临的专用关键技术为目标，在保证企业技术专有性的条件下实现共性技术成果转移转化。共性技术创新平台与专用技术创新平台协同发展，助推辽宁重大装备自主创新。

2）主要分工

辽宁重大装备制造协同创新中心各成员单位在科学研究、人才培养、学科建设等方面协同发展。牵头单位负责协同创新中心整体运行与管理；5 家成员高校负责重大装备基础理论与共性技术研究；4 家成员企业负责重大装备的产品化实施，并负责 4 个专用技术研究院的运行与管理；辽宁省政府提供政策、资金、项目等支撑条件，引导和推进高校优势学科与重大装备制造产业深度融合。辽宁重大装备制造协同创新中心成员单位主要任务分工如表 5.2 所示。

表 5.2 辽宁重大装备制造协同创新中心成员单位主要任务分工

	成员单位	共性技术创新平台			专用技术创新平台			
		重大装备设计与分析	高性能制造	装备智能化控制	沈鼓研究院	北方重工研究院	大连重工研究院	瓦轴研究院
高校	大连理工大学	√	√	√	√			√
	东北大学	√		√	√	√		
	沈阳工业大学		√	√			√	
	大连交通大学	√		√			√	
	西安交通大学	√			√			√
企业	沈鼓集团	√	√	√	√			
	北方重工	√	√	√		√		
	大连重工	√	√	√			√	
	瓦轴集团	√	√	√				√

3. 辽宁重大装备制造协同创新中心机制体制改革思路与主要创新点

辽宁重大装备制造协同创新中心基于沈鼓-大工研究院的 7 载改革成功经验，在组织运行体制、人事管理体制、人才培养机制、科研管理模式、资源整合与配置机制、知识产权管理机制、财务管理机制、文化机制 8 个方面实施全面改革，形成"以资源高效整合为切入点，改革创新试点为突破口，人才、科研、学科三位一体协同发展为动力源"的机制体制改革整体思路，如表 5.3 所示。

表 5.3 机制体制改革整体思路

改革目标		改革思路
汇聚多方资源，激发创新活力，建立健全人才、学科、科研"三位一体"协同发展创新机制体制	组织运行体制改革	政府引领、重大需求牵引、助推区域产业
		高校负责共性技术创新平台建设
		驻校设立专用技术研究院，企业专家任负责人，企业主导确定重大装备产品的研发方向和任务
		校企双方联合进行人、财、物投入
		理事会决策重大事件
	人事管理体制改革	高校、企业内定向选拔，流动不调动
		绩效主导、团队为主，突出贡献特别奖励
		外聘人员采用"非事业编"模式
		高校派驻研究院人员，按照企业考核方式考核，高校认同企业考核结果
	人才培养机制改革	面向重大装备的本科专业方向设置
		驻厂实训、企业骨干短期培训、工程硕士培养
		推动与国际著名高校、企业紧密合作，推动人才培养的国际化进程
		重大需求导向的企业专有型、高校创新型的中青年人才培养和高层次领军人才培养
	科研管理模式创新	项目负责人制的科研团队管理方式
		简化基础研究到产品应用流程，提高成果转化效率
		建立项目专家库
	资源整合与配置机制改革	开放图书馆、实验室
		建立网络化管理平台
		以重大需求为导向整合国内优势研发团队
	知识产权机制改革	激励创新、统一管理、收益共享的知识产权管理
		允许发明人以技术入股形式参与产业化
	财务管理机制改革	科研经费独立建账、专款专用
		科研经费和平台运行费享受特区优惠政策
	文化机制创新	凝练中心文化内涵，强化中心文化建设
		营造协同创新氛围，提升人员凝聚力

辽宁重大装备制造协同创新中心机制体制改革的主要创新点有以下六点。

创新点 1：政府引导、汇聚多元创新要素的协同创新组织模式。

面向国家重大工程需求，为把辽宁建设成国内领先、世界先进的重大装备制造基地，辽宁省委省政府抓住创新驱动发展的战略机遇，鉴于大连理工大学多年探索实践的"驻校建院"校企合作模式，委托大连理工大学牵头成立辽宁重大装备制造协同创新中心。辽宁重大装备制造协同创新中心由政府主要领导任理事长、教育厅和科技厅领导任副理事长，汇集省市政府教育资源和科技资源、高校科技开发和人才培养智力资源、企业产品研发与制造资源，引导多方人力、智力、财力共同投入，进行体制机制创新，突破国家急需的重大装备制造核心共性关键技术，开发出高端重大装备，形成了政府引导、汇聚多元创新要素的协同创新组织模式。

创新点2：共性技术与专用技术研究深度融合的协同创新途径。

为保证共性技术成果共享最大化，且确保企业技术专有性，辽宁重大装备制造协同创新中心成立1个共性技术创新平台和1个专用技术创新平台。共性技术创新平台旨在研究重大装备制造的基础理论与共性技术，通过发挥高校基础科研优势，为企业提供重大装备研发的源头创新；专用技术创新平台是中心与企业的桥梁纽带，包括沈鼓研究院、北方重工研究院、大连重工研究院、瓦轴研究院共4个专用技术研究院，旨在突破企业在产品研发过程中面临的专用关键技术，实现共性技术向重大装备制造的转化，以弥补高校共性技术研究向企业专用技术转化环节的缺失。这种共性技术与专用技术研究深度融合的探索，开辟了校企协同创新的新途径。

创新点3：打破人事管理体制坚冰的"拟态考核"人事管理制度。

"拟态考核"是指高校派驻专用技术研究院的人员，按照相应企业的考核方式考核。该类人员必须完成驻厂调研任务，与企业派驻技术人员组建团队，共同参与企业重大技术攻关；保留原高校基本待遇、免校内考核，其年终工作绩效凭研究院认定的科研成绩接受企业考核，并享受企业绩效津贴和科研奖励。"拟态考核"方式突破了人事隶属关系的壁垒，使高校派驻人员深度融入企业产品研发全过程，迅速发展成企业高级技术智囊，其创新能力亦得到大幅提升。

创新点4：面向重大装备制造的精英型人才培养机制。

面向重大装备制造高端人才需求，辽宁重大装备制造协同创新中心实施了具有创新思维能力、工程实践背景和国际化视野的精英型人才培养模式的探索。辽宁重大装备制造协同创新中心成员高校特新增面向重大装备制造的"起重机械"专业方向和"茅以升班"，设立了重大装备制造领域创新实践班，开设了与国际接轨的全英文4年制机械工程国际班，并为辽宁重大装备制造协同创新中心特设研究生招生指标。辽宁重大装备制造协同创新中心规定工科青年教师提职必须有半年以上企业工程实践经验，聘请成员企业科研人员作为学生毕业论文联合指导教师，确保国际班每年不少于5门课程由海外知名大学教授授课，建立了以"大连理工大学-沈鼓集团辽宁省大学生实践教育基地"为代表的4家校外实习基地。这些举措为面向重大装备制造的精英型人才培养提供了保障。

创新点5："驻校建院"式的校企合作新模式。

"驻校建院"是指来自高校的多个学科专家与企业技术骨干共同组建团队，在高校建立专用技术研究院。校企双方均进行人、财、物联合投入。人才投入包含学科交叉密切的一线专家与技术人员、专职化的科研管理人员等,企业专家任研究院正职负责人,学校专家任研究院副职负责人;经费投入以企业为主,以高校投入为辅;高校与企业相互开放并联合共建实验平台,共享图书、网络系统等资源。驻校建院对内可共设特区,利于"特区"政策实施和资源整合;对外可联合注册实体,利于人才引进。

创新点 6:"线面并行"的科研组织模式。

"线"是指聚焦于单一产品研发全过程,开展相应基础理论、关键技术与工程应用研究的科研组织模式;"面"是指放眼于全区域范围内的多个产品、多个企业的技术需求,凝练共性科学技术问题,寻求将重大装备制造共性技术辐射应用的科研组织模式。在"线"式科研组织模式成功经验基础上,相继建立了"大连理工大学鞍山研究院"和"辽宁省先进设计与制造共性技术创新平台",实现了科研组织模式的"面"式扩展,形成了"线面并行"的科研组织长效机制,拓展了中心科研经费来源,确保了中心的良性健康发展。

4. 辽宁重大装备制造协同创新中心培育的代表性成效

自 2012 年成立以来,辽宁重大装备制造协同创新中心围绕国家和区域在装备制造领域的重大需求,积极开展机制体制改革,汇聚创新资源,全面开展培育组建的各项工作,在关键共性技术突破、专用技术攻关、高水平人才队伍建设、人才培养模式、引领区域创新发展等方面取得了显著成效(刘连峰和刘凤朝,2014)。

(1)重大装备制造基础理论与关键技术及产品开发取得重大突破。

辽宁重大装备制造协同创新中心取得的代表性关键技术及重大装备见表 5.4。

表 5.4 代表性关键技术及重大装备

序号	关键技术/重大装备	基础理论/工程应用	成效
1	高性能零件制造理论与技术	重大装备制造共性技术基础	"关联面形约束的大型复杂曲面加工技术与装备"获教育部技术发明一等奖。获批"精密制造理论与技术基础研究"国家创新研究群体
2	大型石化压缩机关键技术/百万吨级乙烯裂解气压缩机组	天津、镇海及抚顺石化的乙烯制备	实现百万吨乙烯装置"中国心"的诞生,助推沈鼓集团跻身世界压缩机行业前三名
3	管线压缩机关键技术/电驱长输管线压缩机组	西气东输 2 线、3 线	打破电驱长输管线压缩机长期依赖进口的局面,解决国家重大需求、保障国家能源大动脉的畅通
4	大型掘进机关键技术/Φ8.53 米全断面硬岩掘进机	辽西北引水隧道工程	打破国外技术封锁,并助推企业获得 4 台硬岩掘进机新合同
5	巨型起重装备关键技术/20 000 吨×125 米多吊点桥式起重机	烟台莱佛士船厂海洋石油钻井平台	使大型海洋平台建造周期缩短 30%,占坞时间缩短 80%,对世界海洋工程建造产业发展具有重要意义

通过辽宁重大装备制造协同创新中心建设与发展,实现了创新元素的交叉融合、协同单位创新能力的群体跃进,助推研发成功了多台(套)国家重大工程急

需的核心装备，打破了国外技术垄断。

(2) 汇聚了高水平的人才团队。

基于承担的重大协同创新任务，辽宁重大装备制造协同创新中心以"特区"式人才政策为保障，吸引了一批国内外高层次重大装备领域人才。截至 2014 年，辽宁重大装备制造协同创新中心已经初步完成了 15 个协同创新科研团队的建设工作，各团队间"交叉融合、群体跃进"，创新能力显著提升。目前，中心已到位人员 115 人，其中有中国科学院院士 1 人、中国工程院院士 1 人、国家"千人计划"教授 2 人、长江学者特聘教授 4 人、国家"973"计划项目首席科学家 3 人、国防"973"首席科学家 1 人、国家杰出青年科学基金获得者 4 人和教育部新世纪优秀人才 17 人。

(3) 精英型人才培养初见成效。

围绕重大装备关键共性技术研究和产品开发方面的人才需求，辽宁重大装备制造协同创新中心开展了具有创新思维能力、工程实践背景和国际化视野的精英型人才培养模式的探索。大连理工大学在机械类本科培养中为辽宁重大装备制造协同创新中心特设了"起重机械"专业方向，于 2013 年开始招生，每年招生 35 人；2012 年开始为辽宁重大装备制造协同创新中心特设重大装备制造领域创新实践班，每年招生 40 人；2012 年为辽宁重大装备制造协同创新中心特设全英文授课 4 年制机械工程国际班，聘请国际知名大学教师授课；2013 年聘请了 10 位辽宁重大装备制造协同创新中心成员企业科研人员作为学生毕业论文联合指导教师，派出 40 名学生赴校外实践教育基地实习；开展了与瑞典皇家工学院、日本东京工业大学等国外大学的交换生项目；外派本科生至 3 个协同企业海外研发中心进行短期实习培训；2014 年为辽宁重大装备制造协同创新中心特设研究生招生指标 10 人。2012 年起，大连交通大学特设机械类"茅以升班"和国际化试点班。

(4) 确立了辽宁重大装备制造业创新发展的引领地位。

辽宁重大装备制造协同创新中心以"政府主导、校企协同、创新驱动、引领区域"为原则，把握国家重大需求、规划区域装备发展战略、提升协同攻关能力、集聚与培养高端人才、探索机制体制创新改革，现已成为引领辽宁科技体制创新和装备制造业发展的"动力源"和"智库"。

为贯彻落实《中共辽宁省委辽宁省人民政府关于加快推进科技创新的若干意见》文件要求和辽宁省委领导的重要指示，助推辽宁省争创国家技术创新工程试点省，中心在辽宁省科技厅指导下，全面参与辽宁省产业技术创新体系的建设工作。先后参与起草《辽宁省中长期科学和技术发展规划纲要》、《辽宁省促进装备制造业发展规定》、《辽宁省产业技术创新体系建设方案》、《辽宁省产业技术创新平台建设管理办法》和《辽宁省专用技术研究院建设方案》等系列文件的制定，为政府决策和制定行业和企业发展规划提供有力支持。

为确保辽宁重大装备制造产业技术升级和保持行业优势、实现长期可持续发展，辽宁自2013年起专设科技创新重大专项（10亿元/5年）。辽宁省政府委托协同创新中心全面负责专项的设计与规划、指南制定、项目立项、中期检查和结题验收等工作。辽宁重大装备制造协同创新中心与辽宁省科技厅共同起草了《辽宁省科技创新重大专项申报指南》、《辽宁省科技创新重大专项管理暂行办法》和《辽宁省科技重大专项资金管理暂行办法》等文件。

探索出了多元化的成果转移转化模式。"驻校建院、拟态考核"的校企合作模式，有效实现了透平机械制造基础理论与关键技术研究成果在沈鼓全线产品研发中的转化应用。相继成立的"北方重工研究院"、"大连重工研究院"和"瓦轴研究院"使重大装备制造共性技术成果得以在辽宁重大装备制造协同创新中心成员企业内深度转移转化。

2013年12月，辽宁重大装备制造协同创新中心将校企研究院模式进一步推广，与鞍山市人民政府联合成立了"大连理工大学鞍山研究院"，它是鞍山市人民政府下辖的正局级事业单位，独立拥有财政全额拨款的事业编制150名。鞍山市政府为研究院首期建设提供5 000平方米办公场所和15 000平方米实验场地，并专设不低于500万元/年的"科研种子基金"。

2014年3月，辽宁重大装备制造协同创新中心将重大装备制造共性技术创新平台模式推广，以沈鼓集团、北方重工、大连重工、瓦轴集团等成员企业为核心单位，联合沈阳飞机工业集团有限公司、沈阳机床股份有限公司和大连机床集团有限责任公司等单位，成立"辽宁省先进设计与制造共性技术创新平台"，并通过辽宁省科技厅组织的建设方案论证，资助经费2 000万元/年。

2014年，组建"自主数值仿真软件 SiPESC 大连市产业化创新平台"，对区域内重大装备设计水平提高具有重要引领作用。2014年5月通过建设论证；建设周期5年，研究经费1 000万元/年。

经多年积极探索，以辽宁重大装备制造协同创新中心共性技术创新平台为依托，形成了以"专用技术研究院"、"地校研究院"和"省行业共性技术创新平台"为载体的"线面并行"科研组织模式和多元化成果转移转化模式，开辟了重大装备协同创新的新途径，确立了辽宁重大装备制造业创新发展的引领地位。

5.4 东北老工业基地创新驱动发展对政策的需求

在调研中，高校、研究机构、企业及政府部门等提出了对未来创新驱动东北振兴的政策需求，结合东北创新驱动发展存在的问题，把政策需求梳理分为以下几个方面，包括政策导向转变、体制机制改革、资金政策、人才政策、产学研合作机制、公共服务平台建设以及新兴产业发展等。

5.4.1 需要在东北推行一些先试先行政策，以打破现有体制机制障碍

在新一轮振兴中，东北地区要实现创新驱动发展，就必须打破现有体制机制障碍，给予特殊政策。国家应该参考和借鉴中关村自主创新示范区、上海张江高科技园区等，出台特殊的东北政策，形成政策"洼地"。辽宁省科技厅提出，能否针对辽宁沈大高速带的七个高新产业园区，建立东北地区国家自主创新示范区，给予特殊政策，拉动辽宁乃至整个东北地区的创新驱动发展。大连高新区建议，可以考虑支持建立大连高新区与中关村创新政策的共享机制。大连高新区创新资源丰富，区域内有大连理工大学、大连海事大学等多所高校，中国-以色列高技术产业园、中国运载火箭技术研究院大连航天保障中心、中国科学院大连科技创新园等众多科技创新机构，同中关村有很多类似之处。国务院支持中关村的先行先试政策，适用于大连高新区，因此在中关村试点实行的政策也能在大连高新区同步先行先试，以减少时间成本，快速推动创新发展。还有企业提出，可以采取"以科技创新园区为示范点，逐步扩大区域政策的实施范围"的方式，实施特殊区域性政策。

5.4.2 需要进一步破除体制机制障碍，以释放东北地区科技创新潜力

（1）需在东北地区适当下放科技成果处置权、收益权等。

对于高校及科研院所，可以考虑适当下放科技成果的处置权、收益权等，不单是部属院校、中国科学院直属单位，也应该包括地方高校等的资产处置权（包括知识产权）的下放，这样做可以促进高校、研究机构的科技研发和成果转化。知识产权，如专利或非专利技术，是一种智力资本，更多的时候是固化在科技人员脑海中的，只有采取切实激励政策，才能激发科技人员创造性，让他们放心创业，从而提高国家整体创新能力和水平。例如，下放无形资产处置权，以无形资产的方式投资入股，这在《中华人民共和国公司法》和《中华人民共和国中小企业促进法》中都有说明。

长春光学精密机械及物理研究所认为，将高校和研究机构的科技成果使用权、经营权、处置权和收益权下放是大势所趋。以前事业单位的科技成果视同国有有形资产管理，使科技成果转让收入和技术股权对科技人员的奖励很难落实。但即使权力下放，实际操作中也可能涉及技术等无形资产的定价问题、知识产权纠纷问题等，甚至可能会导致国有资产流失。因此，在权力下放的同时，必须要有相

应的政策文件保障，在制定和实施相关政策时，一定要在指导意见基础上出台相应的实施细则，否则知识产权评估较复杂等问题，仍不利于高校院所消除顾虑大力开展科技成果转化。

长春光学精密机械及物理研究所建议，东北振兴政策中应该出台东北地区高校科研院所科技成果处置权管理改革的政策，东北地区的高校和研究机构可自主对科技成果的转让、对外投资进行审批，并到地方政府科技管理部门备案，实行科技成果公开交易备案管理制度。逐步开展高校和研究机构去行政化改革，赋予高校和研究机构更多自主管理权，可以自主支配和使用科技资源等。

（2）需在东北地区建立多元化分类考核评价体系。

建议改变重数量、轻质量，重形式、轻效果的单纯量化考核评价方式，适当延长评价周期，改变科研评价中的急功近利倾向。建立多元化考核评价体系，建立不同领域、不同类型人才的评价体系，明确评价的指标和要素。发挥科技奖励引导和激励作用。探索建立高校和研究机构、企业之间科技人员的流动合作机制。加大对考核指标中产业化人员的激励。

虽然进行分类评价是现实可行的，但如何进一步细化考核标准是分类评价面临的一大难题，如基础研究、应用基础研究、应用研究，以及科技成果转化如何设定统一的考核标准，项目类别认定等。同时，中国科学院哈尔滨产业技术创新与育成中心认为，分类评价操作中还存在以下障碍：科研评价由行政部门进行，很多行政部门并不懂科研。应建立开放的评议机制，基础研究引入同行评价，应用研究和产业化开发由用户、市场和专家等相关第三方参与评价。

（3）需要深化国有企业的体制机制改革。

国有企业在创新动力、人才激励方面都面临一定的体制机制约束。国有企业在创新活动中受到国有资产管理方式的制约。创新作为一种有风险的企业活动，有较高的失败可能性，企业要在一种容忍失败的氛围中才能更好地创新。然而，对于国有企业而言，如果只有巨额投入，没有创新产出，对于国有资产如何管理是一种挑战，国有企业负责人为了避免可能出现的国有资产流失问题，往往选择回避风险，导致缺乏创新的动力。因此，在保证国有控股的前提下，应该在国有企业内部推行股权激励，扩大员工持股范围，将核心技术人员和专家与企业发展紧密捆绑起来，激发广大技术人员的创新潜能和工作热情，促进企业向创新驱动发展转型。

5.4.3 需要政府完善东北科技金融体系，以促进科技与金融融合

（1）需要政府加大对企业科技创新的资金支持力度。企业希望政府能够加大

对企业技术开发投入的减免税支持力度,在现有的基础上,进一步扩大企业技术开发投入享受减免税范围;在公平、公正的前提下加大对自主研发项目的资金支持,建立对自主研发投入的奖励机制如资金奖励、税收优惠奖励等。在融资方面,希望出台针对高新技术企业的产品研发和生产所需流动资金贷款贴息政策。在融资渠道上,希望能够推出更多的方式,包括政府的产业基金入股,或由官方设立资金池奖励科技产业化的优秀企业,银行提供新型产品,以专利或著作权作为融资抵押物,在信用证方面能够简化手续,提高额度等。

(2)需要政府出台首台(套)自主创新示范应用支持政策。首先,完善政府采购和国家垄断企业的采购制度。政府应采取有力措施制止重复设备引进,并用经济杠杆平衡和鼓励企业采用自主研发技术装备,充分利用政府采购途径或国家政策导向,对首台(套)的创新进行支持。其次,成立产业基金,建立风险分摊和补偿机制。《国务院关于加快振兴装备制造业的若干意见》中已经提到为鼓励和支持用户使用首台(套)国产设备,应探索研究重大技术装备保险机制。建议由政府发起成立产业基金或重大装备风险保证基金,分担企业的资金压力和创新风险。目前急需国家加强商业保险在国家级重大技术装备领域的险种与机制的试点探索,尽快弥补这块空白。最后,加快制定鼓励使用自主制造装备的技术和经济政策。对订购和使用首台(套)国产重大技术装备的国家重点工程,国家财政补贴和贴息贷款、项目投产后若干年内减免税等一整套优惠政策要尽早制定实施。

(3)需要进一步完善科技金融产业链,促进科技与金融的深度融合。东北地区的科技金融体系还不完善,企业创新融资还面临较大困难,因此应该围绕突破科技型企业融资瓶颈,不断完善科技金融产业链,促进科技创新与金融创新深度融合,实现科技资源与金融资本多层次多形式合作。大连高新区以创建"辽宁省科技金融创新服务示范区"为契机,全面优化科技金融生态环境,完善科技金融政策引导体系,积极打造区域科技风险投资中心,搭建政府投融资服务平台,设立了两亿元的科技信贷风险补偿专项资金。大连万融科技金融服务集团示范引领作用得到充分发挥,形成了政府引导的金融控股服务体系与市场化的科技金融服务体系协同发展,共同推动了科技创新和高新技术产业发展。为科技型企业服务的银行、担保、投资、保险及各类科技金融服务机构不断建立,初步形成比较完善的科技金融支持体系。总之,应该鼓励和支持金融机构创新金融产品和服务模式,强化金融服务创新,优化金融生态环境。

5.4.4 需要政府实施人才优惠政策，以激发科研人员创新动力

在人才培养方面，一方面要加强高等教育建设。实现多主体投资高等教育，根据社会发展需要对高等教育结构、规模进行调整，建立一批新学科和专业，进一步完善布局结构调整；另一方面要大力发展职业技术教育及职业培训。围绕产业结构调整和装备制造业发展的实际需要，重点发展好一批特色职业技术学院，培养"灰领"高技能人才，重点发展培养"蓝领"技能人才。

在人才引进和使用方面，需要政府部门引导协调，拓宽招聘渠道，借助政府机关的人才信息库，帮助企业筛选相关专业的资深专家、教授、院士及其团队，并推荐给企业；对高端人才给予特殊优惠政策，建议出台高端人才所得税优惠政策，如高端人才个税补贴政策；对科技骨干扩大股权激励，让科技骨干与企业形成利益共同体；在项目启动资金，在购房、购车、家属安置、子女上学等方面给予高端人才政策支持；对高端人才在职称聘任上给予破格提拔等政策倾斜。完善股权激励机制，进一步形成有利于人才创新创业的分配制度和激励机制。健全完善人才吸引、培养、使用、流动和激励机制，发展人才的公共服务体系。

哈尔滨工大软件公司提出，希望政府对高新技术企业相关的科技人才进一步加强激励的力度，主要考虑在企业所得税和个人所得税两方面对科技人才进行进一步激励。在企业所得税方面，可以将高新技术企业职工的教育经费计提比例增加，从而加强对创新人才的激励与培训力度。在个人所得税方面，将高技术人才的税收激励政策进一步细化。例如，如果高科技人才所获得收入由其进行技术转让和服务所产生，则这部分收入按照一定比例缴纳所得税，如果上述高科技人才将其科技创新成果作为参股的资本，则对应的股息收入可以减免征缴所得税。此外，如果企业向为其工作的高科技人才发放期权作为奖励，则可以对与期权相关的、进行权益结算的股份支付在行权时进行税前扣除，以此作为激励措施帮助高新技术企业增加其对高科技人才的吸引力。

5.4.5 需要解决产学研合作机制不畅问题，完善产学研协同创新体系

目前，东北地区很多产学研合作机制不顺畅，实际中运行效果较差，科技成果产业化面临诸多问题。很多高校及研究机构认为，高校自身研究成果距离市场化有较大差距，实际做法是企业立项，部分研究内容交给高校去做，效果比较好。政府应该优化科研成果鉴定或评价方式，突出实现产业化的成果，鼓励科研人员以产业化的思维去做技术开发工作。

在实际工作中，东北地区已经对产学研合作机制进行了一些新的探索。例如，吉林省科技厅为了促进产学研结合，并调动科研人员的积极性，在吉林的支柱行业汽车产业进行了一些尝试。吉林省科技厅与一汽集团合作，共同出资成立汽车联合行动专项，每年通过与企业、高校大规模研讨，确定每年的项目招标方向，然后以吉林省科技厅的名义立项，让科研人员进行申报。这样，项目的来源完全有企业参与（类似横向项目），但项目以纵向项目的名义发布，科研人员有足够的申报积极性，同时又能满足企业的要求。最后，项目成果由一汽参与高标准验收，研究成果直接给一汽使用，运行效果较好。政府以该种方式大大缓解了产学研合作中存在的问题。

5.4.6 需要政府探索公共服务平台运行机制，以加速科技成果产业化

东北地区应该在大力建设公共服务平台的同时，重点探索公共服务平台的运行机制，从而更好地加速科技成果产业化。中国科学院沈阳自动化研究所建议，应该加大力度支持高校和研究机构成立产业技术研究院。产业技术研究院是伴随着新兴产业发展、经济结构转型等应运而生的新型研发组织。通常由政府主导并会同高校和研究机构、企业、社会组织等共同发起组建，它既不做基础研究，也不与企业争市场，而是专职从事共性技术研发、成果转化应用、为中小企业提供公共技术服务等，具有鲜明的公益性、非营利性机构特征。发挥政府的主导作用，建立面向共性技术服务的研发机构，承担基础研究单位不愿做、小微企业不敢做、政府不能做的事情，真正解决好科技成果转化为现实生产力的"最后一公里"问题。政府对产业技术研究院不仅要提供资金支持，更要提供政策和法律支持，使产业技术研究院的工作人员免除后顾之忧，切实保障他们在知识产权、成果转化、企业股权等方面的合法收益。

吉林为了促进科技与经济结合，推动技术转移和成果转化，正在积极建设吉林科技大市场，目前已经制订了《吉林省科技大市场建设方案》。通过吉林长春产权交易中心出资 2 350 万元，占 53%股份；吉林省生产力促进中心代表省科技厅出资 1 050 万元，占 24%股份；长春市科技局配套资金 1 000 万元，占 23%股份，注册了大市场实体运营机构——吉林省技术产权交易中心有限公司。科技大市场建设工作将主要围绕构建"三大主体"、突出"四大功能"、实现"五大效果"和打造"六大平台"来开展。三大主体包括"一厅一网一库"，即一个交易大厅、一个吉林省科技大市场网、一个信息强大的数据库；四大功能包括交流交易、整合共享、融资孵化、对接服务；五大效果包括实现科技资源共享化、科技服务集成化、技术交易市场化、科技金融效果最大化、科技成果产业化；六大平台包

括技术转移平台、科技资源统筹平台、产学研协同创新平台、科技金融融合平台、科技成果孵化平台、科技政策宣传和落实平台,为技术转移和成果转化提供全方位服务。

5.4.7 需要政府因地制宜加快新兴产业布局,以提升东北产业竞争力

东北老工业基地过去十年的振兴还主要是针对传统优势产业,如装备制造、石化、冶金等产业,未来十年,东北地区要尽快淘汰落后产能,推动传统产业转型升级,结合自身区域科技资源优势,大力发展战略性新兴产业和高新技术产业,提升东北地区的产业竞争力。辽宁省科技厅提出,应在加快推进传统产业转型升级的基础上,推进战略性新兴产业发展。具体而言,应围绕新一代信息技术、生物医药、分子育种等战略性新兴产业,吸引一批在国内外有较大影响的高端技术人才和创新人才,形成一批掌握产业发展核心技术的领军人才和高水平创新团队,为优势新兴产业发展提供有力的人才支撑和技术保障。

吉林在光电子产业、生物医药产业的技术研发和产业化方面已经具有先发和区位优势,下一步应该通过政府规划引导和扶持,培养和引进一批企业家,引进和培育一批"龙头"企业,引领吉林战略性新兴产业快速发展。一是政府要结合国家光电子产业基地和生物医药产业基地建设,统筹协调产业发展中的技术创新、成果转化和市场培育等重大问题。二是依托现有企业开展战略性重组和整合,不断提高企业经营者的素质,构建健康开放的商业环境,为企业家的成长提供良好的土壤、文化和氛围。同时,制定优惠政策,在全国范围内招聘引进优秀企业家,发展壮大吉林高新技术产业的企业家队伍,尽快上规模上水平。三是以"龙头"研究机构为核心,以科技招商为手段,利用吉林研究机构和高校丰富的技术成果等强大的科技资源,吸引国内外光电子领域的"龙头"企业到吉林省发展。同时通过政策倾斜、培育和扶持省内骨干企业上市融资、引进国内外优秀人才、成立企业国家工程中心等方式,培育一批"龙头"企业。

中国科学院哈尔滨产业技术创新与育成中心认为,国家在东北地区振兴规划中明确提出了"大力发展现代农业"、"建设先进装备制造业基地"、"加快发展高技术产业"、"优化发展能源工业"、"提升基础原材料产业"和"加快发展特色轻工业"等产业发展目标和方向,但是这其中有许多重大科技问题需要通过联合攻关才能解决,如中药产业化、新型能源、重大专用装备、高性能材料、节能减排、光电技术等。因此,应不断总结经验,积极探索,发现和凝练出若干个东北地区企业的重大需求,组织多方力量联合攻关,提升相关产业竞争力水平。

第6章 东北老工业基地创新驱动发展面临的主要挑战

东北老工业基地创新驱动发展虽然在创新投入和创新产出方面取得了重要成就,然而,在结构调整和体制创新方面却未实现突破性进展。根据党的十八届三中全会精神和未来十年东北老工业基地全面振兴的发展目标,结合现状分析和政策需求的研究结果,本章从政府功能、市场机制、产业结构、人才工作、地域文化及振兴战略六个方面,对东北老工业基地创新驱动发展面临的主要挑战进行剖析。

6.1 政府主导区域经济运行,创新发展的体制机制尚不完善

东北地区各级政府的社会治理理念和模式尚未实现从干预管制向社会服务的有效转型,政府职能错位导致行政干预管制过度和社会服务提供不足,通过市场竞争生成并传递创新需求信号进而决定资源配置的经济运行机制尚未建立。《东北地区振兴规划》中提到的制约东北振兴的"体制性、机制性"矛盾,没有从根本上得到破解。

(1)与创新驱动发展相适应的市场运行机制建设滞后,政府主导的区域发展环境抑制企业创新需求,企业持续从事技术创新、管理创新和商业模式创新的活力没有得到全面迸发。

政府对区域经济发展的干预主要表现在政府的各种规划(计划)、战略对企业经营行为的刚性约束上。长期以来,各级地方政府将 GDP 和财政收入作为主要的政绩指标,政府部门为了实现政绩目标,通过行政手段给企业下派招商引资、产值和利税指标,或通过政府投资引导企业进入显示性强、见效快的重化工业部门。上述干预行为一方面加大了传统产业的结构刚性;另一方面则在一定程度上放慢了区域经济市场化的进程。

(2)政府公共服务供给严重不足、市场监管力度不够,不正当竞争充斥于市,非市场化竞争成为部分企业谋利的手段,创新难以成为实现私人收益的基本途径。

社会激励创新并推动经济发展的实现路径是规范市场交易,营造有利于良性竞争的市场环境,使企业产生强大的创新需求,从而引导企业自身和其他企业或研究

机构及高校进行研究开发。在规范市场交易的同时，政府应通过公共基础设施建设、公共服务平台建设及政府对创新产品的采购等手段降低创新的市场风险，提高创新活动的私人收益。就东北老工业基地的市场竞争环境看，市场竞争不够充分、造假行为屡禁不止、知识产权保护不力等现象大量存在，这一方面使那些投机取巧的企业不通过创新就能实现自身的利益；另一方面，则使诚信守法的企业即使极力追求创新也难以实现自身利益，从而使这些企业失去创新的动力。

（3）政府的行政行为缺乏有效边界，问责机制和免责机制模糊，政府部门及官员的权力和责任不对应，导致部门和个人行政管理创新不足、权力无限膨胀，这在很大程度上影响政府的行政方式和效果。

政府部门对自身利益的固守和部门间利益冲突的加剧，使政府掌握的创新资源被分割成相互独立的"碎片"；政出部门的政策机制则进一步加剧了市场的碎片化和企业身份的等级化。政府部门和官员一方面无须对其行政不作为或决策执行失误负行政责任，权力无限膨胀；另一方面又受到各种条条框框的限制和束缚，缺乏管理创新动力。

政府干预和国企垄断相互放大，不断强化着东北老工业基地经济对计划模式的路径依赖，加大了东北老工业基地传统产业的结构刚性。地方政府通过补贴、优惠、投资、低价出让资源等手段使国有企业盈利。

（4）市场自行调节的功能不完善是政府对市场无节制干预的原因之一，非公经济的话语能力薄弱，社会经济系统没有内生出抗干扰的"自净化"和"自修复"能力。

第一，东北老工业基地市场力量过于薄弱，市场难以通过自身的运行缓冲和屏蔽行政干预的负面效应。第二，民营企业发育不良，尚不能以其强大的经济实力和市场影响力与政府开展对话，从而对政府的公共服务产生需求导向，同时也难以对政府工作效率提升形成需求压力。第三，政府与国企形成利益共同体，国有企业承接了政府的主要投资，获得了商业银行的大部分贷款，并借助政府价格管制获得垄断性利润。国有企业的行为及其与政府的特殊关系决定了国有企业不仅作为企业而存在，它本身就是政府职能的某种延伸和市场环境的重要组成部分，其在竞争领域的大量存在必然构成对民营企业成长的挤压和市场竞争秩序的干扰。

6.2 计划经济体制刚性严重，企业创新主体地位难以确立

计划经济条件下形成的创新资源分布格局和创新活动组织模式主导区域创新体系运行，以企业为主体、市场为导向、产学研紧密结合的区域创新体系尚未建立，创新驱动发展的社会组织基础薄弱。

（1）东北地区的科技资源主要聚集在大型国企、中直科研机构和部属大学，仍然延续计划经济时期任务导向型运营机制，研发成果的本地转化面临诸多体制与机制障碍。

在东北老工业基地，以国有企业、部属高校和中（省）直研究机构为代表的"国字"号单位聚集了区域内几乎所有的高端创新资源，承接了绝大多数政府投资，垄断了重点产业领域的产品和服务市场。产学研合作虽然在形式上轰轰烈烈，却带有明显的国有机构内部循环特征，区域创新体系在计划经济的组织框架上运行，市场化程度低。中直研发机构虽然高端创新资源富集程度较高，但主要集中在面向国防和保障国家安全的技术领域，军品订货的小批量、特有的技术要求和定价机制，使相关技术的研发难以同民品标准衔接，成本控制、销售渠道、服务体系等均难以与市场经济全面接轨，产业化实现既存在技术障碍，也面临市场限制，同时还受到体制机制约束。东北老工业基地的高端科技资源由中央部门直接管理，与地方经济的结合程度较低，科研成果本地转化率非常低。国有部门内部的合作虽然能够在一定程度上推动创新成果向生产力转化，但国有资产管理的体制、机制仍然束缚着创新的活力，使科技创新难以突破传统产业的路径依赖。

（2）创新体系建设和运行仍然延续计划经济模式，把政策措施出台作为政策成效本身，重显性硬件建设，轻隐性机制创新；富集大量创新资源的国有部门缺乏相应成果处置和收益权，科技创新动力严重不足。

首先，政府主导（政府出钱、出力、出土地）的各种创新平台建设、创新园区建设、联盟形成等大都将平台、园区、联盟成立、奠基、开工、形成产值等作为政府工作的目标，而不是将其作为聚集创新资源、培育创新能力、促进产业结构升级、引领区域经济发展的手段。目标与手段的混淆，使区域创新体系建设既缺少应有的市场机制作为运行基础，带来大量创新资源的重置和浪费，也在一定程度上扭曲了企业、大学和研究机构的创新行为，使创新主体的活动围绕政府的政绩目标而展开。

其次，国有单位（企业、高校、研究机构）缺少科技创新成果的所有权、处置权、收益权，尚未建立起与市场经济接轨的有利于科技成果创造、转化和增值的国有科技资产运行机制。国有单位（企业、高校、研究机构）是科技创新创造、应用和转化的基本组织单元，然而有关科技成果的处置、转化、收益等需要中央财政部门、教育（国有资产）主管部门或中国科学院等批准，程序烦琐、过程复杂、周期漫长，现行管理模式与技术创新周期日趋变短的创新发展实际明显相悖。

（3）国有企业因体制束缚而创新动力不足，民营企业因难以获得高端创新资源而创新能力不强且成长缓慢，企业技术创新主体地位难以确立。

虽然经过十年的振兴发展，但东北老工业基地仍面临企业内在创新动力不足、创新能力不强的现状。从创新资源投入和知识产权生产的角度看，企业已经成为创新主体，但从市场功能看，企业还没有真正成为技术创新的主体。企业既缺乏持续创新的动力，也没有整合创新价值链的能力。东北地区创新驱动发展仍然缺乏活跃的市场主体。

作为计划经济最为集中的区域，东北老工业基地很多企业，尤其是大型国有企业，虽然占据了大量的创新资源，但是往往满足于从国外引进先进技术，进行简单模仿或照抄照搬，并非对技术进行消化吸收和二次创新。同时，这些国有企业大多处于垄断地位，得到政府的种种支持和关照，市场竞争压力较小，往往缺乏创新的内在驱动力。以国有企业为主导的石油化工、装备制造业等产业始终是区域经济的支柱，外资企业、民营企业和国有企业之间没有形成良性互动的发展格局，区域产业单一化严重。

东北老工业基地的改革开放起步较晚。改革开放以来的发展实践证明，东北老工业基地在市场化和国际化进程中并没有形成外资企业进入—民营企业培育和技术学习—国有经济战略调整—高新技术产业发展的良性格局。在东北老工业基地，外资企业的进入具有明显的嵌入特征，并没有从根本上实现对本地产业技术升级的带动，外资企业的功能主要体现在增加值贡献和作为出口的重要组成部分，只是从统计意义上改变了区域经济活动的结构。民营企业的成长缺乏与外资的竞争与互动，技术学习能力差，外资的知识溢出效应没有真正体现。民营经济由于市场空间小和自身学习能力低下，始终难以成为技术创新的真正主体。

6.3 传统产业固化，高新产业滞后，产业结构性矛盾日益突出

传统产业主导、核心技术缺失、离散模式运营是东北老工业基地产业运行的基本特征，产业结构"重型化"、技术"空心化"和价值链"碎片化"的"三化"叠加使东北老工业基地创新驱动发展缺少坚实的产业载体。

（1）传统支柱产业长期固化在价值链低端规模扩张，产业重型化、技术空心化，产业升级既无技术和人才储备，又缺乏体制和机制保障。

《东北地区振兴规划》将装备制造业、原材料和能源产业作为东北振兴重点发展的产业。东北老工业基地振兴战略实施以来，在建设"具有国际竞争力的装备制造业基地，国家新型原材料和能源保障基地"的目标引导下，东北地区上马了数量可观的石化项目、大型专用设备项目和交通运输装备项目，资源被大量注入传统产业部门，重化工业在经济结构中所占比例明显提升，传统产业进一步固化在价值链低端。

东北老工业基地的这些支柱产业在核心技术、关键设备及基础零部件等方面

依赖国外进口,产业发展受制于跨国公司。从这些产业的技术基础看,一方面,我国拥有自主知识产权和自主品牌的技术和产品较少,很多大型装备尤其是高端装备并未掌握核心技术,仍然大量依赖进口;另一方面,很多关键设备及核心零部件发展滞后,进口替代没有突破性进展,由于主机的发展受制于关键零部件的发展,主机面临着空壳化发展,高端装备的控制系统和元器件等仍依赖进口。总之,东北重要产业的对外技术依存度居高不下,技术空心化使产业发展的主动权被跨国公司掌握,那些作为国内行业"排头兵"的中国企业在国际市场上却没有产品定价的话语权。

(2)高新技术产业发展严重滞后,既没有成为区域经济发展的新增长点,也没有实现对传统产业的改造升级。

东北老工业基地高新技术产业发展严重滞后,缺乏突破性进展。与强势扩张的传统产业相比,前端研发基础雄厚的光电子产业既没有形成规模经济效应,也没有培育出龙头企业;曾经被寄予厚望的软件和服务外包长期位于价值链的低端,难以对区域经济发展形成引领和带动效应;生物制药产业虽然在运行机制上较其他产业有一定优势,但仍然规模较小,尚未成为老工业基地振兴发展的主导产业。应该看到,作为高新技术产业的主导产业,ICT(information and communication technology,即信息和通信技术)产业是区域高新技术产业发展的标志。20世纪90年代以来,我国以上海、深圳为代表的先进地区的ICT产业是按照消费类电子—计算机和集成电路—软件和信息服务—大数据、云计算、物联网的路径发展,不仅成为区域经济的新增长点,而且促进了传统产业的升级改造。东北老工业基地ICT产业始终未形成一个完整的发展链条来带动整个高新技术产业的发展。

(3)东北地区创新价值链"碎片化"严重,相同价值环节难以在区域内进行集成,难以通过规模效应有效嵌入全球创新网络;不同价值环节难以在区域间实现整合,难以构建以东北老工业基地企业为系统集成商的完整价值链或价值体系。

价值链"碎片化"一是横向意义上价值链中的研发、制造、销售各环节尚未在区域层面形成合作研发、集成制造和区域品牌的整合效应。处于价值链低端的企业相互间的技术或产品关联亦不十分紧密,集群发展效应不显著,特定产业的研发活动、生产制造活动和市场销售服务活动没有形成区域层面的集成。二是纵向意义上研发、制造、销售环节之间没有形成前端成果研发、市场转化和价值增值的有效连接。大学、科研院所的研发资源和研发活动与本地企业的对接程度低,由于企业核心技术缺失,难以形成具有整合价值链的系统集成商,各个企业都在价值链的低端环节分布,创新成果产业化的渠道尚未完全打通,完整的价值链和价值体系尚未在区域层面得到构建。

从平台战略的角度看,东北老工业基地价值链碎片化分布的原因主要包括以下方面:一是市场经济的体制机制平台尚未建立,集成创新资源和活动的所有制障碍、部门壁垒、政策禁区还存在；二是研发、制造、销售有效连接、顺畅转化的组织平台尚未建立，系统集成商企业发展滞后；三是有利于企业集群、产业集群形成的区域社会资本富集程度不高，企业和企业间、企业和高校与研究机构之间、政府部门与私营部门之间尚未建立起基于市场的互信互利机制。

6.4 人才观念和管理模式落后，人才悖论难破解，人才流失严重

传统的人才观念和人才管理模式仍主导着各企事业单位的人才工作，人才的显性和隐性流失同时存在，人才结构不合理和使用成效不高导致东北老工业基地创新驱动振兴面临严重的人才资源瓶颈。

（1）东北老工业基地创新发展"人才悖论"及其破解思路。

人是一切创新和发展的基础，人才要素是社会发展的第一要素。从这种意义上说，有了人就有了一切。人们通常认为，东北老工业基地是我国高端人才的重要聚集区或区域性人才高地之一。按此推理，东北老工业基地应该是我国经济和社会发展的先进地区。然而，严峻的现实是东北老工业基地是我国经济发展的落后地区，而且与先进地区的差距越来越大。这就是所谓的东北老工业基地创新发展的"人才悖论"。因此，要从人才视角解读东北老工业基地创新驱动振兴的障碍及其破解路径，必须对上述悖论做出分析和阐述。

实际上，"人是一切创新和发展的基础"这一判断没有错，问题的关键在于如何理解人才的概念，如何阐释人才的内涵。习惯上，人们将区域的人才存量作为人才资源分析的第一要素，同时将人才的学历教育能力作为人才培养能力的唯一指标，进而从以上两方面界定人才高地的概念。然而，在市场经济条件下和知识经济时代，人才的内涵发生了根本性变化。人才存量只是一个"所在"的概念，不是或不完全是"所有""所用""所为""所成"的概念。区域的人才培养能力不仅包括学历教育阶段的培养，还包括从业后"干中学"的培养。东北老工业基地人才问题的关键在于人才存量丰富，但使用成效不高，人才学历教育基础雄厚，但使人才"群贤毕至""人尽其才"，充分发挥其创新、创业才能的社会平台建设滞后，人才的发展空间较小。这是东北老工业基地人才资源"丰富"，但经济发展落后的原因所在。

（2）企业家队伍发育不良使东北老工业基地创新驱动振兴缺少创新、创业的微观组织者和领导者。

企业家是创新创业的发起者和引领者，是企业的精神领袖和经营活动的组织者。课题组在调研中发现，政府部门和企业管理人员普遍感到，东北老工业基地

虽然有创新创业活动，但却较少培育出真正的企业家，东北地区有不少所谓的行业"排头兵"企业，但却没有像长三角、珠三角和京津地区那样形成在国内外有影响的企业家群体。部分在东北创新创业取得初步成功的企业家，由于东北老工业基地经营环境限制了其经营才能的施展而远走异乡的为数不少。对于一些在东北老工业基地原创的新技术、新产品，由于在东北找不到合适的投资者，而被南方的私企买断，或直接买走整个研发团队，在其他地区创造了可观经济效益的案例也大量存在。

影响企业家群体发育的因素是多方面的，这其中，行业进入限制、政府干预管制过多、融资困难、产权保护不力等使民营企业与其他企业不能在同一条件下竞争；权力部门服务不到位，使企业在设立、通关、报税、质检、安检、环评、用工等方面面临过多关卡，影响企业的经营活动；政府对个别经营管理成功者的过度扶持（政治荣誉、物质奖励、社会声誉等）使企业管理者的行为偏离市场和法制的正常轨迹；福利待遇水平偏低、家属随迁、安排子女入学等相关政策不到位，使企业管理者难以安居乐业；小富即安的文化氛围使创新创业者满足于一时的成功，不思进取，不求做大做强。

（3）大量科技研发和管理人员及团队流失，同时带走了数量可观的研发成果和客户资源，使东北老工业基地失去了大量的人员、团队，支付了高昂的成果培养和开发成本，却难以收到应得的经济社会效益。

调研中发现，辽宁、吉林、黑龙江三省均存在生物制药和电子信息领域知名的研发团队连同项目被南方民营企业整体挖走的案例。统计数据也显示，东北三省的四所985大学毕业的本科生和研究生留在东北三省工作的比例越来越小。相关调研结果还显示，一部分以往投资东北老工业基地的外资企业，正逐步将投资重点向南方转移，有的企业将研发中心、技术服务中心和区域总部等布局在投资环境更好的区位。

造成东北老工业基地人才流失的原因主要包括以下方面：一是以国企、部属大学和中直研究机构为代表的国有单位尚未建立起人才引进、培养和使用的完善机制；二是创新创业平台建设滞后，研发和管理人员施展才能的空间较小；三是技术成果向生产力转化困难，单位和个人在成果处置、收益分配等方面受到诸多条条框框的限制。

（4）东北老工业基地人才匮乏还表现在科技人才和管理人才的"隐性"流失方面。

部属大学、中直研究机构是高端科技人员集中的单位，由于这些国有机构大都采取以论文为主要成果形式的评价体系，并带有明显的重数量、轻质量的倾向，导致部分研究人员围绕论文指标设计自己的工作模式，从而使大量的研发资源配置在低水平重复研究的工作上，造成人才资源的"隐性"流失，表面上是"在岗"

"在研",实质上是"无成果""无绩效"。

近年来,也有部分民营企业用高薪引进了高端人才,虽然有些高端人才发挥了巨大作用,但也有部分高端人才因民营企业没有匹配的研发团队和实验技术条件及中试平台等,而未能发挥应有的作用。

人们习惯上将东北丰富的高校资源和实力雄厚的研究机构作为人才培养基地和人才输出的源泉,而忽视了学生走出校门后社会为其提供的再学习平台是人才成长的决定性条件这一新的社会现实。实际上,东北老工业基地的企业并没有为完成学历教育的人提供良好的社会学习舞台,创新创业精神的缺失、体制机制的落后、人员结构的老化、福利待遇偏低等均成为追求创新创业的年轻人成长的障碍。因此,东北老工业基地的人才危机不仅表现在显性或隐性的人才流失上,还表现在东北老工业基地人才培养机制的陈旧与落后,以及人们对人才培养机构功能认识的缺乏上。

6.5 东北区域文化转型缓慢,创新创业文化氛围不浓

作为中华文化的重要区域板块,东北区域文化继承了中华文化的主流价值和基本特质。由于自然和历史原因,东北区域文化中的"计划"色彩更为深重,文化的现代转型需要突破更多的障碍。

东北老工业基地地域文化转型的滞后突出表现在以下方面:以计划经济作为制度载体的传统文化依旧发挥着对社会活动和个体行为规范的定向和解释功能,与市场经济相适应的价值体系尚未确立,社会文化网络基础的现代性没有生成。以计划经济为制度背景和传统工业社区为组织载体的区域文化与市场经济的价值体系和思维方式形成尖锐矛盾,东北老工业基地地域文化转型的滞后对老工业基地振兴产生负面效应。

(1)基于早期移民开发活动的东北区域文化范式的构建没有完成其历史任务,在现代区域文化范式构建的初期,日、俄列强的入侵及计划经济模式从苏联的整体移入等对原有社会结构和文化习性产生摧毁性冲击,使东北地区未能建立起类似于关内地区的乡土伦理关系结构。

东北老工业基地虽然是我国工业化起步较早的区域,然而不论是清末及民国时期的工业,还是新中国成立后的大规模工业经济基础建设,都具有明显的外部移入特征。工业技术、管理模式和政治制度一并从国外移植。基于市场的民间创业活动几乎没有生成的条件。新中国成立后,高度集权的计划经济从根本上泯灭了民间对经济活动的自组织能力。单位组织的社会控制功能和行政管理职能,使政府垄断了全部经济资源,不仅导致了单位成员对权力的崇拜,也打造了东北特

有的"官本位"文化。社会成员对政府的过度依赖和顺从是政府利益膨胀和权力滥用的社会文化根源。政府对经济生活的过度干预则使民间创新创业的动力被消减。东北老工业基地振兴过程中表现出的等上级政府指示、靠国家政策扶持的组织惯性思维仍在支配着人们的行为。调研过程中发现，多数国有企业将政府的经费支持作为与政府对话的首要议题，而政府部门也将给钱、给地作为扶持企业的主要手段。

（2）新中国成立后，以大型工业社区为载体，构建起东北老工业基地特有的"单位文化"。东北老工业基地地域文化中的计划色彩和国有惯习，使个人对组织（单位）、单位对政府、地方政府对中央政府产生了强烈的依赖感和顺从心理。个人的利益诉求被淹没在国家利益至上和单位荣誉在先的集体主义文化中，批判、质疑、求变、创新等被看成"另类"，市场经济的理性和个人利益最大化的追求没有成为经济活动的内在驱动力。

单位文化的价值取向是个人依赖组织、单位听命政府、地方政府顺从中央政府，这种文化模式能够塑造出孟泰、王进喜、雷锋、郭明义等贴有集体主义标签的无私奉献人物，却未必适合创新型企业家的成长。改革开放以来，东北老工业基地在森林、煤炭、石油等自然资源面临枯竭及市场经济大潮的双重冲击下，以工业社区为载体的单位文化正逐步失去其物质基础和制度条件。市场经济的残酷竞争从根本上颠覆了不允许追逐私利存在、不倡导发展个性的传统观念。然而，人们还是用计划经济的思维和旧有的理念去思考、审视和打量一切。这种传统的文化模式已经成为东北老工业基地振兴的思想障碍。

（3）东北老工业基地地域文化的重建既面临消解原有文化的制度基础，又肩负重建个人的价值体系及行为规范的双重任务。

文化转型不仅仅是价值体系和思想观念的重建。任何文化模式的形成、发展和转型都有其社会实践根基和组织载体。计划经济的文化模式与计划经济条件下的制度设计、工业时代的工厂组织机制及政府的社会治理模式等密切相关。由此可见，必须通过政府的简政放权和深化国有企业改革，以及促进民营经济健康发展，重构东北区域文化的制度基础；通过市场经济环境营造，使个人或企业能够公平参与竞争，发现并实现个人的价值，享受创新和竞争带来的收益和愉悦；通过契约的订立和信守，界定人与人、个人与单位、单位与单位、单位与政府之间的关系，塑造与市场经济接轨的区域文化范式。

第 7 章 东北老工业基地创新驱动发展的政策建议

7.1 总体思路

以政府减政放权让利和市场开放公平搞活为突破口,以促进各类市场主体创新活力竞相迸发的市场环境建设为主线,以建设企业为主体、市场为导向、产学研紧密结合的技术创新体系为载体,完善一个平台(体制),实施四大政策(环境、引导、激励、监管),开展五个领域的改革试验(政府、国企、创新体系、非公有制经济发展、对外开放),为东北老工业基地创新驱动发展搭建体制机制平台,培育组织运行载体,将东北老工业基地建设成我国深化政府和国企改革的先行试验区、传统产业和资源城市转型的探索示范区、国家创新驱动发展的综合试验区,如期实现东北老工业基地的全面振兴。

7.2 基本原则

(1)坚持改革统领创新驱动发展全局的原则。深刻认识东北老工业基地改革任务的艰巨性和长期性。处理好改革和发展的关系。进入深水区的改革是一个相对漫长的过程,不能一蹴而就,同时还需要付出巨大的改革成本。东北老工业基地必须以发展速度的放缓乃至近期收益的减少去抢抓改革的机遇,换取持续成长的空间;中央政府应该以更有效的转移支付形式和更大的支付力度去实现从输血政策向造血政策的转型。因此,必须用改革去诱变区域经济内生发展的民间基因,不允许以任何形式的发展为借口去压制、回避和阻挠改革。

(2)坚持政府减政放权让利与市场开放公平搞活改革协同推进的原则。政府和市场改革滞后是制约东北振兴的症结所在。要在中国改革开放总体进程的大背景下去寻找东北老工业基地改革的历史坐标,处理好政府改革与市场改革的关系。通过政府"减政放权"改革,建立有限、有效政府;通过向市场放权,转变政府职能,激发市场活力;同时将"让利于民"作为"简政放权"的主要落脚点,通过减少政府开支、减免税收,支持社会民生发展,激发民间创新创业活力。"减政

第 7 章 东北老工业基地创新驱动发展的政策建议

放权让利"既是中国政府全面深化改革的历史必然,也是作为计划经济重灾区的东北老工业基地深化国企改革的前提条件。只有不失时机地推进政府改革,才能真正发挥市场在资源配置中的决定作用,各类市场主体才能竞相迸发创新创业的活力。因此,要牢牢地抓住政府改革这一"牛鼻子"。

(3)坚持政府产业政策刺激与科技经济体制机制激励协同推进的原则。应该深刻认识到,在体制机制不健全的条件下实施行政干预可能导致市场和政策双"失灵",要处理好产业政策刺激与科技经济体制机制激励之间的关系。东北振兴前十年的实践证明,产业扶持和政府投资政策本身就带有浓厚的计划色彩,短期效应特征明显。因此,必须把体制机制再造作为政策实施的前提条件。

(4)坚持以人为本、靠人发展、为人发展的原则。人的发展、人的理念创新是一切创新和发展的基础,有关人的规划是一切规划的前提。转变东北地区地大物博的思想,把人力资本作为地区经济社会发展的第一资源,把人力资本的积累、流动、发展、评价和激励等作为创新驱动经济发展的根基;转变长期植根于东北地区的物质劳动文化习俗,充分认识智慧劳动成果的价值,建立有利于智慧劳动成果创造、评价、应用和流通的体制和机制,激发全社会创新热情和创业活力。创新驱动发展政策系统逻辑关系如图 7.1 所示。

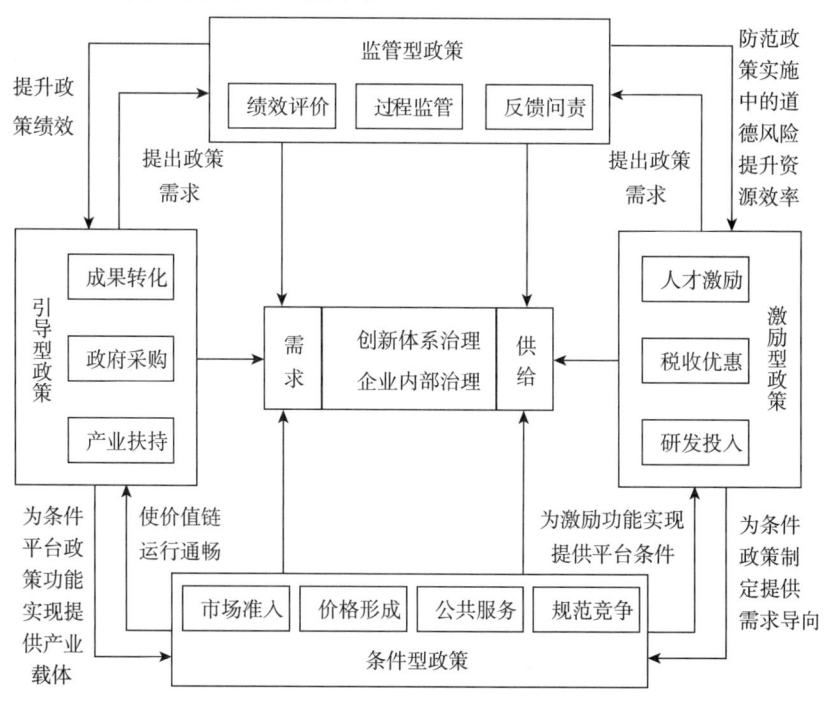

图 7.1 创新驱动发展政策系统逻辑关系

7.3 政策建议

7.3.1 政府简政放权让利，为创新驱动发展提供体制机制平台

（1）将政府"简政、放权、让利"作为最大的制度"红利"，以更大的勇气和全新的举措推进政府简政、放权、让利，加快政府职能从经营型、干预型向服务型、监督型转变。为有效打破地方政府简政放权的"肠梗阻"，要在清理、下放、取消政府审批、认证、收费项目的基础上，研究制定减少政府机构，分流富余人员，从根本上实现转变政府职能的具体实施方案，选择合适的城市进行改革试验，积累经验，逐步推开。

（2）摒弃以 GDP、利用外资、财政收入乃至研发投入、专利申请（授权）量等为主要指标的政府业绩考核体系，建立以服务质量和服务效率为核心的政府业绩评价指标体系；研究创新驱动发展条件下，地方科技、经济发展规划的功能定位、编制规范及内容设置等，确保在发展导向层面实现政府职能转变。

（3）明确政府推进创新和创业的职能，建立政府推进创新、创业的正面权力清单，非清单明确不可为。全面清理、调整与创新创业相关的审批、认证、收费、评奖事项，使政府工作重心从前端审批向后端监管转移，从管理资源分配向规范市场竞争转移，从注重平台、基地、园区建设向注重体制机制建设转移，从干预企业经营活动向提供公共服务转移。

（4）在完善政府创新、创业权力清单的基础上，建立政府创新、创业事项的"一口受理，综合审批，限期回复，到期未复即批"的服务模式，同时探索行政审批结果的投诉、复议制度，从组织和程序两方面保证行政审批的时效性、公正性和透明度。

（5）建立政府行政工作问责机制和免责机制。建立政府正面权力清单，政府行政人员对清单中业务不作为或不尽职，以及超出权力清单范围外的活动，建立"问责机制"；对于政府工作中采用管理创新提高绩效的活动，由于存在较高的行政工作风险，建立"免责机制"，一事一议，形成权力与责任匹配的行政管理机制。

（6）逐步取消高新技术企业资格认定、创新型企业认定、技术创新中心评定、驰名商标认定等各类政府行政部门主导的审批和认证活动；减少政府通过直接财政支持等手段扶持某一类或某一些企业的政策措施，建立各行业自由发展、各类型企业（外资企业、民营企业和国有企业）普遍适用的财政税收优惠政策体系，形成相对公平的市场竞争和发展环境。

（7）全面借鉴我国先进省区建设"自主创新示范区""综合改革创新区"及"自由贸易实验区"等经验，将东北老工业基地建设为"创新驱动发展综合改革试验区"，

开展"地方政府精简机构,转变职能改革试验"、"深化国有企业改革试验"、"区域创新体系建设试验"、"老工业基地非公经济健康发展改革试验"及"老工业基地扩大对外开放改革试验",探索老工业基地创新驱动发展的实现机制。

(8)建立健全适应创新驱动发展需求的政府科技投入管理机制。在保证地方财政科技投入增长不低于财政收入增长的前提下,逐步建立地方财政科技资金统筹机制,统筹各类政府资金的使用方向、资助模式和监管机制。增加政府科技计划项目立项的透明度,建立政府科技计划项目承担单位和项目负责人的项目执行业绩档案,强化项目单位和个人的责任意识。

(9)建立健全政府科技计划项目申请、评标、立项、中期检查、结题验收的社会公示制度,将申请人、评标人、验收专家等相关信息及非涉密项目的申请书、成果清单、验收结论等在网上公示,接受社会的监督和评价。

(10)建立健全科研经费监督管理机制,完善科技相关部门预算和科研经费信息公开公示制度,通过实施国库集中支付、公务卡等办法,严格科技财务制度,强化对科技经费使用过程的监管,依法查处违法违规行为。加强对各类科技计划、专项、基金、工程等经费管理使用的综合绩效评价,健全科技项目管理问责机制,依法公开问责情况,提高资金使用效益。

7.3.2 市场开放公平搞活,为创新驱动发展培育市场主体

(1)加快国有企业管理体制和机制改革步伐,明确技术创新在国有企业发展中的作用。逐步减少国有企业的行政职能和社会职能,取消国有企业的行政级别,还原国有企业的企业属性和市场职能;根据国有企业所在市场的各类准则,建立健全国有企业技术创新的经营业绩考核制度,落实和完善国有企业研发投入的考核措施,加强对不同行业研发投入和产出的分类指导,建立国有企业研发决策自主、研发风险自担、研发效益自享的独立技术创新系统,逐步形成与其他类型企业自由、平等竞争的市场环境。

(2)进一步规范政府的价格管制行为,明确必须实施价格管制的领域和管制的限度,完善政府价格管制的社会听证制度和专家咨询制度,在非公共产品和服务领域取消所有的政府"限价""限购"政策,建立产品和服务价格的市场形成机制。

(3)由国家发展和改革委员会牵头,联合工商、质检、知识产权、工信、商务、国资等部门开展东北老工业基地市场垄断行为调查,摸清垄断发生的领域,分析垄断行为的主要特征,阐明垄断带来的危害,开列主要垄断企业名单,制订东北老工业基地反垄断综合行动方案。

(4)在生产、流通、使用等环节建立健全防范、查证假冒伪劣产品和服务的

工作机制，加大对假冒伪劣行为的处罚力度，营造任何企业和个人"不能造假""不敢造假""一旦造假，倾家荡产"的法制环境，从社会舆论、个人和企业行为、政府监管、司法介入等各个层面形成对造假者的持续震慑。

（5）切实加强对私有产权的保护，确保民营企业在竞争性行业进入、产品和服务定价、申请政府研发资助和商业银行贷款、政府采购竞标、合同订立及履行、民事案件诉讼与审理等方面享有与国有企业同等的权利。

（6）通过外引内联、合资合作等形式，建立股份多元化、运营模式多样化的创新服务机构。依托中心城市（沈阳、大连、长春、哈尔滨）建设区域性创新（知识产权）服务中心，聚集资产评估、交易转让、知识产权检索分析、代理代办、战略咨询、企业孵化等机构，以行政大厅模式为企事业单位和个人提供一站式的创新、创业服务。

（7）采取合并机构、整合功能等实质性举措，建立专利、商标、版权行政保护协同机制；遵循企业、高校或研究机构牵头、政府推动、市场化运作的原则，建设区域知识产权信息共享平台，为相关企事业单位或个人提供知识产权服务；在确保司法独立的前提下，加强知识产权行政保护与司法保护的衔接。

（8）进一步规范和强化产品和服务的环保、安全、能耗、质量等标准建设，加强市场监管，满足企业对新技术、新工艺的需求，通过市场竞争淘汰落后技术，消减过剩产能，促进创新型企业的成长。

（9）加大政府采购力度，培育企业新技术新产品应用的市场环境。加大市、区(县)两级财政资金对新技术新产品的采购力度，制定相关配套政策，完善工作体系和新技术新产品评价体系。深化新技术新产品政府采购试点工作，通过首购、订购、首台(套)重大技术装备试验和示范项目、推广应用等方式，带动新技术新产品在全社会的推广应用。

（10）进一步强化和完善政策措施，引导鼓励企业成为技术创新主体。扩大企业研发费用税前加计扣除政策适用范围，尽可能涵盖战略性新兴产业、传统产业技术改造和现代服务业等各领域的研发活动；改进企业研发费用计核方法，合理扩大研发费用加计扣除范围，加大企业研发设备加速折旧等政策的落实力度，激励企业加大研发投入。由国家发展和改革委员会牵头，联合财政、税务、科技等部门制订具有操作内涵的实施方案。

7.3.3 升级产业技术创新体系，破除重型化、空心化和碎片化

（1）以东北地区主要高校和科研机构为核心，中小企业为主体，围绕装备制造、石油化工、电子信息等支柱行业的配套产业和基本元器件建立技术创新联盟，

逐步形成大型企业集成-中小企业配套-高校科研机构支撑的产业技术创新体系。

（2）试点建立东北高校自主联盟，落实和扩大高校办学自主权。在东北地区试点建立高校自主联盟，拟定高校自主管理章程、委员会等事宜，实现东北地区自主管理，高校行政主管部门主要负责教育经费拨款及监督使用。根据经济社会发展需要和学科专业优势，明确各类高校定位，突出办学特色，建立以服务需求和提升创新能力为导向的科技评价和科技服务体系。

（3）深化东北地区教育科研科技评价和奖励制度改革。根据不同类型科技活动特点，注重科技创新质量和实际贡献，制定导向明确、激励约束并重的评价标准和方法。基础研究以同行评价为主，特别要加强国际同行评价，着重评价成果的科学价值；应用研究由用户和专家等相关第三方评价，着重评价目标完成情况、成果转化情况及技术成果的突破性和带动性；产业化开发由市场和用户评价，着重评价对产业发展的实质贡献。建立评价专家责任制度和信息公开制度。开展科技项目标准化评价和重大成果产出导向的科技评价试点，完善国家科技重大专项监督评估制度。

（4）建立东北地区高校教学科研人员终身制度，行政管理人员聘任制度；减少行政管理对学术管理的干预，确立教学科研人员在高校管理中主体地位；逐步建立高校行政部门负责人教授委员会推荐和选举制度，建立和完善服务型行政管理机构，为高校教学和科研工作提供支撑和保障。

（5）建立健全高校、科研机构职务科技成果使用、处置管理制度。逐步取消高校和科研机构的行政级别。赋予高校、科研机构职务科技成果自主处置权。对高校、科研机构的职务科技成果，除涉及国家安全、国家利益和重大社会公共利益外，单位可自主决定采用科技成果转让、许可、作价入股等方式开展转移转化活动，对此主管部门和财政部门不再审批。高校、科研机构职务科技成果转化所获得的收益全部留归单位，纳入单位预算，实行统一管理，使用、处置收益不再上缴财政。

（6）建立健全高校、科研机构职务科技成果收益分配机制。确立科技成果发明人利益主体地位。高校、科研机构职务科技成果转化所得净收益，按照不低于70%的比例归参与研发的科技人员及团队所有，其余部分统筹用于科研、知识产权管理及相关技术转移工作。高校、科研机构用于人员奖励的支出部分，不受当年单位工资总额限制，不纳入工资总额基数。高校、科研机构转化职务科技成果以股权或出资比例形式给予科技人员个人奖励，获奖人在取得股份、出资比例时，暂不缴纳个人所得税；取得按股份、出资比例分红，或者转让股权、出资比例形成现金收入时，应当依法缴纳个人所得税。

（7）鼓励科研机构和高校为企业技术创新提供支持和服务，企业技术创新依托科研机构和高校的前沿研究成果。以企业技术创新活动为引领、科研机构和高校科研活动为支撑组建技术研发平台和产业技术创新战略联盟,合作开展核心关键技术研发和相关基础研究,联合培养人才,共享科研成果。鼓励科研机构和高校的科技人员创办科技型企业,促进研发成果转化。

(8)加强科技基础条件建设。以高校和科研机构为依托,将国家大科学装置布局向东北地区倾斜,在辽宁布局清洁能源和人工智能试验装置、吉林布局综合极端条件试验装置、在黑龙江布局空间环境地面模拟装置重大科技基础设施;支持中国科学院在东北地区新建适应新兴科学发展的研究所,与东北地区加强"院地合作",建设产业技术创新平台。

7.3.4 完善人才工作体制机制,激发人力资本创新创业活力

(1)支持东北老工业基地各地区设立人才特区。东北老工业基地的"985"高校、"211"高校、中国科学院直属研究机构、国家级高新技术产业园区内的高新技术企业引进的全职回国工作的具有博士学位的人才,从全职回国工作之日起,五年内免征个人所得税。

(2)支持高端人才到东北地区创新和创业。积极引进国家"千人计划"、"万人计划"、中国科学院"百人计划"、海内外高层次人才及创新团队来东北地区创新创业,积极落实金融、税收、户籍、住房、计划生育、子女入学等方面的优惠政策。

(3)鼓励、支持企业和个人到东北老工业基地的"煤城"、"林区"及"油城"创新创业,对带来资金、技术,能够切实促进当地产业结构升级,并解决就业问题的企业,从开始盈利起的五年内免征企业所得税。

(4)完善育人、留人、引人和用人体制机制和政策。宏观上各级人事部门要取消各项制约人才流动、限制人才在本地工作和创业、不利于海外人才回国工作的政策规定,建立柔性宽松的人才就业和创业环境。微观上各用人企事业单位要加大人才培养和培训的投资力度,通过利用自身和国内外优秀教育资源建立科学的教育和培训体系,为组织发展和东北振兴提供智力保障;通过营造宽松的创新、创业和就业环境,积极引进国内外的优秀人才,为他们提供公平、公正的竞争平台。

(5)建立专业人才服务制度。对获得省部级以上荣誉称号或科研成果奖的主要完成人、有突出贡献的中青年专家、被聘任为高级专业技术职务的人员、学士以上学位获得者,均不受年龄、分居时间和指标等方面的限制,随时可以申请办理两地分居夫妻的户口迁移。对于国有大中型企业和非公有制企业招收的高技能人才、大专以上学历人员,在与企业签订劳动合同并有固定住所后,可以申请办理本人现住地的落户手续。

（6）改革科技人才评价和激励机制。建立以科研能力和创新成果等为导向的科技人才评价标准，在专业技术职称评聘中，确保一定指标用于参加技术转移、成果转化和产业化的人员；实行科技成果入股、股票期权、分红激励、年薪制等办法，增强对关键岗位、核心骨干的激励。鼓励科研机构、高校和国有企业根据自身发展的需要提高职务发明成果所得收益奖励 R&D 人员的比例。

（7）建立多层次、多渠道、全方位的人才交流机制。建立东北地区政府厅局级干部与长三角、珠三角地区的定向、定期交流机制，加强政府高层次行政管理人员的思想和意识转变；建立东北地区主要高校与北京、上海、广州、武汉等地区高校之间的人才交流机制，严格遏制本地化近亲繁殖；建立东北地区高校博士和研究生与政府、企业之间的交流机制，实现互通共荣。

7.3.5　培育开放冒险宽容的文化，为区域创新创业提供土壤

（1）培育注重开放、敢于冒险、宽容失败的创新创业文化。积极加快对内对外开放的步伐，加强与国内先行地区和国外发达地区的交流和沟通，逐步形成开放和包容的文化氛围；转变高校的教育和培养方式，鼓励学生尝试、开拓、冒险和迎接挑战，植入勇于创新的文化基因；积极发挥传统媒体和网络新媒体在社会文化方面的鼓励和引导作用，在全社会形成充满竞争、活力和激情的创新和创业氛围。

（2）充分发挥高校的文化引领作用。高校文化是高校的灵魂，是高校综合竞争力的核心要素。东北地区首先要加强高校文化建设，使高校文化大发展、大繁荣。其次高校要通过人才培养和社会服务引领和改变区域文化转型。

（3）破除东北国有企业"等、靠、要"的计划经济单位文化。加快国有企业改革的步伐，强化国有企业的经济功能，弱化国有企业的社会功能，提高国有企业的文化功能，让国有企业成为创新创业和干事业的集聚地，而社会成为教育、医疗、生活、娱乐的承载体。通过一次性补偿等方式，从根本上破除国有企业职工工作为单位的依赖思想，鼓励创新和创业、鼓励按劳分配。

（4）进一步扩大对内对外开放力度，通过经济、社会和文化交流，加强东北地区与国内外先进地区的思想、观念对流，激发东北老工业基地的活力和动力。

7.3.6　转变东北振兴战略实施路径，用转机制统领调结构和促增长

（1）加快东北振兴从"重增长、轻转型"向"以转型促增长"的转变。东北地区创新驱动发展的根本在于完善有利于创新驱动发展的体制机制。东北老工业

振兴需要进一步强化"转机制"、"调结构"和"促增长"的战略实施路径,中央要能够容忍用短期的增长下滑换取体制机制转变和结构调整的实质性突破,以保障区域经济长期、稳定的持续增长。

(2)加快东北振兴从"输血机制"向"造血机制"的转型。转变简单加大创新资源投入强度,输血维持东北地区正常运转的单向思维模式,采取"用资源换机制"的思路,激活企业的创新动力,从根本上扭转东北地区造血功能不足的问题,加强企业与市场而不是与政府的对接。从"输血"向"造血"转型,通过税收减免、鼓励外部资金进入等方式,使东北地区实现机制再造和产业转型。

(3)通过"聚焦东北",实现东北振兴的"国家统筹"。从国家区域发展战略的高度着眼,沿海经济发展要顾全第二个大局,拿出更多的力量加快东北地区发展。减少东北地区的资源输出,加强资源的本地精深加工,从根本上解决本地区产业转型难的问题,从全国一盘棋的角度解决东北地区的根本症结。

参 考 文 献

樊纲，王小鲁，朱恒鹏. 2011.中国市场化指数[M]. 北京：经济科学出版社.

韩冰. 2009. 辽宁装备制造业技术创新能力研究[D]. 大连理工大学硕士学位论文.

李静. 2007. 东北老工业基地产业结构竞争力探析[J]. 东北大学学报（社会科学版），9(3)：233-238.

李靖，张舜禹. 2013. 东北地方政府创新动力之现状，原因与对策——基于"中国地方政府创新奖"的分析[J]. 东北师大学报（哲学社会科学版），(5)：18-23.

李姝，姜春海. 2010. 基于技术创新的辽宁装备制造业振兴途径研究[J]. 宏观经济研究，(5)：82-88.

刘凤朝. 2009. 中国科技力量布局分析与优化[M]. 北京：科学出版社.

刘凤朝. 2011. 辽宁老工业基地振兴绩效与战略升级[M]. 北京：科学出版社.

刘凤朝，孙玉涛. 2007. 我国科技政策向创新政策演变的过程，趋势与建议——基于我国 289 项创新政策的实证分析[J]. 中国软科学，(5)：34-42.

刘凤朝，马荣康.2011. 基于"985 高校"的产学研专利合作网络演化路径研究[J].中国软科学，(7)：178-192.

刘凤朝，徐茜. 2012. 中国科技政策主体合作网络演化研究[J]. 科学学研究，30(2)：241-248.

刘凤朝，马荣康. 2013. 区域间技术转移的网络结构及空间分布特征研究——基于我国 2006—2010 省际技术市场成交合同的分析[J]. 科学学研究，31(4)：529-536.

刘凤朝，孙玉涛，徐茜. 2010. 老工业基地振兴绩效评价与战略升级的政策取向——基于辽宁省专家问卷调查的分析[J].科学学与科学技术管理，(8)：133-137.

刘华，孟奇勋. 2009. 知识产权公共政策的模式选择与体系构建[J]. 中国软科学，(7)：10-18.

刘连峰，刘凤朝. 2014. 促进校企间深度合作的关键影响因素研究——以沈鼓-大工研究院为例[J]. 管理案例研究与评论，7(5)：407-415.

宁连举，郑文范.2005.加强自主创新促进东北装备制造业发展模式转变[J]. 东北大学学报（社会科学版），7(4)：274-277.

彭纪生，孙文祥，仲为国. 2008. 中国技术创新政策演变与绩效实证研究 (1978—2006)[J]. 科研管理，29(4)：134-150.

孙玉涛，刘凤朝，徐茜. 2011. 基于特化系数的我国区域科技投入结构演变分析[J]. 管理评论，23(2)：80-87.

汪锦，孙玉涛，刘凤朝. 2012.中国企业技术创新的主体地位研究[J]. 中国软科学，(9)：146-153.

王星. 2007. 东北地域文化模式的阻滞效应与转型[J]. 求是学刊，(5)：65-70.

肖尤丹，苏竣. 2010. 我国大学知识产权政策困境及其完善[J]. 科学学研究，28(7)：990-1000.

袁晓东. 2006. 论我国科技项目中的知识产权政策[J]. 科学学研究, 24(1): 36-41.

赵宏志, 马荣康, 刘凤朝. 2015.东北地区知识产权与产业发展关联性的实证研究[J]. 大连理工大学学报(社会科学版), 36(3): 80-85.

赵筱媛, 苏竣. 2007. 基于政策工具的公共科技政策分析框架研究[J]. 科学学研究, 25(1): 52-56.

郑文范, 赵宇. 2006. 创新价值与东北老工业基地主导产业振兴[J]. 自然辩证法研究, 22(12): 87-91.

周莹, 刘华.2010.知识产权公共政策的协同运行模式研究[J]. 科学学研究, (3): 351-356.

附录：调研提纲

1. 企业调研提纲

（1）企业出台了什么政策吸引和留住人才？主要存在什么问题和困难？希望政府出台哪些人才政策？

（2）企业在创新投入方面面临哪些困难？希望政府出台哪些优惠政策？

（3）企业是否有足够的创新动力？企业的创新动力主要来源于什么？国有企业与民营企业在创新动力方面存在哪些差异？

（4）企业员工考核评价体系中，包含哪些与创新有关的指标？对激发企业创新活力是否起到作用？

（5）企业是否实行了股权激励政策？实际中存在哪些问题？是否存在体制机制障碍？

（6）企业在创新激励方面应该着重采取什么措施？希望政府出台什么政策给予企业支持？

（7）企业在核心技术、核心零部件方面是否还主要依赖国外进口？对改变这种现状有何政策建议？

（8）企业在首台（套）自主创新产品的示范应用方面存在哪些问题？政府应该出台什么政策？

（9）企业是否参与产学研合作？产学研合作中主要存在什么问题？如何才能使产学研合作达到最优效果？

（10）企业是否参加过技术创新联盟？联盟运行中存在哪些问题？对组织技术创新联盟、共同攻关某一产业产品有何建议？

（11）企业是否有参与共建公共创新服务平台的意愿？企业对公共创新服务平台有哪些需求？公共创新服务平台运行中存在哪些问题？对于创新服务平台建设和运行有何意见、建议？

（12）东北有哪些成长性好、有发展优势的产业产品？哪些新兴产业适合在东北进行培育发展？

（13）对培育提高东北地区产业竞争力水平有何意见、建议？

（14）东北地区能否借鉴我国其他先进地区（如中关村国家自主创新示范区），实施特殊区域性政策？哪些是东北地区亟须借鉴实施的政策？应该以什么方式借鉴实施特殊区域性政策？

2. 高校及科研院所调研提纲

（1）高校、科研院所针对教师或科研人员的评价体系存在什么问题？实施分类评价是否现实可行？存在哪些障碍？

（2）高校、科研院所在科技成果应用和转化方面存在哪些问题？未能成功转化的主要原因是什么？

（3）高校、科研院所是否鼓励教师或科研人员进行创业？给予了哪些支持和优惠政策？

（4）高校、科研院所在股权转让、技术入股等方面，有哪些激励措施？具体实施中存在哪些问题或障碍？

（5）高校、科研院所的产学研合作情况及效果如何？主要面临哪些问题？有何意见、建议？

（6）高校、科研院所是否参加过技术创新联盟之类的活动？联盟运行中主要存在哪些问题？对组织技术创新联盟、共同攻关某一产业产品有何建议？

（7）高校、科研院所是否参与共建公共创新服务平台？公共创新服务平台运行中都存在哪些问题？对于创新服务平台建设和运行有何意见、建议？

（8）财政部、教育部、中科院等能否将高校、科研院所的科技成果使用权、经营权、处置权和收益权下放？实际操作中可能存在哪些问题？有何意见、建议？

（9）东北有哪些成长性好、有发展优势的产业产品？哪些新兴产业适合在东北进行培育发展？

（10）对培育提高东北地区产业竞争力水平有何意见、建议？

3. 产业园区调研提纲

（1）产业园区的高新技术企业入驻情况如何？园区吸引企业入驻的因素主要有哪些？

（2）产业园区的公共技术研发测试平台建设情况如何？平台具有哪些功能？平台建设和运行过程中存在哪些问题？对于公共创新服务平台建设和运行有何意见、建议？

（3）产业园区在创新环境培育方面采取了哪些措施？主要存在哪些问题？

（4）产业园区主要出台了哪些技术创新激励政策，效果如何？在体制机制方面还有哪些需要进一步改善？

（5）东北有哪些成长性好、有发展优势的产业产品？哪些新兴产业适合在东北进行培育发展？

（6）对培育提高东北地区产业竞争力水平有何意见、建议？

4. 政府部门调研提纲

（1）所在部门出台了哪些支持技术创新的政策举措？哪些政策效果比较显

著？为什么？

（2）所在部门出台的技术创新政策是否具有明确的评估机制？

（3）所在部门出台或调整技术创新政策的依据主要有哪些？是否参考了其他先进地区？是否针对本地区实际情况进行了相关调整？

（4）所在部门在制定或实施技术创新相关政策中遇到的主要问题是什么？有何建议？

（5）东北地区在创新环境培育方面的政策力度如何？是否建立了创新的文化氛围？

（6）在体制机制方面，政府部门还应该出台哪些政策引导东北老工业基地实现创新驱动发展？

（7）与其他区域相比，东北老工业基地实施创新驱动发展的优劣势有哪些？政府部门应该做出哪些调整来适应创新驱动发展战略的实施？有哪些先进地区的做法可以借鉴？

（8）对首台（套）产品示范应用有何意见、建议？

（9）对组织技术创新联盟、共同攻关发展某一产业产品有何意见、建议？

（10）东北有哪些成长性好、有发展优势的产业产品？

（11）对培育提高东北地区产业竞争力水平有何意见、建议？